Service Quality Management

服务品质管理

现代工商管理经典教材

陈思伦 著

经济管理出版社
ECONOMY & MANAGEMENT PUBLISHING HOUSE

北京市版权局著作权合同登记：图字：01-2014-0537 号

图书在版编目（CIP）数据

服务品质管理/陈思伦著. —北京：经济管理出版社，2014.3
ISBN 978-7-5096-2951-2

Ⅰ. ①服… Ⅱ. ①陈… Ⅲ. ①服务业—服务质量—质量管理 Ⅳ. ①F719

中国版本图书馆 CIP 数据核字（2014）第 025583 号

组稿编辑：陈　力
责任编辑：勇　生　王格格
责任印制：司东翔
责任校对：张　青

出版发行：经济管理出版社
（北京市海淀区北蜂窝 8 号中雅大厦 A 座 11 层　100038）
网　　址：www. E-mp. com. cn
电　　话：(010) 51915602
印　　刷：三河市延风印装厂
经　　销：新华书店
开　　本：787mm×1092mm/16
印　　张：15.25
字　　数：315 千字
版　　次：2015 年 6 月第 1 版　2015 年 6 月第 1 次印刷
书　　号：ISBN 978-7-5096-2951-2
定　　价：45.00 元

前言

追求卓越的服务品质以创造企业的永续经营

一、写作缘起与本书特色

旅游业是服务业中最精致且最复杂的事业。旅游业机构规划设计了再好的产品和服务，若不能在服务传递过程中维持且落实品质以获得顾客的满意响应，则一切皆枉然，更不用说持续维持和增加机构的忠诚顾客，以创造永续经营所需的合理利润。可见卓越的服务品质是机构追求的终极目标，而忠诚顾客和利润则伴随而来。

旅游事业追求卓越的服务品质，中国台湾内外学者深入研究服务品质的相关理论并进行实证研究，累积了大量实务和理论资料。然而，中国台湾旅游相关部门对服务品质教育和研究的重视程度尚不够高，开设服务品质课程亦不普遍。这或许与中国台湾较欠缺“服务品质管理”方面的旅游专业教科书有些许关联。基于个人从事旅游服务的实战经验、学术研究的结果心得以及尚未熄灭的教学热诚，笔者再一次将自己埋入深深的学海和厚厚的资料中。自发心妄想到暂告完成本书也历经三个寒暑，其间也曾掷笔浩叹学海无涯，自己所知只如沧海一粟，又如何能拼凑出一本可读可用的《服务品质管理》，也曾一摆数月、不思不想、逃之夭夭，但还是把它给逼出来了。中国台湾鸿儒硕彦甚多，敬请批评指正，一定虚心受教，以匡不济。

卓越的服务品质是一家旅游服务机构的终极产品且反应在顾客的认知之上。要达到此卓越的服务品质，需要机构从上到下、从里到外、从粗到细、从心到身、从物到人等各方面全力以赴，一切皆以创造顾客的高度满意为宗旨。在服务品质管理中任一环节若发生差错，将或快或慢地影响后续相关环节的品质表现，最终将体现在顾客所知觉的各种服务失误之上，而产生顾客抱怨和机构所进行的服务补救行动。若能第一次就将服务做好，就能获得满意的顾客，否则徒增人力、物料、金钱和时间成本来进行服务补救，更降低了机构的获利水平。所以，机构的每一位员工在每一件工作上都追求卓越的品质，则整体卓越品质自然就来到，同时也能提升机构的利润。

除旁征博引国内外服务品质相关的理论与文献，以建立《服务品质管理》的组织架构之外，更着重国内外服务品质相关的案例以充实本书内容。让阅读者能较整体地了解在进行《服务品质管理》的规划、设计、执行、控制和评估工作时，所需注意的前后秩序、相互关联和产出后果以及最终能落实服务品质。另外，在每章起始时，先说明该章的“学习目标”以指出重点之所在，并于结尾时列出“学习成果检验”，以利阅读者复习并省思该章所述说的含义。再者，如欲深入研读，则可参阅所引用的国内外文献和资料，以扩大《服务品质管理》知识的深度和广度。若有所新发现和新见解，敬请不吝惠赐指教。

二、本书架构与内容

本书分为九章。整体架构带领阅读者一窥中国台湾内外服务品质管理的发展方向、相关理论、研究结果和落实服务品质的方法及技术。阅读者可视自己的需要，抑或从头读起，抑或选章精读，皆无不可。但建议初学者还是从头读起最好，以达到最大且正确的学习效果。

第一章说明服务的定义和特性以及观光旅游服务传递模式。

第二章阐述品质的定义、观念和层面，服务品质的定义及期望观念，服务品质的层面，服务品质的重要性以及良好服务品质的标准和定律。

第三章着重说明服务管理的内涵、服务品质管理的要点、服务品质管理架构以及服务品质模式。

第四章说明政府、机构与服务员工对服务品质的好坏，都负有一定的直接或间接责任。

第五章首先介绍服务品质的评估程序，其次说明五种服务品质的度量模式，最后详列七种旅游服务的品质评估量表供阅读者参考。

第六章阐述服务品质的五大缺口，对服务失误进行分类，并分析顾客对服务失误的反应。

第七章首先介绍满意度的定义及相关理论，其次说明满意度的前因及后果模式，再次提醒阅读者有关顾客满意研究方法的议题，最后陈述顾客满意研究的近期发展。

第八章首先说明服务补救的重要性及常犯的错误；其次分析服务补救满意度的前因及后果；再次陈述服务补救的策略及方法；最后阐述服务补救的程序。

第九章介绍统合运用前述八章的理论与方法和其他专业内容，将旅游服务的供给面与需求面相互结合并高度保证服务品质的专业技术—品质机能展开，作为本书的结尾。

毕竟，追求卓越品质不是喊口号，而是机构需要借助各种专业方法和技术，以设计出符合且满足顾客需要的产品/服务，并落实在卓越的服务传递过程之中。

影响服务品质管理的层面和因素相当多元，亦难在本书中完全顾及且完整呈现。至目前先暂告一段落，重整思绪和心力再出发，也算是给自己一个在“大学执教20年”的行旅驻脚。除个人将继续努力精进之外，尚祈学者先进多予批评指正，俟再版时修正。

陈思伦 谨识

2008年春

目　录

第一章　服务的特性、模式与产品

学习目标

研读本章内容之后，学习者应能达成下列目标：

1. 了解服务的定义和特性。
2. 了解观光旅游服务传递模式的要素及其间相互关系。

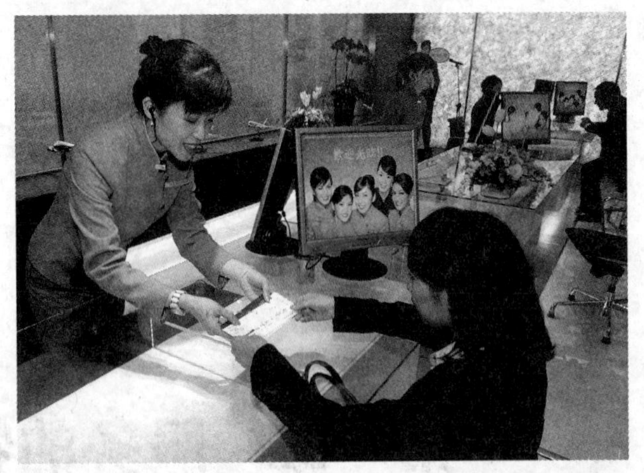

从旅客购买机票、服务员提供购票服务起，航空公司开始了一系列的服务供给（照片由联合报系提供）。

本章导读

“服务”无所不在。不论是人与人之间、消费者与供给者之间、供给者与供给者之间，还是部门与部门之间，时时刻刻都在进行与服务相关的工作及事项。当“服务”有其经济价值而有了对价关系时，“服务”就不再是免费的、附属的或是不重要的。“服务”已被当成一种专业，它是一个公司或机构整体运作所产出的最终产品，并由消费者来做最终的裁判，决定该“服务”的价值及其是生或死。人们不论购买有形商品还是无形服务，皆为获得商品或服务所带来的便利及好处而非商品或服务本身。所以，消费者认知的价值决定了所欲提供的商品或服务的特性、功能、传递和效益。本章首先定义服务，并说明服务的七种特性，以及阐述服务业对世界经济体系的重要性。其次，说明观光服务与其他服务的不同之处，是更加精细和精致的服务业。最后，说明观光旅游服务传递模式的要素及其内容，以及该模式的运作方式和各要素之间的相互关系。

第一节　服务的定义和特性

Gronroos（1990）定义服务（service）为："一项或一系列具有或多或少无形（intangible）本质的活动。该活动通常，但不一定发生于顾客与服务人员、实体环境以及服务供应系统的互动之中，并被提供来作为顾客问题的解决方案。"住客在旅馆柜台办理结账手续，就与柜台发生互动行为，也就产生了柜台人员的结账服务；若住客利用客房计算机网络进行快速结账手续（fast check-out），就与服务供应系统发生互动行为，也就产生了网络结账服务。

Lovelock 和 Wirtz（2004）定义服务为："由一方提供另一方的某种行动或表现。虽然在行动过程中可能与某项实体产品相连接，但是行动表现是可转移的，且常是无形的，通常不会导致任何生产因素所有权的问题。"另外，也有定义服务为："一种经济活动，可为顾客在特定的时间和地点，借由产出服务接受者所欲求的改变来为顾客创造价值和提供利益。"

一、服务到底是什么？又具有哪些共同的特质呢？

已有许多学者讨论过服务的特质及其与实体物品间的差异，说明如表 1-1 所示。

表 1-1　服务与实体物品间的差异

实体物品	服　务
有形的	无形的
同质的	异质的
生产和分配与消费分开	生产、分配和消费同时发生
一件物品核心价值由工厂产出	一项活动或过程
顾客一般不参与生产过程	核心价值由买者与卖者的互动中产出
可储存	顾客参与生产过程
所有权转移	不可储存
	无所有权转移

资料来源：Gronroos（1990）。

大多数的服务具有下列四种基本特性：

（1）服务或多或少是无形的。

（2）服务是活动或一系列的活动而非物品。

（3）服务至少在某种程度上是生产与消费同时发生。

（4）顾客至少在某种程度上参与生产过程。

一般来说，是以主观的态度来认知服务的。当消费者形容服务时，用了许多不同的词汇，如体验、信任、感觉及安全等。以这些词汇来构建“什么是服务”是十分抽象的。这是由于服务的无形性本质。但是，许多服务也包含了高度有形元素在内，例如餐厅的装潢、食物、饮料、员工制服及外貌等；旅馆的客房、餐饮、游乐设施等；主题游乐园的景观、设施、餐厅等。不过，服务的本质在于其现象本身的无形性。就是因为这种高度的无形性，使得顾客经常难以评估服务的好坏。举例来说，你如何给予信任或感觉一个明确的价值？

因为服务并非一件东西，而是一系列的活动或过程，并且在某种程度上其生产与消费是同时发生亦同时消灭的。在服务被卖出及消耗之前，没有预先生产的品质可加以控制。大部分的服务产出过程是看不见的，但值得注意的是生产活动中可看见的部分对顾客心理有所影响。虽然顾客只能体验结果，但亦体验并仔细评估在服务过程中所有可见的事物及活动。

对网络营销业者而言，消费者在网络上购物当下也是业者提供服务之时（照片由联合报系提供）。

服务的第四种特性指出顾客不只是服务的接受者，也如同生产资源般的参与服务的产出过程。就是因为以上的四种特性，使得服务不可能像一般的货品可被储存。举例来说，一家拥有400间客房的旅馆若在半夜12点只卖出了半数的房间，那空余的房间不可能隔日再出售并成为损失了。换言之，容量规划就变成一项重要的议题了。即使服务不能被储存，也可想办法储存顾客，如若餐厅已客满，就想办法让顾客在酒吧中等待并提供免费饮料直到有空位为止。

除了前述的各项服务特性之外，Morrison（2002）增添了另三项特性如下：

1. 配销通路不同。大多数货品的配销通路由三个不同的地点所组成，即工厂、零售店及消费场所（住家或商店）。然而，除了宅配及外送服务（比萨、便当等）外，服务产业没有实体的配销系统。顾客必须自行前往服务提供场所购买所需的服务（例如，前去旅馆购买住宿、餐饮或休闲等服务；旅游咨询服务、游乐/娱乐活动等），并在其场所消耗所购买的服务，这是无法通过中间商来传递的。再者，大多数的制造厂商并不拥有渠道店面来销售它们的产品。但在观光产业中却恰好相反，如旅馆及餐饮连锁店和加盟店集团对其个别通路店面拥有直接的控制权。

2. 决定成本不同。大多数制造货品的固定和变动成本可被精确地估算。但是，服务是变动且无形的。一些顾客可能比其他顾客需要更多的照顾，所需服务的本质可能不见得清楚明了。工厂的产品可被仔细地安排和预测，但服务产业的销售量却难以精确地预估，如旅馆在一天中有淡旺时、一周中有淡旺日、一月中有淡旺周、一年中有淡旺月，且受各种无法控制的人为及环境因素所影响。

3. 服务与服务供应者间关系不同。某些服务与其服务供应者是无法分开的，如许多餐厅的厨师或业主已为他们的食物、个人特质或两者发展出独特的名声。其他例子包括迈克尔·乔丹的迈克尔·乔丹篮球夏令营、胡娜的网球训练营等，皆以该领域的知名人士来主持并号召。这些名人就是主要的卖点，若没有他们，该服务商品的吸引力将大为降低。

二、对服务的迷思

虽然服务业已蓬勃发展，并在各国的经济体系中占有越来越重要的地位。但传统上，服务部门常被工业部门轻视。感觉上，服务部门并不真正如同建造东西般地对经济有所贡献。即使现已进入服务的年代（age of service），公众对服务事业仍有许多迷思和误解（Davidoff，1994）。

1. 服务经济在牺牲其他部门的代价下产出服务。此点是争论服务部门的成长意味着其他产业的重要性降低，并将成为社会的某种损失。但是，从工业社会转型至信息及服务业的社会，生产及制造业的重要性并未降低。反而通过信息利用，生产及制造业对社会资源（如人力资源）的需求正持续降低中。

2. 服务工作是低薪资和无足轻重的。此迷思来自错误的信念：绝大多数的服务工作机会主要是非技术性的职务，如柜台员工和快餐业者。但是，此错误的信念与餐饮及旅行业的实际状况有所不同。虽然餐饮及旅行业的工作在台湾并非最高薪，不过它们也绝非无足轻重。旅行业者必须熟悉世界各地的目的地，并有能力运用复杂的计算机系统。空姐须接受严格的训练，餐饮管理是一个十分复杂的事业。在服务产业中机师、销售、营销、会计、财务计算机资讯等方面的工作亦有良好的薪资。另外，在服务事业越来越重视顾客服务（customer service）的情况下，那些直接与旅馆、餐厅及其他旅行顾客打交道的工作，也能获得更大的授权、责任及更高的薪资。

3. 服务生产是劳动力密集和低生产力的。当民众想到服务产业时，他们倾向于想起供应服务时的行为。的确，服务产业是劳动力密集的。但是，许多服务产业需要庞大资本才能运作。航空公司、大型旅馆及度假中心、大型主题游乐园等服务产业都需要庞大的前期投资于软硬件的建设，所以也是资本密集的产业。同样地，随着信息科技的进步，服务产业的生产力持续上升。举例来说，航空公司及旅行社在人工开票的时代需要耗费大量人力、时间及金钱于开票作业上，且容易犯错。现在，快速有效的计算机订位及开票系统自动产出所需的机票，进而节省了大量人力和时间，并将其转移至服务其他客人，而大大提升了生产力。

4. 服务工作不值得那些追求个人主义者去做。许多人认为服务别人就觉得低人一等，也无法从服务工作中获得相当的回报，只是出卖劳力而已。但是，服务产业的一大优点是它的多元化，此在于其工作数量、种类以及每一个工作内容所需的数量和种类。有人质疑服务工作难以转移和升迁，但是许多观光产业的中高层主管都是从基层服务人员做起的。毕竟良好的服务除了需要热诚的态度之外，更需要长期累积的经验以做出最适最好的服务。当服务品质越加重要时，越来越多的企业设立高层主管的职位专责发展和执行服务改善计划。

三、观光服务与其他服务的差异

观光服务有些特性不存于其他服务业。观光服务与其他服务之间存有八种特定的差异（Morrison，2002），以下逐一说明：

1. 与服务接触的时间较短。许多服务都属于较长期持续的服务产品，如教育、房屋贷款、银行账户及个人投资咨询等。相对来说，顾客使用观光旅游服务的时间较短，如在快餐店用餐、短程飞行、旅行咨询服务等，几乎都在 1 小时内完成，没有过多时间留给顾客一个良好或较坏的印象，不像制造产品大都有相当时间的保固期，只要在保固期内都可免费维修或更换。但是这种品质保证在观光旅游服务上是不多的。虽然不符合顾客需求的餐饮可以立刻更换，但是许多观光旅游服务（如团体旅游产品）如果品质不如预期则无法立即退货或更换其他类似的观光旅游产品，这是因为它们是比较无形的。

2. 较强的感性购买诉求。基本上，民众在购买货品时知道该货品的功能，理性思考胜于感性需求。当然有些例外，譬如对时装服饰，有些人独钟一味（如 Gucci）；对汽车则只要“奔驰”（Mercede Benz）。这种感性连接（emotional bonding）常常发生在观光旅游服务之上，毕竟观光旅游产业是一个“人”的产业。人们提供并接受我们的服务，人际接触由此产生。感性和个人感觉产自这些服务接触，并会影响未来的购买行为。在观光旅游产业中，某位员工可能就决定了该名顾客是否会再次前来消费。人们倾向购买符合自我形象的观光旅游产品。他们坐头等舱、住当地最高级的饭店，只因为如此才符合自认的有钱人形象。他们同时运用了理性（如更多服务和免费礼物）和感性（如社会地位）理由于购买观光旅游服务。

3. 更着重管理证据（managing evidence）。一个货品基本上是一个有形的对象，然而服务在本质上是一种表现（performance）。顾客无法看到、取样或自行评估服务，此皆因服务具有无形性，但是顾客能看到许多与服务相关的有形因素。然后，当顾客购买服务时，他们相当依靠这些有形的线索或证据。这些有形线索的综合效应决定了顾客对服务品质和服务是否满足他们所需的评估。须被积极管理的证据可分为四类：实体环境、价格、传播及顾客。实体环境可包含旅馆或餐厅所使用的家具、地毯、壁纸/布、员工制服及标识牌等。各等级的凯悦饭店皆以其令人激赏的宏伟大厅闻名而象征其高品质的服务。服务价格亦影响顾客对品质的观感。高价格通常表示奢华和高品质，而低价格反映较低的奢华和品质。公司服务信息的传播来自公司本身，通过口语传播和专业顾问（如旅行社）传播。网站、文宣品及印制广告则提供顾客有形的证据，此因它们展现出顾客所能期待的事物。一家服务企业目前所拥有的顾客类型对潜在新顾客发出了信号。举例来说，如果一位青少年注意到某家餐厅的顾客大部分是老年人，那他可能不会认为那家餐厅是他与朋友聚会的好地方。公司必须管理这四类证据以确保顾客做出正确的决定，也必须确定公司所提供的所有证据具有一致性并与公司所提供的服务品质相吻合。

4. 更重视公司的市场地位和形象（stature and imagery）。因为观光服务所提供的服务主要是无形的以及顾客常常情绪性地购买的服务，所以公司尽力创造出所欲求的心理连接（mental associations）。多年前，九族文化村打出"到九族，不必到迪士尼"的广告标语，标榜九族文化村如同世界知名的迪士尼乐园一样好玩，以提升其市场地位和形象。近年来，异军突起的薇阁（We Go）精品连锁旅馆以大胆、创新、多样化、大面积、高单价、高品质的客房设计及顾客服务的经营策略，一举创造出其独特的市场地位和形象。

5. 配销通路更多元化。观光旅游产业并没有实体的配销通路系统，而是有一系列独特的旅游中间商，包括各级旅行社和旅游服务公司。不似货品的中间商，如仓储和运输公司，不会影响消费者的购买决定；相反地，许多旅游中间商大大地影响了消费者购买些什么。旅行社和奖励旅游及会议规划者帮助消费者选择目的地、旅馆、度假套装产品、游程及交通工具。顾客认为他们是专家并确切考虑他们的建议。

6. 更依靠互补性机构。旅游服务可以是非常复杂的，自顾客注意到某观光目的地的广告开始，这些广告可能是由政府观光推广部门或会议旅游局所资助的推广文宣。然后，顾客去旅行社收集更多信息和建议。旅行社可能建议某一目的地旅游产品，包含了来回机票、陆上交通、旅馆住宿、当地景点游览、娱乐活动、餐饮等。顾客在进行度假时，可能会从事购物、尝试几家餐厅、租车、买汽油及美容美发等活动。这些不同的活动都是由不同的机构所提供的，并构成了旅游服务体验。这些旅游服务供货商是相互独立且互补的。旅游者依据所体验过的每一家旅游服务供货商的品质来评估他们旅游体验的整体品质。如果其中有一家的品质不如其他家，那将严重地影响整体品质。

7. 服务易于模仿。大多数的观光旅游服务易于模仿，因为它不具有专利权或太过复杂艰深的科技或技术，难以防范竞争者的模仿，毕竟观光旅游场所是公共场所，任何人都可进入参观和使用各种软硬件设施、设备和服务。举例来说，若一家旅行社推出一个新的团体旅游产品且市场反应不错，其竞争者必会在短期内也推出类似内容及价格的团体旅游产品。不过，服务内容和方式虽易模仿，但产出的服务品质则可能差异甚大。所以，类似的观光旅游服务产品谁能胜出、存活于市场，都要视其服务品质是否能为消费者接受并赞赏而定。

8. 更着重生意清淡时间的推广。观光旅游产业非常重视生意清淡时间的推广，有下列三项原因。

（1）顾客对度假怀有高度的期望。度假代表着离开工作、繁杂事务及日常责任的宝贵时光，并常为个人的重要现金支出。在那么多时间和金钱的投入之下，购前规划是必要的且一般来说是享受的。推广服务的最佳时机就是在顾客尚处于购前规划的阶段时，若等到假期开始时再促销就太慢了。

（2）服务产出量通常是固定的。如果度假中心、旅馆、飞机、船舶及餐厅已客满，它们的承载容量却难以快速扩大，且需要相当的可行计划、时间和投资才有可能。

（3）有相当大的财务压力促使在生意清淡时使用现有设施容量。一方面在于观光旅游服务产品是无法储存的，在当天卖不掉，就是损失。另一方面则是在生意爆满时，因服务承载容量的固定性而无法赚到更多的钱，也只好将推广促销重心放在生意清淡时间，希望增加营收并避免设施及人员的闲置浪费。

第二节 观光旅游服务传递模式

在设计服务传递模式时，所面对的挑战在于是否能将顾客满意度最大化与服务资源最有效利用相结合（Laws，1999）。亦即，服务规划设计者必须在追求服务品质、有限的预算及资源两者间求取尽可能的平衡。

William 和 Buswell（2003）提出观光旅游服务传递模式，如图 1-1 所示，其中描绘了服务观念、服务系统、顾客、服务程序、服务接触、服务价值等几个主要层面间前后影响的关系，于下逐一说明。

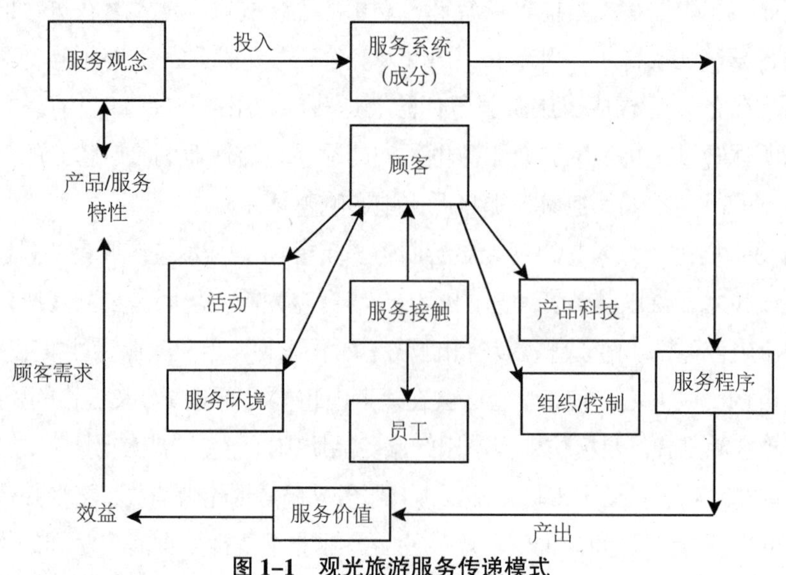

图 1-1 观光旅游服务传递模式

资料来源：William & Buswell（2003）。

一、观光旅游服务观念

观光旅游服务观念代表顾客需要的产品或交易的特色。顾客效用和利益两者是须被满足的顾客需要，它们是如何通过服务配套设计来达到满足的，是观光旅游体验的重要元素。观光旅游服务观念包含了顾客所追寻的特色或利益，并与核心产品、活动以及特制产品或额外服务（如招待）等有关。此观念同时定义了企业从事何种生意和如何推广促销及建构企业体。举例来说，英国 Gloucester Docks Trading Company 自其服务观念发展出三点成功策略：

（1）创造认知，提升企业形象和企业所能提供的产品和服务。

（2）通过活动、特别优惠和其他促销来争取顾客，尤其是首度购买者。

（3）以顾客享受和满意为基础来产出重复购买和口碑推荐。

引领成功策略和服务品质的是该公司的任务说明（mission statement）。

Gloucester Docks Trading Company 的任务是借由认知 Gloucester Docks 的多元化、历史和传统，并为当地、国内和国际游客创造一个高品质的地点及友善的服务环境，来维持和改进其市场地位，成为英格兰观光区域中心点中排名第一的免费观光据点。

该公司的服务观念强调了区域的传统遗产、公司的正式功能和大部分民众对 Gloucester Docks 区域所认知的形象。该公司的特色包含了它的地点、景点多样性；友善的环境；执着于为游客创造和传递一个美好的享乐体验。

另一个例子是 David Lloyd Group 的服务观念。该企业相信它们的核心产品（运动和休闲设施所提供的服务活动）虽然重要，但未胜过严格训练的员工；高标准的清洁；维护、友善关怀的服务；一个愉悦且令人放松的环境。该企业的目标在于借由提供更好的服务、取悦会员和增强会员对会员资格的认知价值，来超越会员的期望。该目标也给予所有会员个别关注，并试图以关心及热诚的态度来从事每一次服务。该公司的核心价值是“关怀、热情和信任”以及该公司的服务品质哲学是“提供每位会员最佳的高品质产品、服务标准和物超所值等三者之组合”。

二、观光旅游服务系统

观光旅游服务系统建立了所需要的软硬件，以满足顾客的需求和依服务观念所描述的产品特质。此系统说明了投入服务程序中的资源及其配置方式，以及帮助认定所有营运层面的服务标准。观光旅游服务系统内含六种元素：顾客、活动、服务环境、产品科技、员工和组织及控制。

1. 顾客。顾客的目标、动机与产品、服务配套的关系，有助于形成交易的结果和观光旅游体验的品质。企业逐渐依据人口统计及行为特性来区分市场。

2. 活动。顾客与活动所提供的休闲机会间的互动，涵盖了许多观光旅游管理的层面，其中包括活动设计、适合性观念、连接顾客行为及产品特性后所发展出来的休闲机会系列及组合。

3. 服务环境。服务环境是指为提供活动而所需的实体、技术环境以及无形的特质，如气氛和情调。服务环境品质的优劣确实影响顾客的满意度和未来行为意向。但在创造实体环境时，亦须注意对自然环境的保护和保育，以避免顾客因周遭环境景观品质不良而不满。Clarke 和 Schmidt（1995）建议，在一定的前提之下，服务供应者的目标在于连接消费者心目中的服务接触和环境接触，以创造重复的生意和一个长久的关系。

4. 产品科技。产品科技是指有形物体，如活动所需的设施、设备和科技。它包含了建筑物，如电影院、休闲中心的设备以及所使用的科技，并成为产品特色之一，如电影院的屏幕和音响系统、观光据点的虚拟实境影片介绍等。Lovelock、Vandermerwe 和 Lewis（1996）指出过去 30 余年来的科技发展着实对服务的生产和传递的方法有着重大影响。特别是电子通信和计算机科技的发展，持续造成了许多服务传递上的创新。其中一个比以前更加重要的结果是顾客现在有能力服务自己，而非需要员工的服务。五项值得关注的创新是：

（1）智能电话的发展允许顾客借由电话键盘输入指令以回复语音指令。语音辨识科技也在使用中。

（2）宽频电子通信线路的引入允许大量资料的高速传输，如下载旅游网站的各种观光据点或服务信息。

（3）网际网络物流和金流机制（freestanding and automated kiosks）的创造让顾客能进行多种简单的交易，如旅游网站的线上订位和信用卡付款等交易。

（4）网站的发展能提供信息、下单和作为信息服务的一种传递渠道。

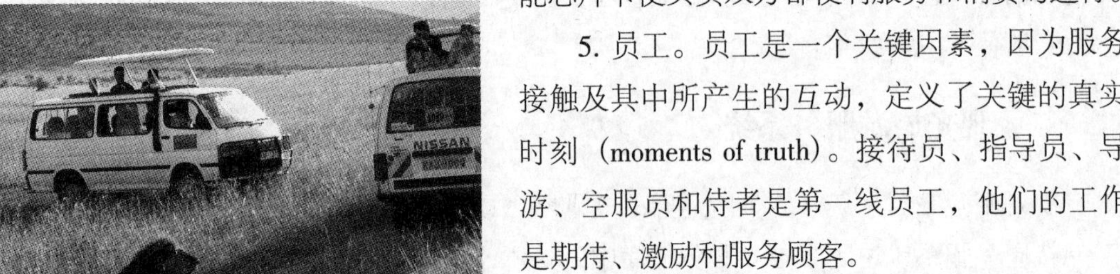

（5）智能芯片卡的发展能储存顾客的详细资料并可作为电子钱包，如俱乐部的会员智能芯片卡使买卖双方都便利服务和消费的进行。

在生态旅游中，解说员扮演着重要的角色。他们教育并服务游客，深刻地影响游客的旅游品质（照片由联合报系提供）。

5. 员工。员工是一个关键因素，因为服务接触及其中所产生的互动，定义了关键的真实时刻（moments of truth）。接待员、指导员、导游、空服员和侍者是第一线员工，他们的工作是期待、激励和服务顾客。

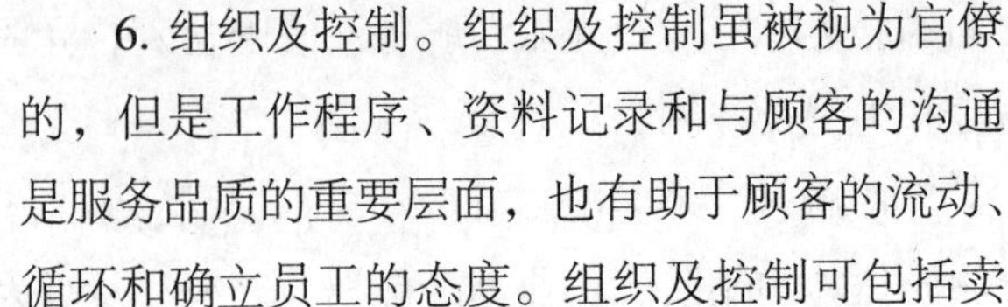

6. 组织及控制。组织及控制虽被视为官僚的，但是工作程序、资料记录和与顾客的沟通是服务品质的重要层面，也有助于顾客的流动、循环和确立员工的态度。组织及控制可包括卖票、自动进入、标识、订位系统和准确传递服务所需的科技。

三、观光旅游服务程序

观光旅游服务程序是一系列连锁的活动和顾客所经历的各个阶段；它包含了顾客与服务系统中其他投入间的互动。此程序是指相对于技术品质（做什么）的功能品质（如何做），在许多情况之下，功能品质比技术品质在决定顾客体验的整体品质上更为重要。程序管理、顾客服务程序设计和服务配套也是较重要的。服务程序包含了由核心逻辑所创造的价值变量、工作内容和工作环境，以及员工所传递的服务与顾客所感受到的服务之间的三种接口。这三种接口是：

（1）接触接口。此接口是通过组织价值和工作环境来连接顾客和员工双方的"逻辑"，其中人际关系是特别重要的。

（2）技术接口。此接口是通过价值、工作内容和顾客与科技及系统的直接接触来连接顾客和技术双方的逻辑。

（3）支持接口。此接口是通过工作内容和前场与后场员工双方关系来连接员工和技术双方的逻辑。

在进行服务传递系统设计之前必须先获得许多问题的答案，才能决定利用何种方法来进行设计。如表 1-2 的问题，加强整个观光旅游服务规划和设计程序，并代表一种系统性的方法。它们也强调了在设计观光旅游产品和服务时应考量的因素；它们超越观光旅游服务传递模式中分散的要素，并对各要素有所影响，但特别与服务系统相关。

表 1-2 服务传递系统设计之主要及补充问题

主要问题	补充问题
服务观念和服务配套为何？	产品和服务的标准化程度有多高？
你的顾客是谁？	心理接触的程度有多高？
你希望能达到的服务标准是什么？	顾客的期望是什么？
如何传递整套服务给顾客？	营运作业的科技化程度有多高？
	服务传递程序有多复杂？
	营运作业的承载容量有多大？
	传递系统和资源利用的生产力有多高？

Lovelock、Vandermerwe 和 Lewis（1996）指出服务传递系统设计不只是实体设施和设备的描述和服务人力需求的说明；还要让服务人员知道公司对他们的期望是什么，以及让顾客了解他们在服务传递中所扮演的角色，包含了如何与服务人员及设施互动；最后，须为每一项活动设定服务顺序和所允许的服务时间。服务速度（快或慢）已渐变成竞争策略中一个重要的元素。在许多案例中，服务企业以快速循环营运（fast- cycle operation）为基础来建构它们的策略。不仅顾客对更快速的服务有兴趣，而且企业亦能因更快速的营

运所导致的更高生产力和更低成本而获利。

在规划和建构服务传递程序时，须考量下列六类问题：

(1) 服务传递程序中各种步骤的前后顺序应为何？这些步骤应在何处（地点）和在何时（排序）展开？

(2) 为了服务传递目的，这些服务元素应被集合或分散处理（例如，某服务企业应负责所有的元素或委托特定的辅助性服务，如信息和订位予其他厂商）。

(3) 服务供应者与其顾客间的接触本质应为何？是顾客去找服务供应者还是反之？或是通过邮件和电子通信（从语音电话到计算机网际网络）？

银行业者为了服务金字塔顶端的客群，提供专人财富管理咨询，以优先制度服务特定顾客（照片由联合报系提供）。

(4) 服务传递程序中每一步骤的本质应为何？顾客应被集体地或个别地服务，还是自我服务？

(5) 服务的标准模式应为何？公司应以事先订位方式或先到先服务的排队方式来运作？另外，是否应建立一个优先制度以服务特定顾客（例如，许多公司针对大客户或航空公司针对金卡常客）？

(6) 服务传递环境应尽力创造的形象和气氛为何？对一种高度接触的服务而言，与前项问题有关的决策为：①设施设计和配置；②员工制服、外貌和态度；③装潢、家具和设备的种类；④所使用的音乐、照明和装饰品。

四、服务价值

观光旅游服务传递模式的最后一个要素回到了由服务观念所认定的顾客需要和动机。此模式提供了观光旅游生产和传递服务及其系统中所有要素的一个蓝图。这个蓝图显示传统的生产观点，资源投入通过生产程序而被转换成产出或结果，也强调于回路中企业的服务观念和顾客所获得的利益及满足之间的连接。服务价值不仅与金钱价值观念有关，也解释了其他变项，如成本、时间和参与活动时所需的努力。

五、产品/服务的有形特性

顾客最先接触的是产品/服务的有形特性，因为它们经常与产品的核心元素有关，融入了顾客所产生的第一印象和服务供应者所展现的形象之中。这些有形特性包含了下列七种重要元素：

1. 科技。许多情况受到可获得的科技及其利用方式的影响，如健身中心使用复杂的设备、旅游景点利用动态仿真、虚拟实境等科技。尤其在解说方面，配合得当的视听音响和硬件设施可创造出更超越的体验。再者，顾客体验受到科技的影响，不仅是因为更好的产品，也因为产品的传递和执行的方式。订位系统、计算机化的设施使用方式和改善的信息、标识及接近方式（access）都有助于提升整体体验及其管理方式。

2. 接近方式。接近方式可指设施到其市场的实际距离、抵达交通工具和停车或车站、残障设施以及营业时间和活动设计政策。

3. 标识和观赏线。在大型基地或建筑物（如主题游乐园和航空站）中人群移动顺畅与否，受到标识和告示牌的清晰程度及摆放位置很大的影响。为观看特殊活动、博物馆或展览而设的观赏线（sightlines）对形成顾客体验认知也是相当关键的。

4. 健康和安全。在很多观光旅游情况中存有安全风险，它们可以是含有移动的活动、观赏者人群的聚集或餐饮的供应。例如，在主题游乐园或户外活动中，来自活动的风险环境或刺激是其受欢迎的原因之一，但是顾客希望感受到安全措施已做好。

5. 弹性。由于观光旅游市场需求多变，企业必须有能力快速响应市场变化或竞争攻势，这需要供货商去创新和实验。植入设施、系统和程序的弹性和适应能力将能使良好的供货商有能力去修正他们的产品或服务。

6. 美观诉求。品质观念是非常主观的，但是观光旅游供货商知道消费者体验常受到对装饰物、装潢、颜色系列、建筑、景观或设备等设计的反应的影响，以及所面对的挑战是去认定最具大众吸引力的特色。例如，任意造型的游泳池将游泳池的实体冲击转换成具吸引力的、愉悦的、轻松的环境；全球所有的迪士尼乐园相当重视环境品质，重视主题园区的视觉冲击和景观设计。

7. 气氛和环境。消费者认知的主观性可能是最难以捉摸并将其设计进入服务配套之中的。许多因素对气氛所造成的影响有所贡献，如一家餐厅或戏院的气氛、服务人员、装饰物、照明、甚至顾客本身的行为。观光节庆或嘉年华会大游行因人群众多且欢乐庆祝，感染了所有游行现场的群众并相互影响，而使个人和整体欢乐的气氛达到最高点。

学习成果检验

1. 比较服务与实体物品间的差异，并举例说明。
2. 说明服务的七种特性，并举例证之。
3. 说明服务事业所遭受的误解，并举例说明。
4. 说明观光旅游服务传递模式及其各要素，并举例说明。
5. 说明服务系统中各要素及其相互关系，并举例证明。

第二章 品质和服务品质

学习目标

研读本章内容之后，学习者应能达成下列目标：

1. 了解品质的定义、观念和层面。
2. 了解服务品质的定义及期望观念。
3. 了解服务品质的层面。
4. 了解服务品质的重要性。
5. 了解良好服务品质的标准和定律。

顾客要求服务品质之时，必须付出等同的代价；如住进宝岛之星——涵碧楼大饭店享受六星级的服务，需付出高额的住宿费用（照片由联合报系提供）。

本章导读

消费者越来越重视品质。提供让消费者满意的产品或服务品质，是供应者的责任和义务。追求并达到高品质是服务公司的首要和必要目标，必须整合公司的全部资源（人力、财力、物力和时间）全力以赴。在公司的领导统御、信息和分析、策略品质规划、人力资源运用、产品和服务的品质保证、品质结果和顾客满意等层面，须整体考量并相互协调，以使产品的品质能符合目标市场消费者的期望，甚至能物超所值。追求良好服务品质标准时，得付出相当的成本；但是，当达到顾客所要求的品质时，则所获得的来自品质的报酬，是推动公司永续经营的唯一且不可取代的动力。本章首先说明品质的定义、观念和层面。其次，阐述服务品质的定义及期望观念，并解释服务品质的各个层面。再次，说明追求服务品质的效益及所招致的成本。最后，解释在追求良好服务品质时可依循的定律和标准。

第一节　品质的定义、观念和层面

一、品质的定义

品质是一个多面向的观念。然而，不同的人对品质的定义或认知存有相当的差异。ISO（1991）定义品质为：“一种产品或服务的全部特性和特质满足陈述的或暗示的需要的能力。”此定义包含了几个主要观念：

（1）“一种产品或服务的全部特性和特质”指出了一个整体性的观点（a holistic view），好比说，顾客并不被认为正在购买一系列技术上分散的特质，而每一种特质是被分开评估的。其实该产品或服务所展现出来的整体效用才真正算数。

（2）“满足……需要的能力”是指一种顾客导向的态度。

（3）“陈述的或暗示的”是指顾客有时能、有时不能列举出他们的需要以及指出供货商必须主动、自行试图解读顾客的需要，并持续增进他们对顾客的了解。品质亦在于满足顾客、员工和业主的需要和符合他们的期望（Edvardsson & Olsson，1996）。

因此，有必要完全了解这三个群体的不同需要和期望，以及它们是如何形成的和如何改变的。

另外，Garvin（1988）指出，可从五种不同的观点来定义品质：

1. 超越的观点。品质与“天生卓越”同义，是不妥协的标准和高成就的标志。此观点常应用于表演和视觉艺术，并认为人们只能经由多次接触后所获得的经验来学习认定品质。但是，从实际的观点来看，“当管理者或顾客看到产品时将了解品质”的论点对定义品质是不怎么有助益的。

2. 以产品为基础的观点。视品质为一个精确且可衡量的变量。此观点认为品质上的差异反映了产品在某些成分或特性上的不同。因为此观点是完全客观的，而使其难以解释个别顾客或所有细分市场在品位、需要和偏好上的差异。

3. 以使用者为基础的观点。其前提是品质是由使用者来判定的，认为品质即等同于顾客的最高满足。这种主观的、需求导向的观点认知到不同的顾客会有不同的希望和需要。

4. 以制造为基础的观点。这是一种供给导向的观点，且主要关注在工程和制造工作之上。此观点专注在符合内部设定的规格，而规格常是由生产力和成本控制目标所驱动的。

5. 以价值为基础的观点。以价值和价格来定义品质。从绩效与价格两者间的取舍考量观点来看，品质可被定义为“可负担得起的卓越”（affordable excellence）。

Garvin 认为这五种不同的品质定义有助于解释有时存在于不同部门管理者之间的冲

突。但是，尽管会有冲突的可能，公司也可以从这些多元观点中获益。仅依据单一的品质定义常常是问题的来源，这是由于每个观点都有其盲点，如果公司可采用多元的品质观点、在产品设计到市场销售的过程中，主动地转换不同且适当的品质观点，将可受困于更少的问题。要成功，就必须每一功能的所有活动都能紧密相互协调。

二、品质的观念

50 多年前，部分工业化社会开始执行品质控制（quality control）。品质控制观念是以“统计品质控制”之名被引入美国，并且在第二次世界大战后于所有工业化国家开始发展的。1948~1960 年，日本进行了品质控制的实测，在投入大量努力于推广对品质的重视之后，很快跟上的是针对处理品质控制问题的训练。逐渐地，品质观念演进至“公司品质控制”和“全面品质控制”。品质应是每一个人的责任；对品质的重视成为一种心态（a state of mind），更应在采用生产方法、工具和标准之前就建立好（WTO，1988）。

“品质是一种心态”意指对所有的顾客都给予同样的待遇和关注，这是由于顾客有权力做如此的要求。每一家企业或机构都有其自己的文化、目的和对待顾客的方式。其实，品质就是确切落实企业对卓越的追求（in search of excellence），是无可取代且须持续努力追寻的目标。其中两个重要的元素是管理和员工激励。其余元素只是执行现存法令规章或营销技术和教育训练。

但值得注意的是，企业须了解其目标市场，了解顾客对品质要求的高低程度，再设计符合顾客所期望的“最适卓越”，而非一味追求难以达到，且不见得符合顾客需求的“完美无缺”。而决定最适卓越程度的两个主要变量是：①产品/服务的价格。在特定的价格下，消费者期望相对等的品质。②顾客的需要和期望。

不可否认地，产品品质受到机构、工作环境和员工训练及激励的影响。无品质的成本远超过怠工战术（absenteeism）的成本。再者，品质有其策略性的含义，对企业的竞争力和形象有其强烈的影响。

品质是一个持续的过程，从产品或服务的设计开始到售后服务。品质应用在：①产品或服务的设计；②制造程序的设计；③制造产品或服务；④以最适品质/价格关系的观点来做营销。从此观点来看，观光企业或机构必须在其品质政策的基础上，从只是监控品质转进至管理品质。此过程必须在员工圈内发展，让员工明确品质的重要性及其对品质的责任。然而，员工也须受到更好的激励、教育和训练。将员工纳入“品管圈”（quality control circle）这一已行之有年且成效显著的方法，主要目的在于：①给予员工个人满足的意识和鼓励参与至最低层级的品质管理；②鼓励创新。

品质控制必须首先改正相关的品质问题，并为了竞争力或更佳的经济和社会健全的目的，而进行系统性的寻求品质改善的标的。所以，品质政策是每一位员工的事情，并至少朝向四个目的：①改进产品或服务的品质；②改善员工的工作环境；③改善生产力；④改善机构和工作的方法。

所以“追求品质的心态”必须借由管理承诺、员工（包含高阶主管）的品质训练和基层员工的意见表达及问题解决能力等方面的给予，来注入企业的所有层级和功能之中。简言之，品质程序就是一个“接受责任”的程序。品质变成一种控制的机制，且通过此机制，服务的所有要素被维持在观光游客和观光企业或机构所能接受的最适价值之上。

综上所述，可用 Feigenbaun（1991）所提出的全面品质控制的十大标杆来结语，它们是：①品质是一个全公司的程序；②品质是顾客所表达陈述的；③品质和成本是一个总和而非差异；④品质需要个人和团队合作；⑤品质是一种管理的方法；⑥品质和创新是相互依赖的；⑦品质是一种道德；⑧品质需要持续的改进；⑨品质是最具成本效益的；⑩品质是在连接顾客和供货商的一个整体系统中运作执行的。但上述十点中遗漏了直接衡量顾客需要、期望和认知的机制，这会让观光旅游机构难以运作，我们将在服务品质议题中讨论。

三、品质的成本

追求品质有其必须付出的成本和花费，而这些成本和花费是否值得，则必须由所得的利益来评估。追求品质需要三种花费：

（1）防范错误。避免错误发生及第一次服务就做对；亦包含了材料和训练成本。

（2）保险。为失误、遗失和事故而投保所招致的保险金的花费。

（3）缺陷的成本。因顾客不满意而招致的获利损失。

所以，需要有一笔品质预算来支付追求品质的成本。不过，花在防范错误上的每一元钱可能意谓对再度购买或提供口碑宣传的顾客的百元销售。保险则允许涵盖会影响企业生存的风险。在今天，大部分旅行业者自动以合宜的价格，并提供真正的（产品）保证，将保险和旅行协助纳入他们的旅游套装产品之中。该保险涵盖了全部旅行行程，从出发到结束。保险的范围一般包括了医疗花费、早回、晚回、行李遗失、海外法律协助、伤残或死亡赔偿等（WTO，1988）。

四、品质的层面

因为品质是一个难懂的观念，所以在规划品质管理时，必须先清楚地了解品质的各种层面是什么、各层面的意义为何，才能以适当的方法加以度量来获取必要的品质管理信息，以作为拟定和评估品质管理策略及其成效的依据。

Gummesson（1992）指出品质管理分为内部和外部品质管理。内部品质管理是针对产品/服务供货商及其机构的，且指的是活动、程序和品质等层面，而这些层面必须由企业内部来控制以产出品质。对产品而言，这些层面大都在视线范围之外，亦即不为顾客所见。对服务而言，某些活动可为顾客所见，是因为顾客在服务过程中与服务供应者有所互动，而其他活动则隐藏在后台。外部品质管理则需要具有了解顾客和产出满足顾客需要的能力，并创造出顾客满意。

当谈到品质层面时，有必要先确定“顾客是谁”，亦即“顾客链”（a chain of customers）。服务供货商 A 是服务公司 B、C 和 D 的一位顾客，且 B、C 和 D 的品质会影响 A 服务它的顾客 E、F 和 G 的能力。再者，服务供货商 A 也有其内部顾客（如员工和供货商）。所有这些供应商和顾客都将受苦，如餐厅进了腐坏肉品、延误对飞机加油或自动售票机的软件有缺陷。外部品质层面即为顾客 E、F 和 G 所观察到的，而内部品质层面即为服务供货商 A 必须加以管理的，以服务它的顾客 E、F 和 G。所以，内部和外部品质管理是相互依赖的，它们是对品质的两种观点，而非两个独立的个体。

品质层面可以是一般性的或明定的。一般性的层面在指导公司搜寻它明定的层面上是有用的；明定的层面在使品质能呈现出来上则是必需的。举例来说，若中华航空公司发现“准时到达”是商务旅客最重视的品质层面。“准时性”则可视为该公司在其一般的品质层面中的“可靠性”层面下的一种明定的层面。“准时性”的重要性乃是通过顾客调查来加以确定的，所以“准时性”成为一种外部层面。为了要能准时，几种内部品质层面必须被建立起来，如为了要准时完成离境，就必须建立柜台的维护和与飞机、维修场站、信号系统等的表现和可靠性等有关的各种技术层面。

（一）外部品质层面

本文中所讨论的外部品质层面主要是针对“有形物的一般性品质层面”。顾客和服务人员接触几种形态的有形物（tangibles）：①消耗品。是服务的一部分，如旅馆浴室中的洗发乳；②代表服务的对象，如服务人员的衣着和文宣品；③服务核心的物品，如包裹递送和零售；④服务传递所必需的主要物品，如餐桌、吧台、建筑物等；⑤实体环境，如公园、绿地景观、街道等。其实“人”也是有形物，虽然主要在于他们的活动、态度等，并且“人”的外貌是无法与他们的行动相分离的。在后文中，有形物是指物品、实体环境和人。

显然地，实体产品对服务品质具有显著的影响。在服务传递中，不仅存有顾客与第一线员工间的互动，而且存有顾客与物品间的互动。物品必须是功能性的，但它们也扮演着无形服务中的可见证据。

三种类型的品质层面分别由 Garvin（1988）、Norman（1988）和 Baker（1987）所提出的物品全面品质管理观点、心理和神经病理学（psychopathology）观点和实体环境设计观点构成，整理如表 2-1 所示。在每一个品质层面之后，连接著作者的评论以使之与服务传递相关联。

表 2-1　不同观点下的有形物的品质层面

物品的全面品质管理观点	心理和神经病理学观点	实体环境设计观点
绩效	可见性	环境因素
特色	相符	美学
可靠性	供给	功能性
一致性	限制	服务人员
耐久性	顾客控制	其他顾客
服务能力	知识	其他民众
美学	回馈	
认知的品质		

资料来源：物品的全面品质管理观点（Garvin，1988）。
心理和神经病理学观点（Norman，1988）。
实体环境设计观点（Baker，1987）。

1. 物品的全面品质管理观点：Garvin 在产品制造的前提下，提出八个品质层面，详述如下。

（1）绩效。是指核心产品的主要特质，也就是该产品能存活于市场的原因。例如，咖啡机提供咖啡厅顾客爱喝的咖啡的能力；音响系统提供音乐厅顾客爱听的音乐的能力。

（2）特色。是指额外的或附加的功能，也就是虽并不一定是必要的，但可提升产品的吸引力和竞争力。例如，旅馆浴室中不只有按摩浴缸，还附设电视和电话，更有可调色水底灯光。

（3）可靠性。是指功能故障的概率。例如，旅馆电梯故障或飞机航班因技术原因而取消。

（4）一致性。是指产品规格或说明符合实际绩效的能力。在服务上，当服务链中各前后活动的连接性不佳时，会导致整体服务不正确。例如，旅馆柜台人员答应顾客早上 7 点 morning call，若没做到，则会使顾客赶不上飞机。

（5）耐久性。是指产品能持续使用多久。例如，旅馆按摩浴缸的可使用年限有多长？这是因为虽可修理，但毕竟将因材料老化而使其不具经济效益或对顾客有危险。

（6）服务能力。是指某产品有多容易修理和维护以及快速修复的概率。例如，旅馆按摩浴缸故障，多快能修好以利顾客洗澡而减少抱怨？

（7）美学。是指外观设计、味觉、嗅觉、触觉等，能使顾客产生美的感受。这个层面是非常个人化的，所以难以建立一个客观的标准。例如，牛排餐的盘饰、香味、口感等是否"美"会因顾客个人品位和偏好而定。

（8）认知的品质。是指顾客对产品品质的整体认知。例如，单就咖啡而言，是否顺口、好喝、好闻、够烫就是对咖啡品质的认知。

2. 心理和神经病理学观点：Norman 从心理观点来指出下述七个品质层面，且这些层面影响人们与产品互动的能力。

（1）可见性。指产品或物品必须容易让顾客看到且易懂。例如，旅馆通道的指示牌、餐厅的菜单、各种服务的价目表等都必须清楚可见。

（2）相符。指某种控制与因该控制而引起的反应之间的关系。例如，告知房客必须将房卡适当地插入电力开关控制座，房间才会有电力供应。

（3）供给。指产品或物品具有多种用途。例如，旅馆的电视机具有可看电视、录像片和上网际网络等多种功能。

（4）限制。指依功能性和安全的理由而设下必要的限制。例如，旅馆的游泳池在没有救生员或营业时间之外，是不允许顾客使用的。

（5）顾客控制。指顾客认知的控制是服务品质的一个重要部分。因顾客的需求不同，有必要让顾客对产品的功能有控制能力。例如，在所谓的“全自动计算机控制的智能型大楼”中，顾客对房间的温度、风速和噪声无法调节控制，可能招致不同需求顾客的抱怨。

（6）知识。可分为存于世界上的知识和存于个人脑袋中的知识。如果借由标识和告示，能使某种服务程序简单易懂，那这种知识可存于世界上；服务系统是不需要被记住的。例如，在旅馆商务中心上网查询资料，顾客本身必须具有上网的知识才做得到。

（7）回馈。指人们经常寻求对自己行动的确认。例如，旅馆房间的空调控制板如能显示出顾客所设定的功能、温度和风速，就能让顾客放心他刚才的设定动作已获确定。

3. 实体环境设计观点：前述两位学者的品质层面中，都没有提到实体环境品质。Bitner（1990）在她的“实体环境对顾客认知品质的影响”研究中，结论为：“典型地来说，与员工和实体证据有关的决策并非由营销经理决定的，而是由人力资源经理、营运经理和设计专家所决定的。”这些人从与顾客不同的观点来审视服务传递，他们可能不了解整体服务设计和人类活动、有形物和软件之间的相互关联性。

兼具美学及功能因素的空间提供优良的实体环境品质。照片中的汽车保养维修厂打破一般人的成见，其外观有如精品旅馆，内部则配有无线上网服务（照片由联合报系提供）。

Baker（1987）认为下列三种基本因素会影响顾客认知品质：

（1）环境因素。这些背景因素（如空气、噪声、气味和清洁）顾客并不总是知道的，而是当它们不存在或造成不便时，才警觉得到。

（2）设计因素。又可分为美学因素和功能性因素。举例来说，旅馆外观可以是非常雄伟且美观的以符合美学因素；旅馆坐落地点的交通便利性高则符合功能性因素。然而有时此两种因素可兼顾或不可兼顾，由当时设计的优先考量为何来决定。

（3）社会因素。与环境中的人有关，如观众的数量、外貌和行为（其他顾客和非顾客）以及服务人员。

（二）内部品质层面

企业的内部品质影响其外部品质，因此企业采取何种措施以在顾客面前展现品质，确切关系到顾客所认知的品质。不过，顾客对企业的内部品质可能所知有限或毫无所悉，却也需要在购买前有个明确、可参考的标准以使其放心购买。所以，追求品质的企业都尽全力得到全球认可的“品质认证标章”，如 ISO 标准系列及奖项、于 1951 年在日本创立的“戴明品质奖”、于 1987 年在美国创立的“Malcolm Baldrige 国家品质奖”和于 1988 年创立的“欧洲基金会品质管理奖”。这些标准和奖项的终极目的在于刺激企业和其他机构，改进它们的品质管理。但是内部品质有哪些层面以及要如何评估呢？举“Malcolm Baldrige 国家品质奖”为例来说明，因其包含了要求最深和最广的内部品质管理层面。

如表 2-2 所示，详列了“Malcolm Baldrige 国家品质奖”的各种层面、要素和评分，并可看出与外部品质层面是完全不一样的。从层面的评分分配上可知此奖项朝向全面品质管理。总分为 1000 分，大致可分为三群。

（1）领导、信息和分析、策略品质规划、人力资源利用，总共 380 分。

（2）品质保证和品质结果，总共 320 分。

（3）顾客满意，总共 300 分。

表 2-2　Malcolm Baldrige 国家品质奖

1991 年分类/要素	最高分数
1.0　领导	100
1.1　高阶管理层级领导	40
1.2　品质价值	15
1.3　品质管理作为	25
1.4　公共责任	20
2.0　信息和分析	70
2.1　品质资料和信息的范围和管理	20
2.2　竞争比较和标杆	30
2.3　资料和信息的分析	20
3.0　策略品质规划	60
3.1　策略品质规划程序	35
3.2　品质目标和计划	25
4.0　人力资源利用	150
4.1　人力资源管理	20
4.2　员工参与	40
4.3　品质教育和训练	40

续表

1991 年分类/要素	最高分数
4.4 员工认知和绩效度量	25
4.5 员工福祉和士气	25
5.0 产品和服务的品质保证	140
5.1 高品质产品和服务的设计和引入	35
5.2 程序品质控制	20
5.3 程序的持续改进	20
5.4 品质评估	15
5.5 文件记录	10
5.6 商业程序和支持服务品质	20
5.7 供货商品质	20
6.0 品质结果	180
6.1 产品和服务的品质结果	90
6.2 商业程序、营运和支持服务的品质结果	50
6.3 供货商的品质结果	40
7.0 顾客满意	300
7.1 决定顾客需求和期望	30
7.2 顾客关系管理	50
7.3 顾客服务标准	20
7.4 对顾客的承诺	15
7.5 为品质改进而做的抱怨解决方案	25
7.6 决定顾客满意度	20
7.7 顾客满意的结果	70
7.8 顾客满意的比较	70
总分 1000	1000

第二节 服务品质的定义及期望观念

一、服务品质的定义

Churchill 和 Suprenant（1982）在其发展的服务模型中，提出服务品质为消费者对于服务的满意程度，决定于实际的服务与原来期望的差异。Gronroos（1982）认为服务品质是消费者对服务的事前期望与接受服务后的认知间的比较。如果认知的品质达到期望的品质水准，则可定义服务品质是好的，反之则是低劣的。Lewis 和 Booms（1983）亦认为服务品质系指服务结果能符合所设定的标准，决定于所提供的服务是否满足消费者期望。

Parasuraman、Zeithaml 和 Berry（PZB，1985、1988）认为评估服务品质最适当的方

法，就是衡量顾客所认知的品质，故将服务品质定义为“顾客对服务的期望与服务实际绩效认知的差异程度”。认知的服务品质（perceived service quality，Q）被解释为在认知（perceptions，P）与期望（expectations，E）之间程度和方向的差异（Q=P−E），即为SERVQUAL度量。消费者认知（P）是关于实际传递的服务的信念（beliefs），而消费者期望（E）在观念上的定义为“消费者的欲望或希望，亦即他们觉得服务供应者应（should）提供什么，而不是将（would）提供什么”。当期望服务等于或小于认知服务时，顾客感受的服务品质是满意的；而当期望服务大于认知服务时，顾客所感受的服务品质是不满意的。

二、期望观念

Rust、Zahorik和Keiningham（1994）指出个人对产品或服务的期望，可分为五种层次，由高而低依次为：

（1）理想的（ideal）期望。这是卓越性的指针，也就是在最好的条件下，所能达成的品质水准。

（2）应该（should）期望。在个别的服务交易上，顾客觉得“应该有这样的水准“或“希望能有这样的水准”。

（3）想要（will）的期望。这是依据一般可获得的信息与可预期的平均品质水准，相对应的期望。因为想要的期望是与外部信息相对应的，所以有某种高低幅度，亦即“高的”和“低的”想要的期望。

（4）最低的（minimally accepted）期望。即顾客所能接受的最低品质水准。

（5）最差水准的（worst possible）期望。即顾客可以想到的最差品质水准。

要使用哪一种“事前期望”，须依实际情况而定，但通常会利用“想要的期望”或“应该期望”。

Zeithaml、Berry和Parasuraman（1993）形成顾客期望的要素包括欲求的（desired）服务、适当的（adequate）服务、预期的（predicted）服务以及欲求的服务和适当的服务之间差异的容忍区域（tolerance zone）等，如图2-1所示。

1. 欲求的服务和适当的服务的水准。欲求的服务是指顾客想要受到服务的类型。欲求服务的水准由顾客能够相信及个人需求的范畴所组成，也受到服务提供者的承诺、口碑和顾客过去的经验的影响。因此，大多数顾客能够理性且了解服务公司无法完全提供他们所欲求的服务水准。所以，顾客有了服务水准的门槛，此为适当的服务水准。另外，情境因素（situational factors）亦会影响顾客对适当服务的认知。

2. 预期的服务。预期的服务通常是指顾客实际预测能获得服务的水准。假如预期服务是良好的，则适当服务水准将高于预期服务不好的时候。有时候，顾客预期服务受限于特

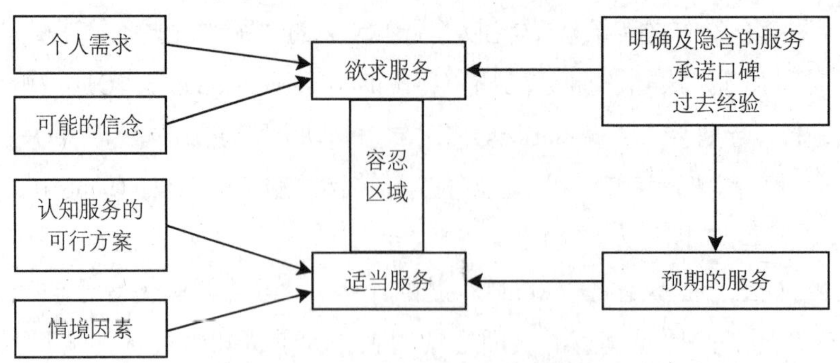

图 2-1　顾客服务期望的影响因素

资料来源：Zeithaml、Berry & Parasuraman（1993）。

定情况；例如，从过去经验来看，假如天气不好，则顾客会大量涌进室内游乐场所。

3. 容忍区域。容忍区域是指顾客所能接受服务差异的范围。当服务公司提供的服务比顾客原先预期的（或欲求的服务）要差的时候，他们会感到不满意或有挫折感；但是当实际服务水准超过顾客原先所欲求的，他们会感到高兴及快乐。另外，从另一个角度来看，当服务差异在容忍区域之内时，将不会影响顾客对服务绩效的认知；反之，当服务差异超出容忍区域之外时，可能正面或负面影响顾客对服务绩效的认知。

容忍区域也会因竞争、价格或特定服务属性的重要程度而有所扩大或缩小。这些因素通常会影响适当服务水准，然而欲求的服务水准也会因顾客累积的经验而缓慢向上提升。例如，老顾客较不能容忍服务人员不清楚他们的餐饮偏好乃至出错，即他们的容忍区域已变得较狭小了。顾客对服务的期望主要是由过去的经验所形成的，另外还受到该顾客个人的需求、口头宣传、企业宣传、形象等的影响。若顾客没有过去购买的经验，他们会以预先购买期望——如口碑的评定、新故事（消息）或公司营销活动作为依据。某产品或服务对个人在购买前的重要程度（level of importance）会影响个人对该产品或服务的期望。所以期望本身会依不同情况而有所变化。举例来说，对首次使用某种观光服务（如第一次去垦丁国家公园度假）的期望与后续使用的期望会有所不同。

第三节　服务品质的层面

多位学者提出不尽相同但差异不大的服务品质层面的主张。Lehtinen 和 Lehtinen（1982）将服务品质区分为实体品质、企业品质和互动品质三个层面。Armistead（1985）将服务品质区分为组织、人员、过程、设备、商品五个层面。Juran（1986）将服务品质区分为内部品质、硬体品质、软件品质、实时反应和心理品质五个层面。Martin（1986）则认为服务品质应重视服务程序和人员表现。

Parasuraman、Zeithaml 和 Berry（1985）对 12 位消费者所组成的焦点群体进行深度访谈，研究归纳出消费者在评估服务品质时的十项决定性因素：可靠性、响应性、胜任力、接近性、礼貌、沟通、信用、安全、了解和熟知顾客和有形性，详述如表 2-3 所示。

表 2-3 顾客用于评估服务品质的本质层面

层 面	定 义	顾客可能会提出的问题
可信度	值得信任、可相信的、服务供货商的诚信	• 医院是否有良好的声誉？ • 我的股票经纪人是否控制自己不会一直叫我买股票？
安全性	免于危险、风险或疑虑	• 我晚上使用银行的自动柜员机是否安全？ • 我的信用卡是否能防止未经授权的使用？ • 我是否能确定我的保单能提供完整的保障？
可取得性	可接近性、容易接触	• 当我有问题时，容不容易找到人诉说？ • 航空公司是否有 24 小时免费电话？ • 旅馆的坐落位置交通方便吗？
沟通	聆听顾客并以其了解的语言持续告知信息	• 当我有抱怨时，经理愿意听吗？ • 我的医生是否避免使用技术名词？ • 水电工是否会告知我（当他无法准时前来时）？
了解顾客	努力了解顾客及其需要	• 旅馆内是否有人知道我是一名常客？ • 我的股票经纪人是否试图决定我的财务目标？ • 搬家公司是否配合我的时间？
有形性	实体设施、设备、人员和传播物件的外观	• 旅馆设施是否具吸引力？ • 我的会计师穿着是否适当？ • 我的银行账单明细表是否易于阅读？
可靠性	可靠地和准确地执行所承诺服务的能力	• 当律师说她 15 分钟后回电，她会吗？ • 我的电话账单是否无误？ • 我的电视是否第一次就修好？
回应性	帮助顾客和提供实时服务的意愿	• 当有问题时，公司是否快速解决？ • 我的股票经纪人是否愿意回答我的问题？ • 我的闭路电视公司是否愿意给我一个前来装机的明确时间？
能力	执行服务所需的技术和知识	• 银行柜台员是否能处理我的交易且不出错？ • 当我打电话到旅行社时，她是否能找到我要的信息？ • 牙医是否知道他正在做什么？
礼貌	服务人员的礼貌、尊敬、细心和友善	• 空服员是否态度友善？ • 当接听我的电话时，总机人员是否一直有礼貌？ • 水电工在踏上我的地毯之前是否先脱下脏鞋？

资料来源：Parasuraman、Zeithaml & Berry（1985）。

之后又于 1991 年成功地发展出服务品质量表（SERVQUAL scale）问卷，此问卷被用来获取顾客对一系列品质特性的事前期望与实际认知。通过因素分析，服务品质层面可区分为五大类，说明如下（Johns，1997）：

（1）有形性（tangibles）。指设备及人员的仪表能与所提供的服务相配合，如员工外表、设施、设备等。

（2）可靠性（reliability）。指能精确执行允诺顾客的服务的能力，如适时、无错误纪录、第一流服务等。

（3）响应性（responsiveness）。指愿意帮助顾客并迅速地提供服务，如沟通实时、有所帮助。

（4）保证性（assurance）。指员工的知识、礼貌和能力是可信赖的，如信念、安全、殷勤的举动、知识等。

（5）同理心（empathy）。指公司关心并注意每一位顾客的需要、如个别注意、方便、特殊需要等。

Parasuraman、Zeithaml 和 Berry（1985）结合了个人影响因素、服务品质层面和服务品质认知，而提出了服务品质观念模式，如图 2-2 所示。口碑、个人需求和过去经验影响个人所预期的服务；服务品质的五种层面影响个人所预期和认知的服务；而个人所预期和认知的服务之间的差异决定了认知的服务品质。

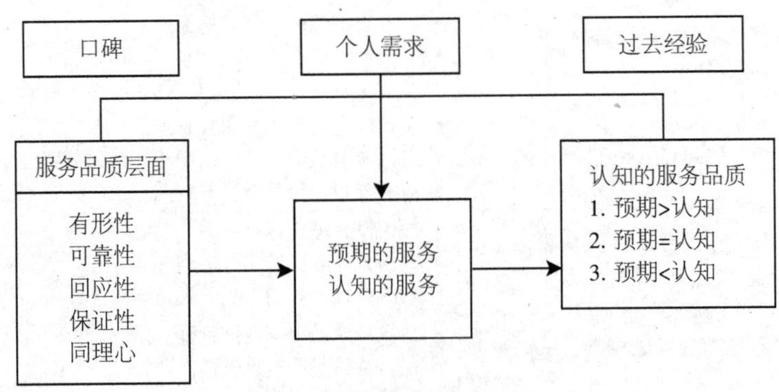

图 2-2 服务品质观念模式

资料来源：Parasuraman、Zeithaml & Berry（1985）。

基本上，Parasuraman、Zeithaml 和 Berry（1985）所提出的十项决定因素或五种品质层面都是可在管理下控制的，但是 Zeithaml、Parasuraman 和 Berry（1988）指出有三种品质因素是在管理控制外的。它们是：①由口碑推荐所影响的顾客态度，②顾客的个人需要，③顾客与公司的交易经验。这强调了在成功的服务传递中，顾客角色的重要性。

在任一时间点上，需要某种观光服务的民众可能对该服务持有十分不同的态度，如空服员在供餐时可能面对各种不同需要和态度的乘客。Nyquist、Bitner 和 Booms（1985）指出服务人员遇到的九种可能造成麻烦的潜在问题：①不合理的要求，②违反公司政策的要求，③对员工不能接受的举动，④酒醉，⑤违反社会规范，⑥有特殊需要的顾客，如心理、语言或医疗照护，⑦未能提供的服务，⑧无法接受的缓慢服务，⑨无法接受的服务。

第四节　服务品质的重要性

所有的企业都必须注意“品质”问题，其主要原因有三个（Lockwood，1996）。

（1）顾客对他们所购买的产品和服务的要求越来越多以及相当重视这些产品和服务是如何传递的。

（2）硬件和软件科技的进步容许经理人提供更多额外和方便的服务，但是良好的人员服务，依然在服务传递上具有其价值。

（3）在一个持续竞争和国际化的市场中，品质是产生竞争优势的利器。

重视品质带给企业的益处可分为下列三大项（Zeithaml、Parasuraman & Berry，1990）。

1. 品质导向效率（quality leads to efficiency）。强调品质和品质改进可造成营运效率，比增加营运成本更能回收投资。追求品质的成本可分为一致的成本（the costs of conformance）和不一致的成本（the costs of nonconformance）。一致的成本是指为确定一切结果符合预期所做的所有预防工作和训练。不一致的成本可分为鉴定成本（appraisal costs）和失败成本（failure costs）。鉴定成本是指为减少错误和试图确保在服务顾客之前，就能找出已犯的错误所需的成本。失败成本是指为已犯错误而所需付出的成本。内部（internal）失败成本是在服务顾客之前就已被发现的错误所招致的成本。外部（external）失败成本是在服务顾客之前未被发现的错误所招致的成本，包括修缮、换产品或服务，但对餐旅业而言，则可能失去未来的生意。另外，追求品质需要三种花费：①预防的花费。防止错误发生，第一次就做对。也包含了物料成本及训练。②保险花费。为服务过程中可能发生的错误、遗失及意外加以保险的费用。③缺点的成本（cost of defects）。因顾客不满意而丧失的利润（WTO，1988）。

Corsby（1984）指出一家服务公司可以最高浪费它35%的成本于产出无品质（non-quality）的服务。他估计鉴定和失败成本大约占此浪费成本的95%，而预防成本（prevention costs）只占另外的5%而已。换言之，对任何服务企业来说，如果更加注重错误预防，将会有巨大的潜力来降低整体成本。

2. 品质创造真实的顾客（quality creates true customers）。如果品质导致的营运效率加上高度的认知价值，可以产出忠诚的顾客，那么他们将会持续使用产品或服务相当长的一段时间，并且向亲朋好友述说他们的经验，这就创造和落实了顾客终身价值（customer lifetime value），这意味着良好的观光企业会一直认知忠诚顾客的重要性。

3. 品质的报酬（the payoff of quality）。效率成本的节省加上忠诚顾客一定会对公司营运有正面的效益。Buzzell 和 Gale（1987）在《市场策略的利润影响研究》的结果中指出，影响企业表现的最重要的单一因子就是相较于其竞争者而言的产品和服务的品质。相似的研究结果亦在餐旅产业中发现（Walker & Salameh，1990）。就短期而言，高品质的餐旅经营的附加价值可促使通过收取更高的价格来获利；并且，就长期而言，生意成长和品质改进效率将可维持更高的获利空间。

第一次服务就做好对公司的获利具有显著的贡献，因为它同时改善了营销效果及营运效率。在现今服务失误及未达成的服务承诺相当普遍的情况之下，一致的可靠性给予公司有效竞争和建立服务信誉的机会。借由一致的服务可靠性（service reliability）所达成的竞争差异化，能提供几种显著的营销益处：更高的现有顾客维持率、降低进行昂贵的努力以吸引新顾客的压力、更多来自现有顾客的消费、增加对公司正面的口碑宣传，以及有更大的机会来收取更高的价格；若没有可靠的服务，那些聪明的商业广告、惹人注目的广告招牌和其他促销吸引物都将是没有效果的。

服务可靠性也会借由减少重新服务的需要，而对营运效率有所贡献。不可靠服务的成本不只是重新服务所招致的直接成本，还包括不满意顾客所散发的负面口碑的间接成本。

第一线服务员工的士气、工作满意度及工作承诺，与他们每天所面对的顾客的挫折程度呈负相关。与那些为了不良服务而要求解释和赔偿的受挫顾客互动，会降低员工士气、减低员工的工作热诚及降低员工对公司的承诺，以致造成掉落的生产力和快速增加的成本（Berry & Parasuraman，1991），如图 2-3 所示。

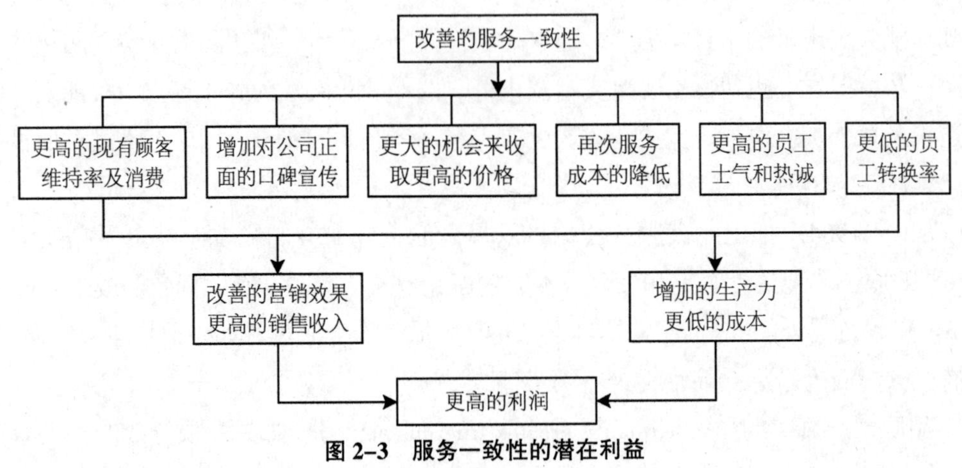

图 2-3 服务一致性的潜在利益

资料来源：Berry & Parasuraman（1991）。

第五节 良好服务品质的标准和定律

从影响服务品质的服务程序（procedure）和涉及个人（personal）的两个层面，可将服务区分为四种类型（Martin，2002）。

1. 冰箱型服务（freezer）。冰箱型服务是一种有限的服务，代表不良的服务程序和不足的个人服务。在服务程序上表现出下列特性：①缓慢；②不一致；③缺乏组织的；④混乱的；⑤不方便的。在个人服务上呈现下列特性：①不敏感的；②冷漠的；③无动于衷的；④疏远；⑤没兴趣的。此种服务方式对顾客所传达的信息是“我们真的不在意你”（We don't care about you.）。

2. 工厂型服务（the factory）。工厂型服务是朝向程序效率倾斜，依顾客的需求，至少做了些对的服务。在服务程序上表现出下列特性：①适时的；②效率的；③一致的。在个人服务上呈现下列特性：①不敏感的；②无动于衷的；③疏远的；④有兴趣的。此种服务方式对顾客所传达的讯息是“你只是一个号码，我们在此处理你的要求”（You are a number，we are here to process you.）。

3. 友善的动物园服务（the friendly zoo）。友善的动物园服务朝向个人服务倾斜，是另一种极端的例子。在服务程序上表现出下列特性：①缓慢；②不一致；③缺乏组织的；④混乱的。在个人服务上表现出下列特性：①友善的；②风度好的；③有兴趣的；④圆滑的。此种服务方式对顾客所传达的讯息是“我们正努力工作，但我们并不知道我们在做什么”（We are trying hard，but we don't really know what we're doing.）。

4. 高品质的顾客服务（quality customer service）。高品质的顾客服务在服务程序和个人服务两层面上，皆管理良好且具相等的高品质。在服务程序上表现出下列特性：①适时的；②效率的；③一致的。在个人服务上表现出下列特性：①友善的；②风度好的；③有兴趣的；④圆滑的。此种服务方式对顾客所传达的讯息是“我们关心并且我们给予你所要求的”（We care，and we deliver.）。

一、良好服务品质的标准

在评断服务品质是否良好时，可采用 Gronroos（1990）提出的六种标准。

1. 与结果有关的标准。包含专业和技术（professionalism and skill）。顾客了解到服务供货商的员工、营运系统和实体资源，都拥有以专业的方法，来解决顾客问题所需的知识和技术。

2. 与程序有关的标准。包含：①服务人员的态度和行为（attitudes and behavior）。顾客感受到服务人员以友善和自发的方式，来确实关心解决他们的问题。②服务供应商的易近性和弹性（access and flexibility）。顾客感受到服务供货商的地点、营业时间、员工和营运系统是容易接近的，并且可依据顾客的需求和愿望来弹性调整。③为顾客谋取最大利益的可靠性和可信任性（reliability and trustworthiness）。顾客知道无论如何，他们可依靠服务供货商的员工和系统，来完成所承诺的事项，并顾及顾客的最佳利益；以及当失误发生时，马上补救（recovery）。顾客感受到当某些事物发生错误或未如预期时，服务供货商将立即且主动地采取行动以控制情况和找出新的且可接受的解决方案。

3. 与形象有关的标准。包含信誉和名声（reputation and credibility）、物有所值及良好的绩效。顾客相信服务供货商的营运作业可被信任，并会给予物有所值的服务以及服务供货商会坚持良好的绩效和价值并由双方分享之。此状况标准是要让顾客知道如果有任何服务失误，服务人员将知道并迅速地修正行动。名声和信誉标准是要让顾客相信品牌形象，代表良好的能力和接受的价值。

二、良好服务品质的定律

Davidoff（1994）提出影响服务品质的三个定律。

（一）服务的第一个定律（first law of service）

满意度等于认知减期望（satisfaction equals perception minus expectation）。认知与期望都是心理现象，而且都不是客观的（objective）并且与事实（reality）可能几乎无关。如果顾客的认知等于或高于期望，那他们会感觉满意，反之则不满意。再良好的服务，若仍未能满足顾客的期望，亦会造成顾客不满意。所以，服务品质并非由服务人员来认定，而是由顾客来评断。服务人员必须同时管理顾客的期望和传递高品质的服务。举例而言，当餐厅生意繁忙时，服务人员需告知顾客可能会比预期多等一些时间，好让他们有心理准备，但同时尽量缩短预期延长等待的时间，以使顾客感觉到等待时间比预期的短而感到十分高兴。

1. 顾客的期望（customers' expectations）。服务人员必须了解顾客所期望的是什么。这些期望可分成七大项，即易接近性、殷勤有礼、个别注意、同理心、工作知识、一致性和团队合作。

（1）易接近性。顾客期待适时的和有效的服务，不希望长时间地等待和经历一连串的麻烦程序。顾客要的是尽快回答他们的问题和满足他们的需要。

（2）殷勤有礼。顾客期待受到专业态度的对待，他们对粗鲁的反应是很差的。即使在错误很难挽回的情况之下，友善的言辞能纾解顾客的愤怒。顾客亦希望员工能妥善处理他们的财产，如行李、汽车等，一如是员工自己的财产。顾客也期待看到简洁干净的外貌。例如，迪士尼主题乐园建立了干净明亮的主题乐园、旅馆和服务人员遵守严格的服务规定的信誉。

（3）个别注意。顾客期望受到与众不同独特的对待，而不只是一名普通的游客。他们期待被告知哪些服务会提供，以及期待有人关心他们的问题并尽力解决问题。顾客不希望靠他们自己寻找事物或被惊吓到。

（4）同理心。顾客期望服务人员站在他们的立场来思考或感觉事情，并了解他们关心的是什么。顾客不期望被当成他们是员工的负担。

（5）工作知识。顾客期望员工知道有关于他们的工作和公司的正确信息，并期待诚实的答案。在某些特殊要求的情况下，顾客可接受员工请示主管后再回答，但这响应必须迅速。不过，顾客不接受员工请示主管后再回答变成一种常态。

（6）一致性。顾客期望每位员工都能给予相同的答案，也希望在正常可接受的情况下和其他顾客一样获得相同的服务。

（7）团队合作。尽管机构是由许多具有不同目标和营运方式的部门所组成的，但是对顾客而言，机构是一体的。顾客既不希望内部斗争会影响他们，也不希望为了一个简单的问题，而成了部门间互踢的皮球。

2. 七个致命的罪恶（seven deadly sins）。俗话说“一粒老鼠屎，坏了一锅粥”，确实适用于形容追求和维持餐旅服务品质的过程中，只要有一两件服务出错，就可能抹杀了其他所有良好服务的贡献。毕竟顾客要求的是百分之百完全正确的服务，没有其他可资替代。所以，机构必须确保这些致命的罪恶不会发生。

（1）让顾客持续等待回复（leave someone expecting a reply）。这是七个致命罪恶中员工最常犯的。每当我们告知某人我们将回电或送上某些东西时，我们一定要追踪并完成它。如果顾客先找我们询问处理进度，我们在当下已经输了。可能顾客在那时候显得不在意，但该名顾客可能真的很在意，并且在往后的日子中会一直记得那个坏的印象。所以，尽管我们没有答案或任何有用的信息，但我们可以回电告诉顾客说我们没有新信息并且还在努力中。重要的是不要让顾客觉得被忽略或忘记。我们发出的善意将有助于使顾客感到满意。

（2）与顾客争执（argue with a customer）。俗话说“顾客永远是对的”，即使当顾客是完全错的时，服务人员也不要去证明顾客犯错。以争论性的语气对顾客说话，使得服务人员一开始就处于不利的位置。我们虽然能从知道我们没犯错中获得个人满足，但却须承受眼看着有价值的顾客，将他们的生意和金钱带往其他地方的苦难后果。

（3）展现肮脏或不专业的外貌（present a dirty or unprofessional look）。肮脏的设施或员工的不专业外貌，立即破坏了服务机构的所有可靠性。在餐饮业中，肮脏的设施会破坏餐饮产品的吸引力。许多机构设定制服或衣着规定，以提升员工的视觉吸引力。虽然干净清洁将永不会被认定为特别良好的服务品质，但不够清洁干净却会被顾客马上察觉到。

（4）给予相互冲突或不正确的信息（give conflicting or incorrect information）。让顾客最感到挫折的，就是从同一机构内不同的人听到两个相互冲突的讯息。虽然我们知道机构内完善沟通是不可能的，但是绝大多数的顾客并不如此认为。顾客期待我们对所提供的产品和服务，拥有最新的和充足的信息。当我们不知道某些事情时，我们最好技巧地承认并承诺迅速回复他们。承认不清楚某些事情比给予猜测和不正确信息要好得多。

（5）在顾客面前与同事争执（argue with a fellow worker in front of a customer）。在顾客面前与同事争执最会破坏我们的专业形象。与同事有不同意见是很自然的，但是我们须在顾客离开之后，另找时间和地点来解决此差异。如果有些事情必须立即解决，我们可要求同事到办公室讨论问题以获得一致的解决方案，然后共同回去与顾客商议。

（6）暗示顾客的需要是不重要的或无足轻重的（imply that a customer's needs are unimportant or trivial）。顾客期待服务人员认为他们是重要的和独特的。或许该名顾客是我们今天第 50 名要求同样服务的顾客，但是对他而言，却是今天的第一次。在那个时间点，我们犯的最大错误，就是无视顾客的需要或让顾客感觉到在给我们添麻烦。如果我们不希望顾客加诸负担于我们，那么他们可能决定改到其他希望得到他们生意的地方。

（7）互踢皮球（pass the buck）。在大机构中互踢皮球是常见的情形，使顾客感到相当挫折。顾客已经为某些已发生或可能发生的错误感到紧张，如果我们将顾客送入一团混乱的互踢皮球的状况中，顾客紧张的压力会更加倍。避免此情况的最佳方法就是清楚知道谁是机构中有权利帮助该名顾客的人。在上司主管与顾客商谈之前，最好能先帮上司主管厘清问题之所在。如果一时找不到上司主管，那就找出某个人回复顾客的问题，这样，官僚体系（the bureaucracy）至少负起联系顾客的责任，而不会让顾客在官僚体系中寻找自己的出路。

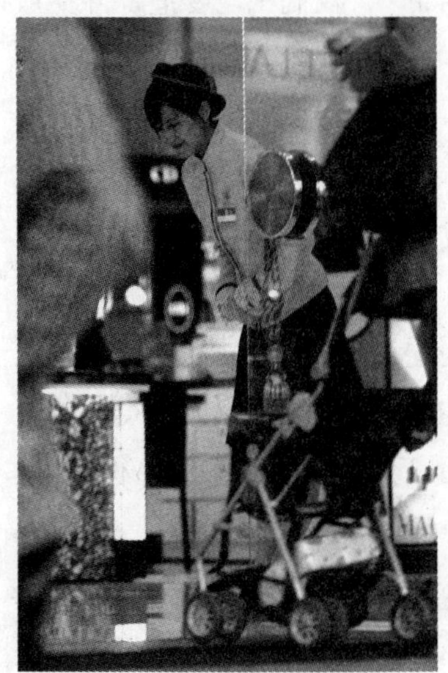

百货公司入口处的服务接待人员亲切的笑容给予顾客良好的第一印象（照片由联合报系提供）。

（二）服务的第二定律（second law of service）

第一印象是最重要的（first impressions are the most important），一旦服务人员给予了不好的第一印象，顾客心里会想："喔！糟糕！下一个不好的事情是什么？"我们要付出相当大的努力、做很多好的事情，才能改变他们的态度。另外，"好的开始是成功的一半"，如果一开始就做好了一些事情或妥善处理了初始的问题，服务提供者将会因光环效应（a halo effect）而获益。顾客的良好初始经验将使顾客处于正面的心态之中，他们将容许在未来的一些小事情上有所落差，因为他们对我们的信赖感已经建立了。顾客知道服务人员已将他们的最佳利益置于心中，并且认真地来满足他们的期望。

绝大多数的公司了解这一定律，并且努力营造良好的第一印象。公司专注于硬件设施的外貌和感觉，聘雇和训练员工以友善的态度来对待消费者以及设定服务系统尽可能地以有效率和有效果的方式来接待新顾客。其目的在于制造出一个将延续相当长时间，甚至终身的非常良好的第一印象。需要注意的是，做到良好的第一印象之后，更需良好的后续服务，才能使顾客感觉满意。

（三）服务的第三定律（third law of service）

仅有服务导向态度并不能确保良好的服务（A service-oriented attitude alone will not assure good service.），服务人员除了要具有良好的态度之外，还需要软硬件设施和设备来支持他们做好服务。最重要的是，服务适用性（serviceability）必须设计入产品之内，这意味着产品设计者必须从顾客的角度（the customer's point of view）来观察服务，并且创造出能满足顾客需要，并不只是满足公司内部需要的服务系统。

Davidow（1986）指出优越服务的基础建设（infrastructure）包含训练员工、记录、备用零件分配以及最重要的是灌输公司每一个人坚持品质的态度。品质的推力需要管理的力量，而这管理的力量能支持和鼓励顾客服务和训练计划，来确保服务人员能拥有必要的技术、知识和技巧，好与服务导向态度相配合。

从第三定律可得出一个有趣的推论：消除对服务的需要，即为你正给予良好的服务（Eliminate the need for service，and you are giving good service）。这个推论同样适用于餐旅及观光产业，尤其是“大量”服务产品，如航空客运、租车以及旅馆服务。在这些服务中，大多数的顾客为了能获得没有麻烦（hassle-free）的经验而预付了订金或租金（premium）。每多与一名服务人员接触都可能会造成顾客因等待而变得不耐烦或感到挫折。快速登记和离开的服务（express check-in and check-out）是公司设计免除服务接触所做的努力。

有了这些快速服务，顾客能自行满足他们的需要以及只有在有问题或独特需要时才和服务人员打交道。这种做法增加了员工的生产力，允许员工专注于真正需要他们专业服务的情况以及留给顾客卓越服务的认知，即使我们什么都没替他们做。这是一个公司、员工和顾客皆赢的“三赢”情况。

学习成果检验

1. 试从不同侧面来定义“品质”。
2. 说明全面品质控制的十大标杆。
3. 试从不同观点来说明外部品质层面，并举例证之。
4. 举例说明内部品质层面。
5. 说明顾客服务期望的影响因素，并举例证之。

6. 说明各种服务品质层面，并举例证之。

7. 说明服务一致性的潜在利益，并举例证之。

8. 举例说明服务的四种类型。

9. 举例说明顾客的期望。

10. 举例说明服务的七个致命罪恶。

第三章　服务管理与服务品质管理

学习目标

研读本章内容之后，学习者应能达成下列目标：

1. 了解服务管理的定义及其五个关键面向。
2. 了解服务管理的六项原则。
3. 了解服务品质管理的六大要点。
4. 了解服务品质管理的架构。
5. 了解服务品质模式及其要素。

服务管理的重点之一是塑造出各司其职的专业团队（照片由联合报系提供）。

本章导读

服务是目前经济体系中最重要的产品。事实上，服务并不是一件单次元（single-dimensioned）的“事物”（thing），Albrecht & Zemke（1985）所主张的核心观点是：服务是一项与汽车同等重要的商品，而且同样也需要管理及系统化的研究。Theodore Levitt 认为，当我们对服务的了解日益增进之际，服务业与非服务业之间的区别，就会变得越来越无意义。他写道：“没有任何产业会像服务业那样包罗万象，而在某一种产业之中，服务的成分大于或小于其他的产业，因此每一个人所从事的都是服务业。”也就是没有一种产业不需要服务管理。

对客户提供高效能及有效率的服务，是每一家公司所必须面临的问题。没有一家公司能避过这项挑战，都必须对顾客做出高效能及有效率的响应，因为顾客和消费者所期待的是，每次均能购买到高品质且服务佳的产品。也就是没有一家公司能不注重服务品质管理。

本章首先说明服务管理的定义及其五个关键面向。其次，阐述服务管理的六项原则和服务品质管理的六大要点。再次，说明服务品质管理的架构。最后，说明用来评估服务品质的服务品质模式。

第一节　服务管理

面对服务管理的挑战，企业必须发展两种新的能力。第一种能力是从策略的角度思考服务，并以前瞻性策略的眼光建立坚强的服务方针。第二种能力是以高效能及有效率的管理方式来设计、发展及传递服务。就 Albrecht & Zemke（1985）的观点而言，对服务的生产及传递的管理能力，绝不同于对商品生产及传递的管理能力。在服务业管理方面，必须洞悉无形产品的经济价值，及对无形产品演变的灵活应用。同时也必须忍受暧昧不明，对于无法直接控管的每一个主要流程，必须采取怡然的处理态度，并且必须确保企业的软件技术（与人相关）及硬件技术（与产品相关），具有同等重要的地位。另外，必须忍受有时候突发的剧烈变动。服务业唯一不变的是它永远在变。

在谈到服务品质管理前，须先对服务管理（service management）有基本的认识与了解。究竟服务管理和科学管理（scientific management）的差异何在？服务管理是什么？又包含了哪些层面和要项？

Gronroos（1994）指出，在目前，服务管理较似一种观点（perspective），而非自成一类的学科（discipline）。这种观点给予面对服务竞争（必须了解和管理顾客关系中的服务要素以达到永续竞争的优势）的公司一些类似科学管理的指导纲要，以发展各个不同的领域，比如管理、营销、营运作业、组织理论、人力资源管理和包含服务品质管理和全面品质管理的品质管理。运用服务管理原则的公司将服务视为“组织的诫命”（organizational imperative）。

因服务管理自许多学科中发展出来，且尚未整合成为一种管理学科，目前尚未有一种可为大家普遍接受的定义。Gronroos（1990b）提出了一个详尽的服务管理定义，服务管理是：

（1）了解顾客通过消费或使用机构所提供的事物而接受的效用以及服务自身或结合实体物品或其他种类的有形物是如何对此效用有所贡献的。也就是，了解在顾客关系中整体品质是如何被认知的，以及整体品质认知是如何随时间而改变的。

（2）了解机构（人力、科技和实体资源、系统和顾客）将如何能生产和传递此效用或品质。

（3）了解机构应如何发展和管理以达到所预设的效用或品质。

（4）使机构运作起来以达到此效用或品质，以及满足所有利益关系团体（如机构、顾客、其他团体、社会等）的目的。

Albrecht（1988）提出了一个较短的定义，虽未包含一些 Gronroos 定义中的内涵，但亦清楚地展现了服务管理的一些关键面向："服务管理是一个整体机构的做法，此做法使(顾客所认知的) 服务品质成为事业营运作业首要的驱动力量。"

服务管理观点包含一些在管理重点上或多或少的移转（Gronroos，1990）：

（1）从以产品为基础的效用移转至顾客关系中的整体效用。

（2）从短期交易移转至长期关系。

（3）从核心产品（货品或服务）品质或仅是产出的技术品质移转至持续顾客关系中的整体顾客认知品质。

（4）从把产品（货品或服务）的技术品质的生产当成组织的关键程序移转至把发展和管理整体效用和整体品质当成组织的关键程序。

上述的管理重点移转和定义，展现了服务管理的主要意义和重要性。亦可认知到服务管理的五个关键面向，如整体管理观点、顾客焦点、全面性的做法、品质焦点和内部发展及强化。

（1）服务管理是一个整体管理观点，应指导所有管理领域的决策（不只为个别功能，如顾客服务，提供管理原则）。

（2）服务管理是顾客驱动的或市场驱动的，而非由内部效率准则所驱动的。

（3）服务管理是一个全面性的观点，它强调机构内部、跨功能协力合作，而非特殊化和劳力分隔。

（4）管理品质是服务管理的一部分而非另一项议题。

（5）内部的人力发展和员工对公司目标及策略认同的强化是成功的策略性先决条件，而不只是行政工作而已。

一、整体管理观点

传统管理重点对成本降低和规模经济的过度强调，可能造成服务业公司的一个策略管理陷阱（the strategic management trap）以及导向一个邪恶的循环（a vicious circle），即服务品质受损、内部工作环境变差、顾客关系受害和最终获利问题发生，如图 3-1 所示。增加的营销和销售预算可能减缓此逆向趋势一段时间，但这只意谓增加了说服和过度承诺而已，且从长期来看，这只会导致不满意和顾客的叛离。

在亚当·史密斯和科学管理的传统中，传统管理原则可以说是根植于特殊化和劳力分隔的。经常接续的是一种短期的、操纵的和交易导向观点的市场关系以及公司内部不同功能间、公司与其外部伙伴，如顾客、供应商和中间商之间的一种逆向关系（adversary relationship）。

服务管理基于一个不同的假设，此假设在于组织内部关系和组织之间的关系应如何看待和发展。一般来说，团队合作、跨功能协力合作、组织间的伙伴关系和一个长期的观点是服

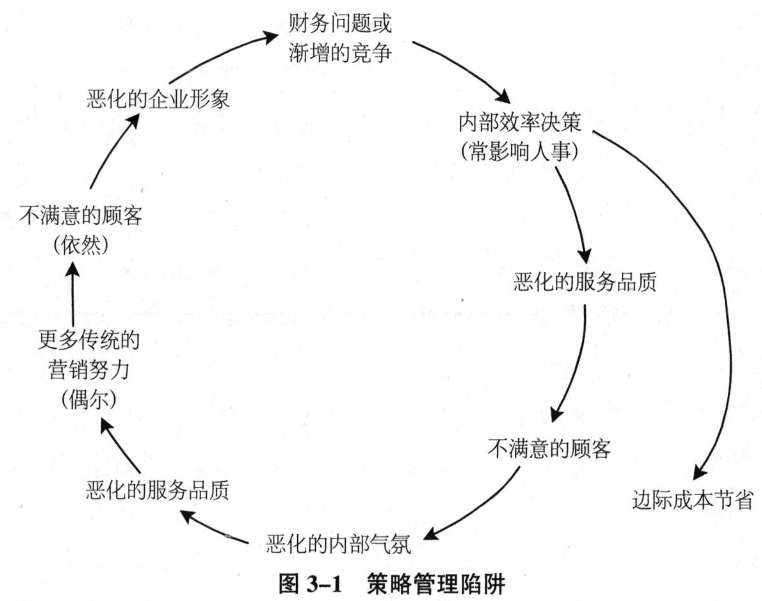

图 3-1 策略管理陷阱

资料来源：Gronroos（1990）。

务管理的内在价值。服务管理着重在公司的外部效率、顾客如何认知核心产品的品质、公司的整体表现等之上，而非过度强调内部效率、规模经济和成本降低。此论点将服务管理的整体管理观点、顾客驱动及品质导向层面、员工导向和长期观点全部结合在一起。

二、顾客导向

Heskett（1986、1987）强调应着重市场经济（market economies）而非过度强调规模经济（scale economies）。他认为竞争利器和获利性是借由更贴近的顾客导向，而非为了要降低单位生产成本，着重于某种程度标准化产品的大规模生产。Reichheld（1993）、Reichheld 和 Sasser（1990）的研究结果指出，相当小的顾客叛离率降低，对获利的影响是难以借由成本降低来达成的。对服务事业而言，服务产出和生产及传递程序可以是高度标准化的，基于生产线做法的规模经济是可能达到的。McDonald's 是其中一个例子，但 Schlesinger 和 Heskett（1991）争论，当面对新竞争者的更大压力时，即使 McDonald's 公司也无法从生产和服务传递的科技驱动标准化得到更多的支持。当然，这并不意味规模经济和成本降低已经不再重要了，而只是主要重点不应再是它们了。市场经济和对顾客的真心关怀变成"诫命"。

顾客忠诚是成功服务管理的基石（Heskett 等，1991），但即使顾客维持是重要的，公司仍应努力保住"对的"顾客（right customers）免其叛离。Gronroos（1993）提出"顾客关系经济学"，并指出顾客关系获利性不只是一个稳定顾客基础的功能以及公司必须不要保住"错的"顾客（wrong customers），亦即目前或预期未来无可获利的顾客（Storbacka,

1993)。进行完善的顾客关系获利性分析、创造一个忠诚顾客基础和维持顾客的努力是同等重要的。

然而，因为在服务管理文献中，对生产力和获利性的重视较不足，引来了一些批评。因服务管理过度重视顾客满意度和改善顾客认知的品质，而使生产力和获利性受损。但是，若无适当的市场细分和为每一细分市场进行顾客关系获利性分析，则很容易犯错。如果整体获利性够好，则大量未能获利的顾客关系易于被容忍，甚至未被发现。

直到目前为止，如何评估一家服务机构生产力的问题依然未解。传统的制造生产力模式给予管理错误的信号，它们是内部导向的、短期的和鲜少度量整体作业的生产力。Pickworth（1987）用餐厅为例来说明："……议题是餐厅经理应认定他们的产出是生产的餐食或满意的顾客。如果要度量的是顾客满意度，那么在生产力衡量中亦须加入一个品质层面。"

在努力改善服务品质的同时，亦能对生产力产生正向的影响（Cowell，1984）。举例来说，训练员工会使他们更了解服务、生产和传递程序，而犯较少的错误和能较快速地回答顾客所问的问题，也使顾客能获得更快速的服务和更正确的信息。若有一种新科技能移除作业的瓶颈、加速服务生产和传递程序，则顾客所认知的一项事实是"改善的品质"。

顾客维持对获利性有正向的影响。再次提醒，顾客维持如同其他事项一般，均依赖公司能提供顾客多好的服务而定。当然，核心产品和价格议题在这里也是重要的。

三、顾客认知品质导向

品质是服务管理的另一个领域，并且对服务管理具有决定性的影响。在管理和营销理论中，品质一直是一个黑盒子（Gummesson，1993）。在营运作业和生产管理中，从内部效率的观点来看，品质一直被当成是一个生产问题。然而，许多学者的研究结果证明，需要将品质管理纳入服务管理理论。

服务研究者非常强烈地推动一个观念，即品质是由顾客所决定的，并且顾客认知品质是必须被研究的。顾客导向是全面品质管理计划的一个中心层面，但许多该类计划看起来都失败了，其中一个原因可能是计划中常常缺乏营销层面。

这是全面品质管理和服务管理的一大不同之处。全面品质管理一直是由非营销人员所发展的，他们最近才观察到顾客对事业成功的重要性。内存于服务管理中的顾客认知，品质焦点和品质管理模式已被当成是营销和营运作业两者间的一部分来发展了。营销和品质被看成是一体两面。

四、长期观点

内存于服务管理中的长期观点对营销有重要的影响。服务营销研究已证明长期关系而非短期交易和促销活动的重要性。关系营销（relationship marketing）是营销的一种新方法，且其重要性渐增。

长期导向符合商业的现今趋势。伙伴关系、网络（network）和在国际商业中及在许多产业中形成的策略联盟（strategic alliances）正在国内市场中变得渐渐重要。如同 Frederick Webster（1992）对目前的商业趋势做出的结论："从一项交易转移至一种关系焦点的情势已然发生中……以及……从学术或理论的观点来看，将营销视为一个获利极大化问题的狭隘思维（专注在市场交易），看似渐渐远离对长期顾客关系的重视和策略联盟的形成及管理……着重的焦点从产品和公司为分析单位转移至人员、组织和在持续关系中将买卖双方绑在一起的社交程序。"

在服务管理中，营销努力较常被视为投资于顾客而非营销花费。这观点在营销中并非全新的。在产业营销的网络方法中，市场和营销投资观念已被引入了（Johanson & Mattsson，1985）。Slywotzky 和 Shapiro（1993）也倡导一个新的营销态度，即营销应被当成投资而非短期花费。但大多数公司的营销花费主要还是在销售、广告和销售促销上，而投资于顾客的花费是相当有限的。

五、全面性的管理方法

服务管理的全面性管理方法有多种影响。在营销中，已证明有需要扩大"公司中谁是营销者"的主张。Gummesson（1991）引入"兼职营销者"（part-time marketers）的创新观念。兼职营销者是那些不属于传统营销部门的员工，他们一般未被训练为营销者或甚至未被指定为营销者，但须处理顾客接触以及因此对公司顾客未来购买行为造成影响。他说明兼职营销者的重要性如下："营销和销售部门（全职营销者）没有能力处理部分营销工作之外的事务，此因营销和销售部门人员无法在对的地点、对的时间做对的顾客接触。"

所以，在某种方式下，每位员工都是营销人员。更重要的是服务管理的全面性管理观点所造成的影响，即其是一种跨越传统商业功能和对应学科的方法。在服务营销研究中观察到营运作业是营销重要性的一部分。互动营销功能（inter-active marketing function）揭示服务生产和传递程序的营销冲击（Gronroos，1982）。Langeard 和 Eiglier（1987）提出 Servuction 观念，即在营销的前提下处理服务作业的相关事务。在 Lovelock（1988）的服务营销系统中整合了营销、营运作业和人力资源管理。在营运作业中可观察到一个类似的趋势。服务管理观点让多位生产和作业领域的研究者对"操作系统对顾客的影响"产生兴趣。

在组织理论和人力资源管理中亦可观察到一个类似的趋势。举例来说，服务管理观点已开创了以下的观念，如服务管理系统（Norman，1982）将营销和作业观点纳入组织理论之中并且授权（Bowen & Lawler，1992），即将人力资源管理和营销连接在一起。

六、整合性的服务管理

所有可能影响服务管理的要素必须加以整合、相互协调和支援以产出最大的绩效。总共有七大要素：顾客和服务营销组合的 7Ps，即产品；地点和时间；推广和教育；价格和使用者的其他支出；实体环境；流程；人员（Lovelock & Wirtz，2004）。服务业管理者必须考量服务营销组合的 7Ps 对顾客的影响，整合 7Ps 的资源、功能及计划，以协力合作达成服务管理的目标。如图 3–2 所示，整合性的服务管理可区分为三大主要且相互关联的管理功能，即营销管理、服务管理和人力资源管理，协同运作以满足顾客的需要。

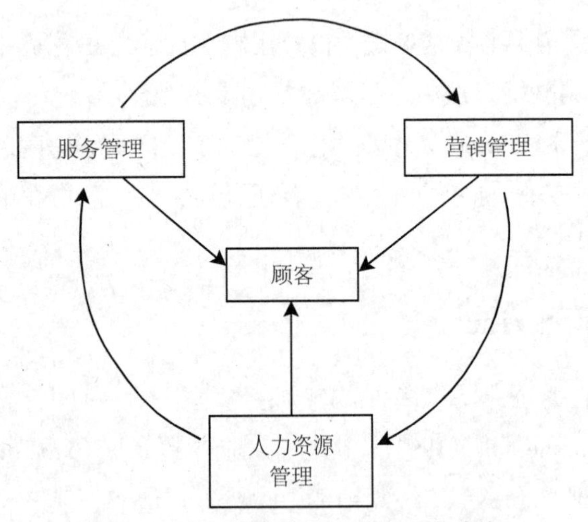

图 3–2　相互依赖的服务管理三大功能

资料来源：Lovelock & Wirtz（2004）。

1. 产品要素。管理者在考量了顾客所欲求的利益和竞争产品的竞争能力之后，必须挑选出核心产品（货品或服务）和其附属服务的主要特色。简言之，管理者必须注意有潜力创造顾客价值的所有服务的层面。

2. 地点和时间。传递产品要素予顾客包含了传递的地点和时间、使用的方法和通路等方面的决策。传递可能包含了实体或电子配送通路或两者，必须依所提供服务的本质而定。信息服务和网际网络的利用允许以信息为基础的服务通过网际空间（cyberspace）来传递，该顾客在其方便的地点和时间来接收。公司可直接传递服务予顾客或通过中间商，如零售店，来进行与贩售、服务和顾客接触等有关的特定工作。速度和方便顾客的地点、时间，变成服务传递策略中重要的决定因素。

3. 推广和教育。缺乏有效沟通的营销计划是不可能成功的。此要素扮演了三个重要的角色：提供需要的信息和建议、说服目标顾客相信特定产品的优点和鼓励目标顾客在特定的时间采取行动。在服务营销中，沟通在本质上是教育性的，尤其是对新顾客而言。公司可能需要教导顾客知道服务的利益、何处及何时去获得和如何参与服务流程。沟通可借由个人（如销售人员及第一线的员工）或传播媒体（如电视、广播、报纸、杂志、海报、传单及网站等）来进行。推广活动可影响品牌选择以及诱因可用来吸引顾客购买。

4. 价格和使用者的其他支出。此要素强调公司应管理顾客在从服务产品获得利益的过程中所招致的所有支出。服务营销策略不仅是制定价格、设定中间商的利润空间和建立销售的信用条件。营销者必须了解和在可能的情况下寻求将顾客在购买和使用一项服务时，所有的其他花费降至最低。这些其他花费可包括额外的金钱成本（如前去某服务地点的旅行花费）、时间花费、不希望的心力和劳力付出和遭受负面的感官体验（如污染的空气、拥挤的空间）。

5. 实体环境。建筑物、景观、车辆、内部装潢、设备、员工、标识、印制品和其他可见的物品都提供了一家公司服务品质的实证。服务公司必须谨慎管理实体证据，因为实体证据对顾客认知的印象具有强烈的影响。

6. 流程。创造和传递产品要素给予顾客需要设计和执行有效的服务流程。流程是服务运作系统中的方法和一连串的服务动作。设计不良的流程经常导向缓慢、官僚式的和无效果的服务，并造成不满意的顾客。同样地，设计不良的流程会使第一线员工难以工作，而造成低生产力和增加的服务失误概率。

7. 人员。许多服务依赖公司员工与顾客间的直接互动。这些直接互动的本质（如理发或与服务中心人员谈话）强烈地影响顾客对服务品质的认知。服务品质常常依据顾客与第一线员工互动的情况来评估，成功的服务公司会尽力做好员工招募、员工训练和员工激励等人力资源管理方面的工作。

员工训练是服务品质管理中人力资源管理面的重要工作（照片由联合报系提供）。

七、创造价值

管理者必须关心的是给予顾客良好的价值，并且在包含所有7P要素的决策中公平地对待顾客。价值（value）可被定义为“在某一特定时间上，与个人或机构需要有关的某一特定行动或对象的价值（worth），减去为获取那些利益而招致的成本”。服务供应商与其顾客通过交易来进行价值交换，亦即公司以可接受的价格提供顾客需要的服务来创造价值，而顾客则给予公司金钱（价值）来购买和使用所需的服务。价值交换（exchange of value）也发生在公司与其员工之间。员工为公司工作，公司得到员工努力的成果效益，而员工获得公司给付的薪资、福利和有价值的经验，如训练、工作经验、同事情谊等。

没有一家寻求与其员工或顾客建立长期关系的公司，能承担得起亏待他们或持续提供低度价值的产品。迟早，欺骗或亏待员工或顾客，可能反应在公司的损失之上。所以，公司需要一套在道德和法律可防御的价值体系，以指导公司的行动和决定与员工及顾客打交道的方向。

思考价值的一个有用的方法，是如同对生活应如何过、人们应如何被对待和生意应如何做等有关的“基本信念”。可能的话，管理者在招募和激励员工时可将公司的价值当作参考的重点。管理者也应在与预期的顾客打交道时澄清公司的价值和期望，并努力吸引和维持那些分享相同价值的顾客。

八、服务管理的原则

Gronroos（1990）提出了服务管理的六项原则，如表 3-1 所示。这六项服务管理原则较朝向服务产业中的营利部门，但观光旅游产业中有相当高比例的设施和景点是由公共部门和慈善/志工团体所经营。为了要涵盖这些部门，稍许改变这六项原则，如较不重视获利则是必要的。Gronroos（1990）同意对第一线员工授权，建议将第一线员工与顾客的互动当成“机会瞬间”来建构双方的关系、营销机构的服务和搜集有价值的资料。但是，Gronroos 只提出要建构与顾客的关系，却未说明监控服务的其他方法。Gronroos（1994）也指出成功且能满足顾客的服务，需要“团队合作、跨部门协调和企业间的伙伴关系”。他认为这不同于“全面品质管理”，因全面品质管理不包含营销功能。

表 3-1 服务管理的六项原则

原 则	主 轴	提 醒
获利公式和控制	顾客所认知的服务品质	外部效率和内部效率（成本商业逻辑驱动获利和资本及劳力的生产力）的决策必须谨慎地融合
决策权力	决策必须分散下放，最好能达到机构—顾客接口	一些策略性重要的决策必须由管理中心来做
组织重点	组织必须加以建构和运作，其主要目标在于运用资源以支持第一线作业	可能需要一种扁平式的组织，去除不必要的层级
监督控制	经理人和督导者必须着重在鼓励和支持员工	越少法规控制程序越好，虽然有些是需要的
奖励系统	顾客认知品质的产出必须是奖励系统的重点	必须考量到服务品质的所有面向，虽然难以将其都纳入奖励系统
度量重点	顾客对服务品质的满意度必须是绩效度量的重点	必须使用内部度量准则来监控生产力和内部效率；但是，顾客满意度是最主要的

资料来源：Gronroos（1990）。

第二节　服务品质管理的要点

从与服务品质和品质管理相关的研究结果中，可整理出六大项重要的要点（Gronroos，1990）。

1. 品质是顾客所认知的。品质不能单独由管理阶层来认定，而必须依据顾客的需要和愿望。另外，品质并不是以客观的方法所制定的，而是顾客多少在主观上认定究竟发生了什么事。

2. 品质无法与生产和传递程序分离。服务生产程序的产出只是顾客认知的服务品质的一部分。生产和传递程序本身是由主动参与该程序的顾客所认知的。所以，对服务生产程序和程序中买卖双方互动的认知成为整体品质的另一部分。从竞争的观点来看，功能品质层面常与技术品质层面同等重要，甚至比技术品质层面更重要。

3. 品质是在买卖双方互动的真实瞬间中产生。因为整体服务品质的功能品质层面的存在，使得买卖双方的互动，包含了许多真实瞬间或机会瞬间，变成品质认知的一个关键因素。因为买卖双方的互动只在顾客与服务人员接触时才会发生，而不是在品质设计和规划部门中发生的，以致品质是在互动的当下时刻产生的。所以，品质的规划和设计必须趋向服务基层。技术品质层面和如何创造品质的整体设计可由管理中心来规划，但是机构与其顾客之间的接口必须同样地纳入品质管理和设计之中。否则，完善设计的品质可能依然只是个展示样品，无法落实成为顾客所认知的良好品质。

4. 每个人都对顾客所认知的品质有所贡献。当品质在买卖双方互动的真实瞬间中被创造和产生出来的时候，大量的员工参与了品质的生产过程。再者，因为这些实际与顾客接触的第一线员工依赖服务程序中其他人的支持。这些支持员工亦对顾客所认知的终极品质负有责任。所以，大量的员工对品质有所贡献。如果某位员工在顾客接触服务中或不直接与顾客接触的工作中发生失误，则品质受损。

5. 品质必须由机构全面监控。因为品质是由机构中的大量人员和功能所产出的，品质绩效必须在各个对品质有所贡献的发生点上被监控和确保。品质控制和管理中心人员一般无法做到全面监控。这项工作太庞大，而且为此设置不同的人员或部门，会对机构员工产生负面的心理影响。这种功能的存在会使员工忽视品质保证。员工不担心那些为了生产、维持和控制高品质所要做的工作，转而求助专家，或让专家承担问题的责任。但是，如果员工把这个部门当作一个内部的品质咨询单位，那么它也可能有助于品质保证及监控和品质设计。不过，机构本身还是要做这项工作以确保品质的。

6. 外部营销必须整合进入品质管理之中。顾客认知的品质是品质期望和体验的一个函数。所以，要改善品质体验，可由一个市场传播活动，向顾客承诺会有所改进或给顾客理由，让他们相信改善方案将比实际来得更好。即使有所改进，顾客认知的品质也可能不佳。外部营销的这些负面效果可能有不可预料的后果。例如，坏的口碑产生了，使企业形象受到损害。如果市场传播活动能与负责品质改善程序的人相互合作，则可避免这些错误。所以，外部营销，尤其是市场传播活动，必须融入品质管理之中。

Gummesson（1989）给制造业和服务业者九项要点以进行服务品质管理：

（1）从制造的品质管理中选出相关的方法和技术，但还是要知晓其他方法和技术。

（2）必须从两个不同的阶段来处理服务品质，即程序品质和产出品质。

（3）服务设计是必要的。

（4）采取“零缺点策略”并将其与“垃圾场（junkyard）策略”相结合。垃圾场策略是指准备好当失误发生后，迅速且平和地解决失误所产生的问题。

（5）授权予第一线员工。

（6）当服务机构躲藏在落伍的权力和独占的价值之后，品质将永不会产出来。

（7）将行政例行公事转换成内部服务（程序管理）。

（8）计算机软件的品质对服务品质是很重要的。

（9）将产品品质、服务品质和计算机软件的管理层面与顾客认知品质相结合成为“全面性的品质”。

Gummesson 质疑利用抽样调查技术的市场研究的相关性，他建议个人接触是更重要的。此论点与 Gronroos 强调建立员工—顾客关系（机会瞬间）的论点相似。Gummesson 除了提及 Gronroos 所强调的员工和建构内部组织来支持员工的论点之外，更加入了重新设计程序和改变机构的文化。Gummesson 也认知到服务部门中制造高品质的工具和技术，对服务品质的影响及其可能造成的问题。他也强调了所有服务机构对信息科技的依赖及其对服务传递程序（如旅馆和餐厅的订位系统）的重要性。

第三节 服务品质管理架构

在服务品质传递模式设定和执行之后，为了要达到并维持企业对服务品质要求的水准，企业必须建立追求良好服务品质的步骤和服务品质管理架构。

Martin（2002）提出建立良好服务品质的六个步骤：

（1）了解顾客的流程和个别服务期望。

（2）建立机构的文化和领导统御环境，以作为机构追求服务品质的坚强基础。

（3）为机构内每一名员工制定清楚和简明的服务传递标准。

（4）将服务标准与机构每个营运层面相结合。

（5）持续评估顾客服务的品质如何。使用回馈系统来帮助我们找出服务传递系统中较弱的连接，以及强力执行和酬谢高品质的服务行为。

（6）持续不断地调整服务传递程序，以提升服务品质。

餐旅和观光业者如果忽视这六个步骤，或省去某些步骤而走快捷方式，将对其服务品质改善上的助益相当有限。要建立良好的服务品质，机构须先采纳顾客服务观点（the customer service perspective），并确实认识到机构最重要的活动就是机构的服务人员与顾客互动的时刻，也就是服务接触（service encounter）。

餐旅和观光机构须认知和感谢服务人员所进行的顾客接触，对机构整体的成功具有深远的影响，所以应将站在第一线的员工，而不是高阶主管，摆在机构中组织架构图最高且最重要的位置，并落实“员工是我们最重要的资产”的策略，才可能创造出高品质的服务。

由前述可知，在服务品质管理架构（如图 3–3 所示）中，管理当局、员工和顾客三类人的不同服务品质认知，影响了企业的内部和外部营销作为（Gronroos，1990）。

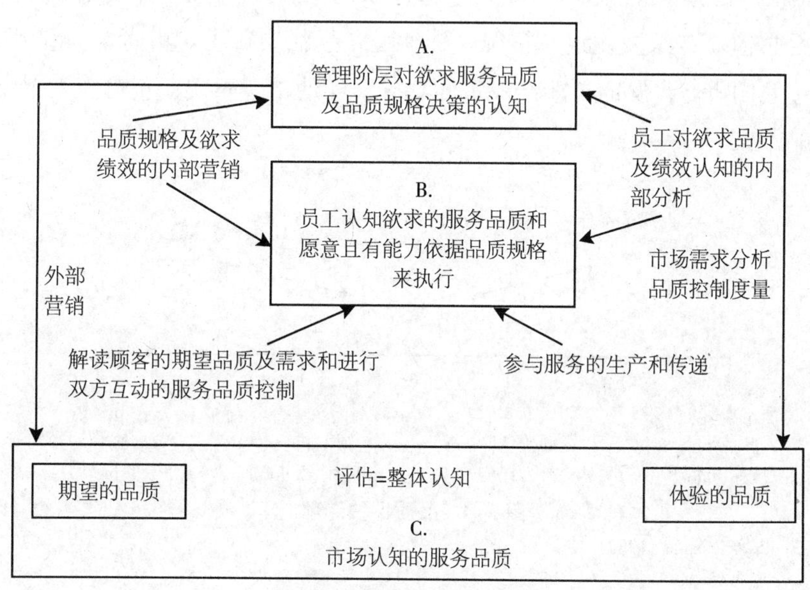

图 3–3 服务品质管理架构

资料来源：Gronroos（1990）。

（1）在管理层级上，须遵循的企业政策已经设定。首先，着手进行“市场需求分析”和“员工对欲求品质及绩效认知的内部分析”。这些分析结果有助于决定“管理阶层对欲求服务品质及品质规格决策的认知”以及开始执行“品质规格及欲求绩效的内部营销”。其次，进行“外部营销”和“品质控制度量”。

(2) 在员工层级上，必须达到企业所要求的品质和绩效标准。各部门员工都"认知欲求的服务品质和愿意且有能力依据品质规格来执行"。与顾客接触的员工能看到和感受到市场顾客所散发的信息，并有机会马上弹性调整以配合顾客的需求。他们处于"解读顾客的期望品质及需求和进行双方互动的服务品质控制"的位置；同时，他们也参与了"服务的生产和传递"。

(3) 在顾客层级上，顾客决定品质是否可接受。顾客在消费前有其"期望的品质"，经与企业互动（接受何种服务及如何服务的）而获得了"体验的品质"。顾客评估品质，而评估结果就是"整体认知服务品质"。整体认知服务品质不仅受到企业表现良好与否的影响，也受到外部营销作为（如广告宣传）对顾客期望所产生的冲击的影响。

如图 3-4 所示，整体认知服务品质可能有四种结果：负面确认的品质、确认的品质、正面确认的品质和超品质（Smith & Huston，1983）。好的品质需要"体验"至少等于"期望"，否则顾客的品质期望就未被满足。"可接受的品质"总是必要的，但是如果公司希望让顾客对服务真正高兴，则其可接受的品质是不够的。公司必须追求"正面确认的品质"，因这种品质才能使顾客有兴趣与供货商保持关系，并且能创造良好的口碑宣传。但是"超品质"却有危险，这是因为如果认知品质太高，则生产成本可能不必要地高，而造成本收益比过低甚至负值。如果发生这种情况，那就是"超品质"了。再者，"超品质"可能被顾客认为超过他们所需，反而可能造成负面口碑；即使不是事实，也可能给予顾客一种服务定价过高的印象。

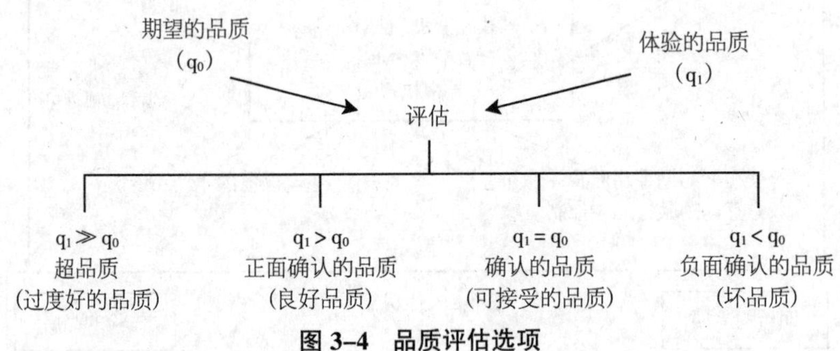

图 3-4 品质评估选项

资料来源：Smith & Huston（1983）。

第四节 服务品质模式

Gronroos（1983）提出服务品质模式（model of perceived service quality）来评估服务品质，如图 3-5 所示。此模式是由企业形象（corporate image）、技术品质（technical quality)、功能品质（functional quality）三个主要层面间的关系所构成。服务的技术内涵是指顾客所接受到的结果，如剪发的品质、银行转账或专业咨询，并受到技术解决方案、机器、计算机化系统、员工的技术能力以及知识等方面的影响。功能内涵是指服务传递的方法，如实时地、效率地或和蔼可亲地传递，并受到态度、内部关系、行为、服务的心意(service-mindedness)、外貌仪表、易接近性以及消费者接触等方面的影响。

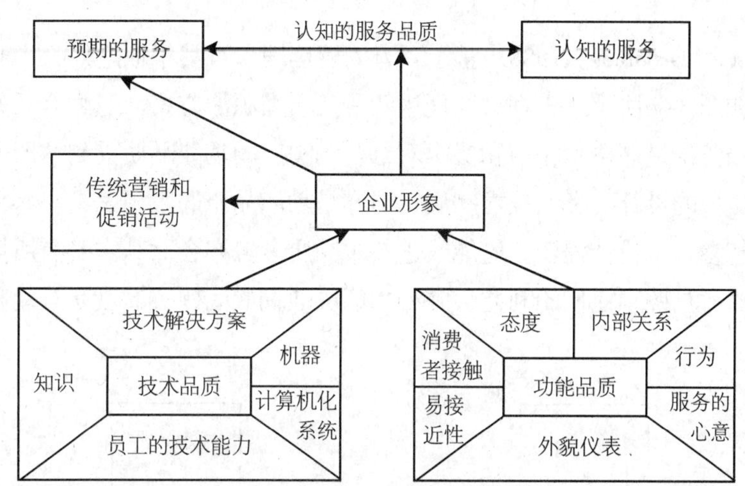

图 3-5 Gronroos 服务品质模式

资料来源：Gronroos（1983）。

在服务品质模式中，技术品质和功能品质影响企业形象，而企业形象影响传统营销和促销活动、顾客预期的服务（expected service）以及顾客所认知的服务品质（perceived service quality）（服务认知减去服务期望）。服务期望与服务认知（perceived service）是相互影响的，尤其是对那些已拥有服务消费经验的顾客而言。

另外，Gummesson（1987）提出一个 4Q 模式，主张每个人都对品质有所贡献以及公司中存有数种不同品质的来源，如图 3-6 所示，并与 Gronroos 建构品质认知层面的模式有所不同。此模式结合了顾客导向和程序导向，可运用于制造业和服务业。

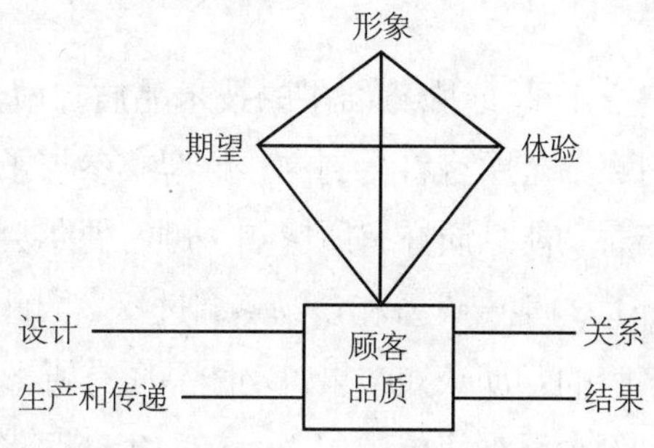

图 3-6 Gummesson 的 4Q 品质模式

资料来源：Gummesson（1987）。

Gummesson 认为品质有四个来源：

（1）设计品质。产品或服务是设计来满足顾客的需要。

（2）生产品质。指的是服务生产系统中的制造层面，如快餐产业中的泡面制作。

（3）传递品质。持续符合承诺予顾客的标准。

（4）关系品质。除了第一线员工和顾客双方的互动之外，还包含了机构中所有其他种类的互动。

Gummesson 和 Gronroos（1988）基于双方的管理理念有其相似之处，遂共同提出了一个整合模式，如图 3-7 所示。管理和处理这四种品质来源的方式会对顾客认知的品质有所影响。产品或服务结果的技术品质和买卖双方互动程序的功能品质受到这四种品质来源的影响。产品或服务的设计会影响技术品质，但亦是功能品质的来源之一。举例来说，顾客或潜在顾客可能参与了设计程序。这能改进技术品质，但亦会对其本身有所影响，可使顾客体会到该名服务员照顾他们的利益，并尽力解决他们的问题。这就是互动程序的功能品质影响。

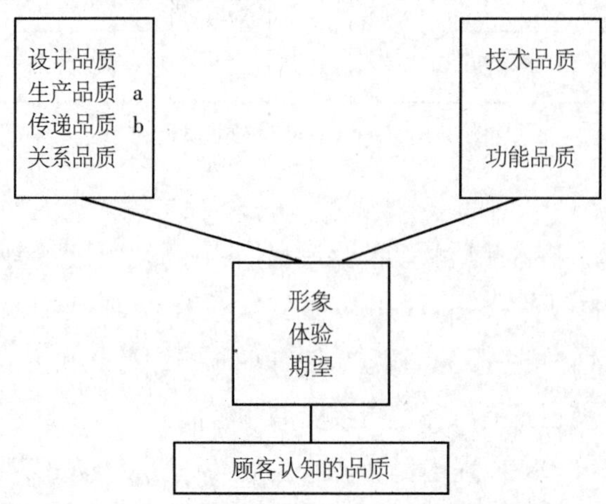

图 3-7 Gronroos—Gummesson 整合品质模式

资料来源：Gronroos & Gummesson（1988）。
说明：a：不可见的/可见的、非互动的/互动的。
b：自行处理/外包。

生产是品质的来源之一。产品或服务结果的技术品质，就是整体生产程序的一种结果。此生产程序中相当大的部分是顾客看得到的，顾客亦参与了生产程序。买卖双方的互动就产生了。同样地，生产对功能品质亦有所影响。顾客偶尔会接触生产程序，如向顾客展示开放厨房（open kitchen）的生产设备和食物烹调过程。因此，顾客对自己与生产、生产的资源及机具和生产程序间的互动认知结果对功能品质有所影响。

就服务而言，在许多案例中很难将传递（送货）和生产两者加以区别。传递或多或少是整体生产程序的一部分。所以，前面与生产品质有关的叙述亦可应用在传递之上。但是，对产品制造商而言，传递与生产是不同的功能。传递的结果是顾客拿到货品，这是与结果相关的技术品质层面。除此之外，也有一种与程序相关的品质要素。传递执行的方式、准时性、卡车驾驶的行为等，是功能品质的一种层面。若送货服务外包，则业者必须确认承包者表现良好，这是由于顾客认为承包者的错误，就是服务供货商或生产厂商的错误。

最后，买卖双方的关系是品质的一种来源。关系对品质的影响主要在于功能品质和与生产程序相关的品质。员工与顾客的关系越好，则关系对品质的影响越佳。

在 Gronroos 的服务品质模式中，顾客在体验公司所提供的服务之前，对品质会有所期待，也对公司的形象有其自我认知。这种形象认知对品质有所影响，也具有过滤的功能。一个良好且知名的形象如同一把保护伞，然而一个负面形象会让原本是好的产品或服务变得较不具吸引力。顾客认知的品质是顾客在评估期望品质与体验品质的差异后所得到的结果，并已将公司形象认知纳入评估之中。

顾客认知的品质在于原来对此公司形象及产品的期望品质与实际体验品质间的差异评估后所得到的结果（照片由联合报系提供）。

管理阶层必须观察和了解公司各种功能对品质所造成的影响以及品质有多种来源，而生产只是其中一种。当开发和执行如设计、生产及传递程序时和在规划及管理买卖双方之间的关系时，必须确认各种技术和功能议题。

Gronroos—Gummesson 整合品质模式的一项特色是互动/非互动理论和服务传递程序中的可见的/不可见的部分。其论点是即使程序中非互动的部分亦会影响顾客认知以及必须在程序设计中加以考量。对观光旅游业的管理含义是顾客导向的互动做法应被机构中所有领域都采用。此观念描述如图 3-8 所示。

英国旅馆和餐饮服务国际管理协会（Hotel and Catering International Management Association，HCIMA）于 1996 年提出针对餐旅业的品质地图（the HCIMA quality map），如图 3-9 所示。在地图的中央是餐旅服务本身，内含机构、员工和顾客三个相互影响的层面。机构建立营运设施并吸引顾客前来使用它的服务。顾客前来营运设施享受机构员工所提供的服务，并向机构付费。要能达到成功的运作，顾客必须对所得到的服务和所付出的金钱感到满意；员工必须对他们所付出的努力而获得的报酬感到满意以及机构必须对它所投资的回收报酬感到满意。

一个餐旅事业为了要持续满足它的顾客，就必须进行下列 12 项前后相关的工作：

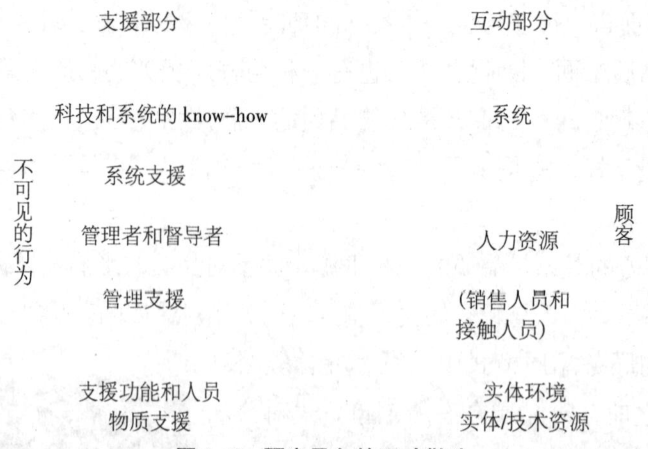

图3-8　顾客导向的互动做法

资料来源：Gronroos & Gummesson（1985）。

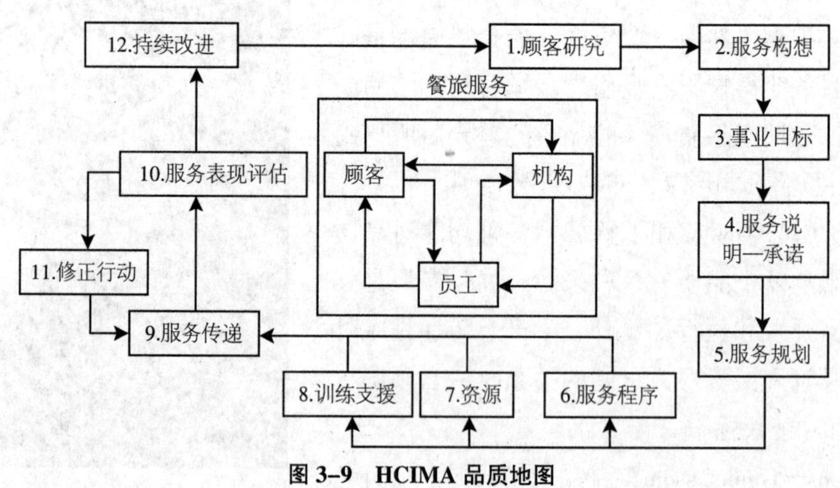

图3-9　HCIMA品质地图

资料来源：Lockwood & HCIMA（1996）。

（1）进行顾客研究（customer research）以了解顾客是谁和他们的需要，并依研究结果规划设计，未来拟提供的产品和服务组合（the mix of products and services），且此组合有别于其他竞争者。

（2）发展服务构想（the service concept）以形成事业的基础。

（3）建立事业目标（business goals）以厘清机构如何提供构想的服务和如何开展营运，并清楚地设定出机构在一定的期限内，要达到什么市场定位以及财务目的。

（4）设定服务说明—承诺（service specification-the promise）以使顾客能明了服务的内容和员工知道机构要达成什么目标。同时，服务说明代表对所有顾客的承诺。

（5）进行服务规划（service planning）来落实对顾客的承诺，并使每位员工都知道他们的责任所在。另外，必须认定出服务程序中所有的重要阶段，以及拥有必要的资源来执行服务计划。

(6) 确认服务计划已被转换成一系列的服务程序（service procedures），并在文字书写上良好地呈现。

(7) 确认服务顾客所需的所有资源皆可获得。

(8) 确认所有员工已接受工作所需要的教育训练和支持（training and support），以将其能力发挥到极致。

(9) 进行服务传递（service delivery）以满足顾客的需求。

(10) 进行服务表现评估（service performance assessment），以及早发现服务失误及其原因。

(11) 迅速进行改正行动（corrective action），并找出方法来确保同样的问题不会再发生。

(12) 投入时间和努力以持续改进（continual improvement）服务品质。然而，顾客品位经常改变，而机构必须跟上竞争者的行动，又有必要进行顾客研究工作，以致这 12 项工作持续循环不断。但是在进入服务传递阶段之前，企业必须先进行许多服务规划的上层工作，以作为服务传递程序设计的指导原则。Lovelock、Vandermerwe 和 Lewis（1996）在其提出的“规划、创造和传递服务模式”中，说明服务规划的主要步骤及要项，如图 3-10 所示。

企业从公司层级的“机构目的说明”和“现有或可取得资源的评估”开始进行工作。自市场和竞争分析的结果来确认营销的机会。企业可对其为某一个或几个细分市场所提供的每一种服务，发展出“定位说明”，以指出该种服务与竞争者有所差异的特质。定位策略必须与在执行上所需的“作业资产说明”相关。企业是否有能力负担所需的实体设施、设备、信息和传播科技和人力资源以支持已设定的定位策略？或者，公司是否能与中间商或顾客发展出“伙伴关系”以增加公司的资源？定位策略是否能产出足够且可接受的获利？

下一步则是建立公司的“服务营销观念”，以澄清顾客可获得的利益和相对付出的成本。这个服务营销观念考量了核心服务和辅助性服务、各种服务的可靠性和顾客未来在何处及何时可接触所欲提供的服务。而成本则包含了所付出的金钱、时间、心力和劳力。

同时进行的工作是建立公司的“服务作业观念”，以提出所服务的地理范围和作业时间表，描述设施设计和配置以及指出作业资产需如何及在何时安装完成以开始工作。另外，服务作业观念也强调了通过与中间商或顾客发展出“伙伴关系”以增加公司资源的机会。最后，服务作业观念澄清了哪些作业是分派给前场或后场的。服务营销观念与服务作业观念相互影响并共同影响“服务传递程序”的设定。

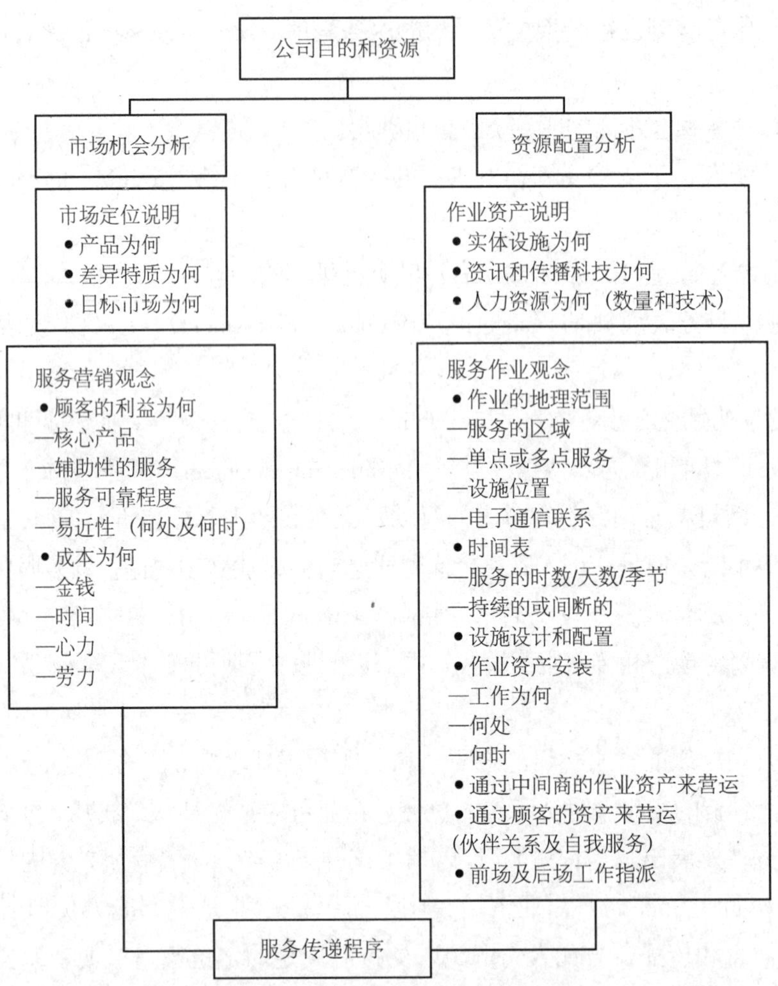

图 3-10 规划、创造和传递服务模式

资料来源：Lovelock、Vandermerwe & Lewis（1996）。

学习成果检验

1. 试从五个不同面向来探讨服务管理。

2. 说明服务管理的六项原则，并举例证之。

3. 说明服务品质管理的六大要点，并举例证之。

4. 说明服务品质模式及其要素间相互之关系。

5. 选择某家观光旅游公司，并套用“HCIMA 品质地图”来说明该公司的服务品质工作方法和内容。

6. 选择某家观光旅游公司，并套用“规划、创造和传递服务模式”来说明该公司的服务品质工作方法和内容。

第四章　政府、机构与服务员工对服务品质的责任

学习目标

研读本章内容之后，学习者应能达成下列目标：

1. 了解政府对服务品质负有哪些责任。
2. 了解机构在服务品质管理上应遵守的五项原则。
3. 了解员工对服务品质负有哪些责任。

政府、机构也需对服务品质负起责任；如与员工起龃龉终形成员工罢工场面，何言能提供优质服务（照片由联合报系提供）。

本章导读

消费者所体验的服务品质，除了受其本身的知识、能力、个性、品位及偏好的影响之外，主要受到政府对（观光）产品及服务品质的控制、机构对服务品质的管理和员工对追求自己达到卓越服务的努力等多方面的影响。所以，一个观光旅游产品品质的好坏，并非只是产品本身的问题，而是牵涉到政府法规的完整性及公权力的执行强度、观光旅游机构在追求卓越品质上的努力和员工对自己服务工作的热诚及投入。本章首先说明政府对观光旅游服务品质的直接和间接的控制做法。其次，说明机构在追求卓越品质时，所应遵守的五项原则。最后，说明员工在服务品质产出的过程中所扮演的角色及所负的责任。

第一节　政府对服务品质的责任

虽然第一个必须关注品质控制的就是观光事业及业者，因为它们直接面对顾客，然而国家观光机构也扮演了一个重要的角色。第一项是执行国家的法律和规定，第二项则是参与改善观光产品及服务的品质，以及提升在其管辖范围内的目的地的观光形象（WTO，1988）。但是，这种控制总是困难的及微妙的，因为公权力不可能介入并监督观光产品及服务的每一项生产程序，如食物在处理过程中是否完全符合卫生要求？派人监督每个快餐店是否确切执行丢弃超过 7 分钟尚未售出的薯条、超过 10 分钟尚未售出的汉堡或超过 4~5 小时尚未售出的比萨？

观光机构可使用下列四项工具来控制观光产品及服务的品质：

（1）对旅馆及餐厅执照的发放及其活动的监督。

（2）对旅游筹办者及旅行社执照的发放。

（3）对非营利性观光组织活动的监督。

（4）对领队/导游、游憩及其他活动的监督，但不限制观光事业行动的自由，亦不偏爱国产品，也不实施某种形式的保护主义。

对观光品质控制的法律和规定一般可分为两类：①保护观光客及确保提供给观光客的产品及服务的品质的相关法律和规定；②保护观光专业人士的利益，如企业资本、专业人力资格、办公环境标准、工作及休假时间等相关法律和规定。但是，这些法令并不直接而是间接控制观光品质，因为很少法令就其本身而论是与品质控制直接相关的。

国家观光机构以几种不同的方式，来处理观光事业营运活动的问题。它们对观光事业的协助可以是财务上的，如贷款、补助、减低或保证的利息，也可以是会计上的，如税赋免除或降低，及其他如办公室或代理人的使用规定等。观光机构对其所提供的协助，执行严格的控制，并确认可获得大众利益及不偏离原来设定的目的。这些行动虽非直接针对品质的问题，但为品质控制的一部分，间接地导致一个观光目的地及其所提供的产品及服务的品质改善。

除了间接的品质控制作为之外，国家观光机构也逐渐加强其对观光业者的检查行动，如我国观光局每年都会对辖下国家风景区的经营管理业务进行督导考核，以维持并改善观光产品及服务的品质。检查行动是提供政府所需要的资讯并免除复杂的行政程序、允许持续评估政策的成本效益及受影响者对法规的认知及遵守程度的最佳方法。

第二节 机构对服务品质的责任

Shetty 和 Ross（1985）认为服务品质管理应该遵守下列五项原则：对品质要有承诺、设定服务品质的标准、衡量品质、提出改进方案和重视服务品质的关键——人。要成为一个成功的服务机构，机构必须要设定服务策略、晋用具服务导向的员工并依照服务策略来训练他们、设计及执行对顾客友善的服务系统，以及确认公司对顾客和员工的责任（Davidoff，1994）。

一、设定服务策略

在设定服务策略方面，机构必须先决定“从事的是什么生意”，才能开始建立服务策略。Albrecht 和 Zemke（1985）定义服务策略为“一项团结组织的原则，此原则让服务机构员工将他们的努力朝向可使顾客另眼相看的利益导向服务上”。此服务策略是机构所有阶层员工的指导原则（a guiding principle）。因为服务人员面对许多非例行性的顾客服务接触，并且没有时间与上层主管讨论来达成决定，机构的服务策略必须清楚地让服务人员知道“什么是重要的”以及“期望他们与顾客打交道时要做到什么”。服务策略有助于建立企业文化，使每个员工了解他/她在满足顾客需要的大目标下所应尽的责任，并可当成一项市场定位的营销工具，来向顾客宣告本机构的特殊之处及为何顾客应向本机构购买服务的理由。

二、员工招募

机构在招募具服务导向的员工方面越来越困难，其原因在于绝大部分服务工作的薪资和形象不高，以致较难与其他行业竞争优秀人才。虽然面对这些困难，机构还是必须开辟各种人员晋用的通道，分为向内求才和向外求才。在决定甄募及雇用多少外部人员之前，要先了解有多少职位空缺可以由公司内部员工来递补（黄良振，1994）。

在向内求才方面，机构首先需要收集内部人员的资料，包含绩效记录、学历背景、训练状况、晋升的可能性等，借由职缺公告、求才热线、发送电子通信等方式，告知机构内部员工前来申请。在向外求才方面，可进行广告征才、加入专业协会，如旅馆业经理人联谊会和旅行业经理人联谊会，来寻找合适的员工、通过现有员工推荐合适的人选并给予奖赏、从竞争者中挖角、与高中职建教合作、提供大专学生实习、工作见习或兼职工作、提高薪资和福利以吸引各种劳工以及吸引仅希望获得补助性收入的退休人员。为应对快速展店的人力需求，王品台塑牛排除了以本身训练出来的店长和主厨转任新品牌的经营外，更发明了“人力池计划”。以联合公开招募的方式，遴选有实务经验的店长与储备干部。

员工品质的良窳，是决定服务品质高低的关键因素之一。因为员工的工作态度与投入程度的高低，完全取决于员工自己；是否以创新的方式服务客户，或者主动协助客户解决疑难杂症，或者积极为公司破解营运困境，这些全都得看员工本身是否具有意愿；同时，员工每天都得做出无数的决定而影响服务品质的优劣，必定会直接或间接地影响客户，并且建立或损伤公司声誉（Berry，1999）。

Schneider 和 Bowen（1993）表示，卓越的服务机构必须晋用具下列特质的人员：①具备市场需求的积极干劲与人际关系能力；②具备或可以学习工作所需的专业技能；③抗压性高、可以面对与人群接触的服务工作；④可以将上述的动机与能力包容在一起，并能在工作时展现完美无缺的行为。

Berry（1999）指出寻找出最合适的员工，不仅是找出具有协助企业迈向成功的人才而已，最好他还能够具有创造附加价值的能力。因此，成功企业的共同点就在于寻找一些在成长背景上同构型低，但价值观与企业目标较为一致的员工来与企业共同成长，并坚持在人才招募上“宁缺毋滥”。

餐旅业对员工餐旅专业能力重要程度的认知，依员工不同的学历而有所差异。针对高中职学历者，其专业能力以客房清洁维护、迎宾与满足顾客需求及送客技巧、人际沟通、部门实务技巧、旅馆安全认知与处理程序五项较为重要；针对大专学历者，其专业能力以菜单推荐与点菜能力、发掘与解决问题能力、外语能力、食品安全与卫生及处理、人际沟通五项较为重要；而对研究所学历者，其专业能力以发掘与解决问题能力、领导协调、外语能力、餐饮成本计算、人际沟通五项较为重要（吴武忠、陈惠美，2002）。

旅行业在甄选新进人员时，较重视勤奋努力、团队精神、积极进取、亲和力、反应能力、身体健康及个性开朗等（傅屏华，1994）。旅行业认为领队带团的专业能力，以紧急事件的应变技巧、敬业精神、带团技巧、道德操守、外语能力、对待旅客公平一致、充分服务旅客的能力、身体耐力、旅游观光知识等较为重要（李铭辉、孙庆文，1998）。

三、员工训练

机构对员工的教育训练愈加重要，因为合乎专业能力要求的员工越来越少。针对新进员工，必须训练他们熟悉机构的特定作业方式（processes）和程序（procedures）；也须对现职员工进行常态的再教育训练，以帮助他们回想在此工作的目的来调整他们的工作态度（Davidoff，1994）。机构有责任来设计并执行

持续学习是维持及提高员工服务品质的重要工作，即使身为管理阶层，再教育训练依然不可忽视（照片由联合报系提供）。

一个整体的训练计划，而此计划须符合下列标准：

（1）能向服务人员传达机构的服务策略以使他们的工作有所依归，并明了机构期望他们如何对待顾客。

（2）各阶层管理人员以政策和行动来支持服务策略，并借由实例和教导来增强训练的成效。高层管理者更要为服务策略而奋斗，并利用每一个机会在机构中向员工传达。

（3）设立后续计划来评估受训者和训练的成效，并准备给予遵循服务策略的员工奖励报酬。

Berry（1999）指出持续成功的企业，会为员工奠定出稳健的起步，然后持续学习服务上的技巧与知识，最后让他们感觉到自己是企业的一部分。在稳健起步的阶段中，企业应强化新进员工的信心，并通过同事的接纳以及让他们感觉自己有所贡献，而为新进员工化解焦虑和紧张的问题。加入公司的第一周，企业应该要针对公司的价值、传统、历史、策略、客户、竞争者、政策及流程，对新进员工做一完整的介绍，并让他们对企业核心策略产生情绪上的认同，及将核心价值植入他们的心中。完整且高效率的公司课程介绍，是新进员工在往后长期在职教育中最重要的一步。

美国迪士尼主题乐园教育新进员工迪士尼的历史和背景；训练员工以迪士尼的方式来服务大众，即面带微笑、与游客目光接触、展现最恰当的身体语言并且发觉顾客的需要（Wasko，2001）。每位迪士尼员工学习以及展现梦想的顾客服务：

（1）服务。①总是与游客目光相接，并保持微笑；②超过游客的预期，并与游客多接触；③永远呈现杰出的服务品质；④问候以及欢迎每一位游客；⑤保持对于自己工作品质的高标准。

（2）团队合作。①不只关心自己负责的部分；②展现强烈的团队进取心；③不管对游客或是工作伙伴都积极地沟通；④保存游客神奇的经验。

（3）态度。①要求百分之百的表现；②极端地有礼和友善；③在任何时刻都表现出适当的身体语言；④展现迪士尼的风格；⑤对每个游客说“谢谢”。

（4）直觉。①提供需要立即服务的直觉；②积极地寻找机会来满足我们的顾客；③在游客感到不满意之前，便将问题解决；④在接受游客抱怨时，表现出耐心与诚实；⑤永远保持节目的原貌。

（5）强调安全、礼节、节目品质和效率。

四、持续学习

在持续学习阶段中，公司应明定训练为工作的一部分，要求每位员工必须参与；告知员工任何学习机会，让员工在上班时间接受训练；将每一分训练经费花在刀口上，借此向员工传达一项强烈的信息：学习对企业发展至为重要，每位员工不得缺席任何训练计划

(Ford & Heaton，2000)。中国台湾餐饮界新霸主王品集团，在教育训练上，想要从职员升到店长，必须修完 206 个内部训练的学分，其中包括店铺训练、课室训练与企业外训练三部分。以“门市行政作业”课程为例，其训练目标为使员工了解如何规划门市的人力资源，在最少的人力下，发挥最大的效率与功能，并降低经营成本，使企业的利润目标得以完成。开课学分为 2 学分，每周上课 4 小时。教学内容包含人力规划、员工甄选与试用、员工的教育训练、工作绩效评估与考绩、轮班制度、奖励制度、店铺会议和劳资关系 8 大项 24 小项。

Berry（1999）指出公司应重视员工的个人化成长，并以此作为设计员工训练的蓝图，而个人成长计划包括正式的教育训练（公司内部课程或是各大学所开的在职进修课程）以及行动学习经验（证明自己在某个领域有特殊专长的活动）。另外，采用辅导（coaching）方式来促使员工成长，由较资深的员工担任“辅导员”，协助、训练、分享知识和经验予资浅的员工，来提升学习效果和工作品质。

要使员工能全心投入以追求公司的成功，就要让员工把公司当成自己的事业。为达成此一目的，企业主须进行下列事项：

(1) 将员工视为企业伙伴，让员工有置身其中的参与感，员工才会对企业产生认同。

(2) 不断地与员工分享信息，因为当员工越了解公司时，他们就会越关心公司。同时，信息分享会形成信赖、加深个人责任感、建立荣誉心，最后演化为员工对公司的承诺。

(3) 信赖员工，并赋予员工足够解决问题的决策空间，定义出解决问题空间的范围。这样，员工才会相信如果决策发生错误，他们将不致遭受到上司不公平的待遇。员工只有在充分的信赖与安全下，才能尽情地发挥出最高工作效率。

(4) 与员工分享他们为企业所赚来的利润，才是企业对员工承诺的表现。以财务回馈的方式，如员工配股、认股或年度利润分红制度，来犒赏那些真正把公司当成自己事业的员工。王品集团制定了奖酬制度，其中包括了员工入股（针对店长与主厨）与分红（针对所有员工），并每月公布各店的财务报表，以昭公信并凝聚向心力。因此，近年来，王品集团内的离职率每年平均在 5%以下。

五、设计及执行对顾客友善的服务系统

公司必须依据服务策略中的优先顺序，来设计对顾客友善的服务系统，以增进顾客使用的方便性和价值性。对顾客友善的服务系统重视顾客的需要和期望，但亦需持续地监控可能的变化，因为社会经济结构、顾客的消费体验层级和理解程度，都会随着时空变迁而有所不同。尤其须了解顾客可能因自己社经特性的改变，如年纪增长以及消费经验的增加，而改变对服务的偏好及要求更高的品质。所以，公司应持续重新评估它的服务策略、选取的项目和训练活动、服务系统和市场地位。

在设计服务传递系统时，公司必须先界定核心服务（core services）和周边服务（peripheral services）。核心服务是指公司对其顾客所提供的主要的且具价值的服务，如航空公司提供交通运输、餐厅提供餐饮、主题乐园提供娱乐以及旅行社提供旅行安排。周边竞争力服务是指其他较不重要的和附加的服务，如旅馆的停车、衣物送洗、商务中心等支援和增加整体服务价值的服务，虽属支持性质，但却时常扮演着决定消费者是否购买和顾客是否更满意的影响因素。因为当与竞争者在核心服务上无明显差异时，更多额外且贴心的周边服务，能加强公司服务的整体竞争力，且使消费者愿意付出更高的价格。因此，为不同目标市场顾客个别设计符合需要的周边服务，更能凸显公司服务的优异性和差异性。另须注意，顾客看得见的服务（visible services）固然重要，但是看不到的服务（invisible services），如会计结账、采购等，更不可忽视，因为如果结账出错，必会使顾客相当不满，进而抹杀了表现优异的看得见的服务。

在进行服务系统设计时，必须以顾客的观点来分析系统的组合内容。首先，须决定行动项目（activities）。先将所有服务相关的事件区分至最细微，亦即最小可执行的行动项目，再以顾客而非管理者的观点来决定哪些是对顾客最有意义的。在这些行动项目中，决策点（decision points）的认定是很重要的。在整个服务过程中，顾客或服务人员都会面临多种选择决策的时间点，如选择餐饮的项目或排定服务客人的先后顺序等。而这些决策点控制了服务流程，在不同的服务人员或服务单位间相互串联、分时处理某项顾客服务，若有任何的延迟或安排失当，都会影响服务的进行和顾客的满意度。接着要确认时间线（timelines）。时间线涵盖整体的服务程序，并明订每项工作所需的时间长度。借此，管理及服务人员除了可清楚地了解整体服务的程序、工作事项及时间要求，更可分析所需的人员配置和设施、设备、物料、器具等的供给。并找出可能产生服务失误的失败点（fail points），并为每一个失败点设计出修正行动（corrective actions）及依此训练员工。若在服务执行过程中出现服务失误，公司必须吸取教训并新增此失败点和对应的修正行动于服务系统之中。

在设计服务系统时，除了服务程序和工作内容之外，还需要注意顾客和员工使用的服务环境（service setting）。在设计供顾客使用的设施环境时，要自问“我们希望给予顾客的第一印象是什么？”以及“我们要传送什么信息给老顾客呢？”。给予员工使用的内部工作环境，虽无须比照外部服务环境但亦不可差距太大而引发员工抱怨和质疑公司妥善对待员工的诚意。

最后，公司必须在服务产品的成本和所产生的营业收入之间取得平衡，即平衡销售规模（sales scale）。让员工了解个别员工的服务时间是有限的，对公司而言“时间就是金钱”，预期消费金额高的顾客应获得较多且更好的服务，毕竟经济学的基本概念之一就是“资源是给予出得起最高价格的人”。

六、公司对顾客的责任

自助洗衣店等使用燃气设备者依规定投保公共意外责任险及标示警告标语，得同时保障顾客、公司的安全及利益（照片由联合报系提供）。

公司须注意和符合与消费者权益相关的法令规定，如消费者保护法、公平交易法、食品卫生管理办法、公共建筑物安全、消防安全等，以保障顾客的权益。若因建筑物、设施、设备、餐饮卫生、环境卫生等不妥善，而损害顾客的生命及财产安全，公司不但面临顾客提出的民事赔偿和刑事诉讼，更伤害了公司的信誉，危害公司长期市场竞争的能力。

但是，公司并不对其顾客的行为负所有的责任，尤其明显的错失可归责于顾客时，例如顾客于半夜在已知户外游泳池已停止服务且无救生员的情况下，执意游泳而溺毙的事件。公司可利用让顾客明显看得到的警告牌示、标语、公告等，或广播听得到的口头声明等做法，或请顾客签下约束顾客行为的契约或同意书，来部分或全部免除加诸在公司上的法律责任。

七、公司对服务员工的责任

公司对服务员工最基本的责任就是“薪资”，其他更高层员工的需要则是社会需要、自我需要以及自我实现的需要。另一项更重要的事情是给予员工一个能有效率且有效果的工作环境来服务顾客。首先，公司必须向员工清楚且明确地传达工作目的须注意的事项，让服务人员在没有现场监督下且授权范围内，可自行决定做法。美国迪士尼世界（Disney World）向员工传达四项希望服务人员对顾客须做到的事情是身体安全（safety）、殷勤有礼（courtesy）、表演（show）和效率（efficiency）。身体安全是顾客最基本的需要，绝不可让顾客受伤害或意识到高风险的存在。殷勤有礼包含同理心和亲自照顾，主要是让顾客感到舒服和感激。要做好表演，必须所有参与服务链的每位服务人员尽到应尽的责任，同时软硬件设施和设备以及环境气氛都须完善，相互搭配演出。所以，表演涵盖了顾客所期望的团队合作、前后一致和工作知识。效率是指服务人员能在最短的时间内做到让顾客满意的服务，也就是让顾客能相当方便地且满意地获得所需要的服务。

再者，公司须提供服务所需的支援系统，包括技术支援系统（technical support systems），如办公家具、计算机、软件、服务程序和回馈系统等（feedback systems）来征询顾客和员工的意见来分析服务的优劣之处，并迅速修正不良的失败点。另外，公司不仅有责任教育和训练员工“如何第一次就做对”，更要给予员工与责任相符的权力（empowerment），好让员工在面对客人时能权宜地处理以使顾客满意，尤其在发生服务失误后还有补救机会的关键时刻。最后，员工的薪资、福利、奖励和处罚政策必须与公司对服务品质的要求、员工的权利义务以及员工对公司的贡献等相互搭配，才能给予员工一个公平且公正的工作环境，以稳定并激励员工的工作意愿和士气。

第三节 服务员工对服务品质的责任

公司服务品质的高低，不但公司本身有责任，员工也要负起自我的责任。服务人员在公司的第一线进行顾客服务的工作，其服务表现的好坏，着实影响顾客对公司形象认知的好坏，因顾客认为公司与员工是一体的。

一、一般性的责任

Davidoff（1994）指出服务人员对服务品质的责任上有三项：工作的精通（proficiency）、敬业精神（professionalism）和自尊（pride）。员工要熟悉并精通自己的工作内容，除了必须要增进自己的专业知识之外，更要吸收多方面的信息，如最新的娱乐新闻、电影、职业篮球和棒球比赛等，以利于与顾客的言语交谈，来营造轻松的气氛并拉近双方的情感距离。更要从失败的经验中学习，吸取“失败为成功之母”的教训，以正向的态度来面对服务失误，并思考如何改进以将工作做得更好。

工作的精通、敬业精神和自尊不仅是服务人员对服务品质的责任，更是服务人员提供良好服务品质的基础（照片由联合报系提供）。

敬业精神就是一种“执着”，要将自己所精通的工作做到最完善。服务人员必须准备好带工作回家或于周末、晚上、甚至大夜班工作以适应顾客的需要。另外，员工必须寻找机会验证所获得的知识和训练，并修正和调整自己的工作方式以符合顾客的需要和更贴切地服务。同样地，每位服务人员都要控制自己的情绪并与同事积极配合，展现团队合作精神和行动以及与顾客沟通及互动良好，就算是错在顾客，也要婉转说明和避免情绪上的冲突，为达成卓越的服务而努力。

自尊是一种“满足”和“自信”，来自追求卓越的内在动机。简言之，就是对自己所从事的工作感到快乐及舒适。员工表现出的自尊与自信的态度，除了可引发顾客对公司的信心和增强未来再次购买的意愿，亦能促进公司内部团队合作的气氛和同事间的相互认同。但须注意自尊并非自大傲慢，不是要向顾客或同事显现出自己多优秀或别人多不专业，而是对自己工作能力和服务热诚的一种自然显现。

二、对不同关系人的责任

上述说明的工作的精通、敬业精神和自尊是所有服务人员的一般责任，还有另外四种类型的责任：对外部顾客的责任、对公司的责任、对同事的责任以及对自己的责任。

在对外部顾客的责任方面，公司可设计并执行完善的顾客服务系统，但亦需借由服务人员来满足顾客的需要。顾客对服务的满意与否，可能系于在服务接触过程中某些个别的关键事件（critical incidents）。顾客可能因为自身的因素，如脾气不好、没睡好、生病或来自外界的压力，或第一次想购买此种产品或服务，而感觉紧张，以致对所接受的服务较为挑剔或没耐心。所以，服务人员的责任就在于以一切需要的方式来避免顾客产生负面印象或将其降至最低，并且将顾客的正面印象提升至最高。为达此目的，服务人员必须满足前述七项顾客的期望、谨记期望和认知的心理特质，尤其不要以自己的思考逻辑去推断顾客的想法和需要。

员工对公司亦负有下列的责任。每一位员工都必须要遵循公司的服务策略来进行工作，如此才能以团队的方式运作。员工亦须依其所获授权来执行工作，不可逾越，以公司的最大利益为考量。举例来说，如果公司给予员工最多 2000 元作为服务补救的费用，那么为公司利益着想的员工会尽量以较少且上限内的金额来完成服务补救的工作，而不会都以 2000 元来进行服务补救。员工亦应寻找机会来提升自己的教育和技术水准。若是公司能提供这些机会，员工更应积极参与。再者，员工有责任依照公司设定的服务系统、标准作业程序和步骤来进行工作，不可自行增减，因这可能会造成自己或同事的服务失误。如果对服务系统或程序的适用性有疑义，提出修正建议是员工对公司的责任之一。

与同事和谐相处，发挥团队精神密切配合及相互协助，才能将服务链（service chain）中每一个角色扮演好以完成整体的服务，这就是员工对同事的责任。员工也要对自己负起责任，也就是保持良好的体能、心理和情绪状态，才能应付服务量多和压力大的忙碌时刻，同时能提供优质的服务。

学习成果检验

1. 举例说明政府对观光旅游服务品质的直接和间接的控制做法。

2. 选择某一家观光旅游公司，并说明该公司是否尽到追求整体卓越服务品质的责任。

3. 访谈某一家观光旅游公司的员工，并说明该公司员工是否尽到追求个人卓越服务品质的责任。

4. 试举一个你自己亲身体验的不良服务品质，并分析责任可归属于政府、机构或员工，或以上三者皆须负部分责任。

第五章　服务品质的度量方法、模式及量表

学习目标

研读本章内容之后，学习者应能达成下列目标：

1. 了解服务品质的软性和硬性度量方法。
2. 了解服务品质的各种度量模式。
3. 了解不同观光行业的服务品质评估量表。

由于影响观光旅游服务品质的因素甚多，因此不同观光行业的服务品质评估量表亦有所差异（照片由谢维芳提供）。

本章导读

机构在推行服务品质计划之前，首先，必须先设定所要采行的服务品质评估方法，才能在实施的过程中度量服务品质的好坏，并找出其主要的影响因素，以作为后续服务品质提升工作上的重要依据。软性的服务品质度量方法包括整体市场调查、年度调查、交易调查、服务意见卡、神秘购买者、顾客主动提供的回馈、焦点团体讨论和服务检视。硬性的服务品质度量方法是指作业程序或结果，包括机器正常运作时间、服务响应时间、失败率和传递成本。另外，服务品质度量模式有五种，即 SERVQUAL、Carman、SERVPERF、直接比较操作法及重要—表现程度分析法。其次，介绍几种不同观光行业的服务品质评估量表，包括餐饮业、旅馆业、主题乐园、旅游网站、旅游产品、旅行业及航空业的服务品质的评估量表。

第一节　服务品质的度量方法

制定适当的服务品质管理决策之前，必须先了解服务品质的好坏及其主要影响因素，才能找出服务失败点或是否达成预期目标，以研拟矫正或修正的行动来提升服务品质的水准。而从顾客观点来度量服务品质的方法，大致可分为软性与硬性两大类（Lovelock & Wirtz，2004）。软性度量值（soft measures）是那些不容易被观察到的，且必须借由与顾客、员工或其他人对话来收集的数据。Zeithaml 和 Bitner（2003）指出软性标准给予员工方向、指导和回馈，来帮助他们达到顾客满意，并且可借由度量顾客的认知和信念来加以量化。SERVQUAL 就是一个复杂的软性度量系统的例子。

相对来说，硬性标准和度量值与那些可被计次、计时或借由稽核来度量的特征和活动有关。这些度量值可能包括多少顾客的电话在等待通话时被放弃了；在服务传递过程某特定阶段中顾客必须排队等待的分钟数；完成某一特定工作所需的时间；某一特定食物品项的温度；多少辆火车延迟抵达；多少件行李遗失；多少位顾客在接受某一特定服务后再度光临；多少件客房订单被正确填写。标准通常是依据某特定事件的达标率来设定的。服务营销者所面临的挑战是要确保服务品质的操作度量值能确实反映顾客的意见。

一、服务品质的软性度量方法

Berry 和 Parasuraman（1997）建议借由多种研究方法的组合来进行持续性的研究，包括整体市场调查、年度调查、交易调查、服务意见卡、神秘购买者、顾客主动提供的回馈、焦点团体讨论和服务检查。而各种方法有其不同的内涵和满足不同信息需求的能力，各有其优点与缺点（Wirtz & Tomlin，2000），如表 5-1 所示，所以服务营销者必须慎选适当的研究方法以获得所需的信息。Lovelock 和 Wirtz（2004）针对上述八项调查方法的特点提出以下的说明。

表 5-1　服务品质资料收集方法的优点与缺点分析

收集方法	度量层级			可执行	具代表性、可信赖的	服务补救的潜在可能	直接学习	成本—效益分析
	公司	流程	特定交易					
整体市场调查（包括竞争者）	●	○	○	○	●	○	○	○
整体满意度的年度调查	●	◎	○	○	●	○	○	○
交易调查	●	●	◎	◎	●	○	○	○
服务意见卡	◎	●	●	◎	◎	●	◎	●
神秘购买者	○	◎	●	●	○	○	◎	○

续表

收集方法	度量层级			可执行	具代表性、可信赖的	服务补救的潜在可能	直接学习	成本—效益分析
	公司	流程	特定交易					
顾客主动回馈（包括抱怨）	○	◎	●	●	○	●	◎	●
焦点团体讨论	○	◎	●	●	○	◎	●	◎
服务检查	○	◎	●	●	○	●	●	◎

注：●完全满足需求；◎适度满足需求；○几乎没有满足需求。
资料来源：Wirtz & Tomlin（2000）。

（一）整体市场调查、年度调查和交易调查

整体市场调查和年度调查度量所有主要顾客服务流程及产品的满意度。它们是高层级的度量，其目的在于获得对公司整体服务满意度的一个整体指数或指针，而此整体指数或指针可基于被指数化（如使用各种不同的属性评分）以及/或权重化（如以核心区域以及/或产品来给予权重）的数据之上。

这些整体指数说明了顾客的满意程度，但未解释顾客为何满意或不满意。此因针对个别流程或产品可询问的问题十分有限，如一个度假中心的主要顾客服务流程的数量相当多且复杂，所以大多数的调查只能为个别流程问 1~2 个问题（如对柜台结账速度满意吗?）而无法详加询问。

相对而言，交易调查是在顾客已完成某一特定交易后，再较深入地询问他们有关该交易流程的问题。在此时刻，柜台结账速度的所有主要属性和层面可被纳入调查之中，包括一些开放式问题，如“最喜欢的事项”、“最不喜欢的事项”和“建议改进的事项”。此种顾客回馈更具有可执行性，并告知公司为什么顾客对流程感觉高兴或不高兴以及可提供如何提升顾客满意度的观点。

此三种方法若设计得当，则皆具有代表性和可靠性。为了正确评估公司、流程、分店或个别摊位是否达到品质目标以及评估与奖励计划相连接的个人、员工、团队、分店和/或流程，调查方法的代表性和可靠性是必需的。如果要员工相信和接受研究结果，则研究方法必须是无懈可击的（watertight），尤其当调查具有不好的结果时。服务补救的潜在机会是重要的，并且如果可能的话应将其纳入资料收集工具之中。但是，许多调查采取匿名方式，而无法认定和响应不满意的回答者。于个人接触或电话访谈中，访谈员可受命询问顾客是否愿意针对他们对公司不满意的地方来进一步回复。

（二）服务意见卡

这种有效力且不昂贵的工具，包含了在每一主要服务流程结束后，给予顾客一张服务意见卡（如服务意见卡可附在结账清单之上），并邀请他们以各种方式送回顾客服务中心。虽然这些服务意见卡是流程品质的一个良好指针和产出，针对那些工作做得好或不好的特定回馈，但是回答者较不具有代表性，且朝向非常满意或非常不满意的方向倾斜。

（三）神秘购买者

服务事业（如旅馆）经常使用这种方法来决定，是否第一线员工展现出所要求的行为。举例来说，一家全球旅馆连锁企业进行一项大规模的每月神秘致电者调查，以评估与电话销售有关的个人销售技巧，其中要度量的是各种产品的正确定位、向上销售、交叉销售和完成销售。同时也以“热情和友善的欢迎”和“与致电者建立融洽关系”等层面来评估电话交谈的品质。神秘购买者调查为教导、训练和绩效评估，提供了高度可执行的和深入的观点。

因为神秘来电或拜访的次数通常都较少，无单一调查是可靠的或有代表性的。但是，如果某位员工月复一月地表现良好或差劲，管理者可以有合理的信心来推断该员工的绩效是好的或差的。

（四）顾客主动回馈

顾客的抱怨、赞赏和建议可转换成一长串信息，可被用来帮助监控品质和标示出在服务设计和传递上所需的改进之处。抱怨和赞赏是让我们知道什么原因，导致顾客厌恶或喜悦的详细信息来源。

类似服务意见卡，顾客主动回馈不是一种可靠的整体顾客满意度量，但它是未来改善想法的一种良好来源。如果收集回馈的目的，主要在于获得需要改善事项上的回馈，而非为了树立标杆和/或评估员工，那么就不需要可靠性和代表性以及更多的质化工具，如抱怨/赞赏或焦点团体，就已足够了。

详细的顾客抱怨和赞赏信函、收录的电话交谈、来自员工的直接回馈，可作为向内部沟通顾客要什么的一种卓越工具，并可使所有层级的员工和管理者直接倾听顾客要什么。这种直接学习比使用统计数字和报告，更有助于形塑服务员工的思考及顾客导向。举例来说，新加坡航空公司将顾客的抱怨和赞赏信函印制于该公司的每月员工杂志（Outlook）之上。美国东南航空公司向员工播放含有顾客回馈字幕的录像带。观看顾客评论他们的服务品质，可让员工留下更深度和长久的感受，并且激励他们服务的更好。

（五）焦点团体讨论和服务检视

此两种方法都能给予可能服务改善和想法的特定观点。焦点团体是由主要顾客区分或使用者团体所组成，来深入挖掘使用者的需要。服务检视是深入的一对一访谈，通常每年与公司最有价值的顾客做一次服务检视。公司一位资深主管拜访这些最有价值的顾客并讨论各种议题，如公司去年表现的如何及哪些必须维持或改变。该名主管与每位项目经理讨论从顾客获得的回馈，然后再共同发函给每一位顾客，详述公司将如何响应顾客的服务需要和在下一年度该项目将如何处理。除了提供一个非常好的学习机会（尤其当所有顾客的服务检查意见都整理和分析了之后），服务检查聚焦于最有价值顾客的维持和得到高度的服务补救潜能的印象。

其他软性调查方法还有下列三种：

（1）对顾客做持续性的调查。使用电话或邮件进行调查；利用科学性的抽样程序以决定顾客的满意度。

（2）顾客咨询小组讨论会。提供对服务表现上的回馈和建议。

（3）员工调查和小组讨论会。了解员工对顾客服务品质的认知，认定阻碍更佳服务的因素和获取员工对服务品质改进上的建议。

二、服务品质的硬性度量方法

硬性度量是指作业程序或结果，包括机器正常运作时间（uptime）、服务响应时间、失败率和传递成本。在一个复杂的服务作业中，服务品质的多重度量值在不同时间点上会被记录下来。在一个低度接触的服务作业中，顾客并未深度介入服务传递程序，所以许多度量值只应用在对顾客只有次级影响的内场活动之上。

美国联邦快递公司（FedEx）最早了解到有需要建立一个全公司的服务品质指数（service quality index，SQI），且该指数涵盖了所有会影响顾客的主要活动。借由经常公布此单一综合指数，资深管理者希望所有 FedEx 员工会朝着改进服务品质的方向努力。FedEx 也认知到使用“目标百分比”（target percentages）的风险，因为可能会导致员工自满。在一个像 FedEx 每天运送数以百万件包裹的大公司，即使做到 99%的包裹准时送达及 99.9%的航班安全抵达，稍一不慎仍会导致可怕的问题。FedEx 最高管理当局决定采用“零失误”作为品质度量的底线。

此硬性指数的设计，反映了广泛的软性研究和借助新的研究成果来进行定期修正。从顾客的观点来观察服务失误，SQI 每天度量可能导致顾客不满意的 12 事项。每一失误事项皆有一权重，反映了该事项对顾客的严重程度。每一失误事项的分数为“权重×当日失误发生的次数”。然后，将 12 个失误事项分数加总即可得 SQI 的当日指数（daily index），详见表 5-2。指数越低，则绩效越好。SQI 数值相当大，通常有六位数，这反映了每天包裹运送的庞大数量。基于降低前一年度失误发生总数来设定平均每日 SQI 数值年度目标。为确保持续专注于 SQI 中每一个事项，FedEx 建立了 12 个品质行动团队（quality action team），各专注于一个事项，并养成这些团队了解和改正造成问题的根本原因。

表 5-2 美国联邦快递公司服务品质指数（SQI）的组成

失误类型	权重×事件发生次数=当日点数
延迟送达（正确日期）	1
延迟送达（错误日期）	5
未回复的追踪请求	1
再次抱怨	5

续表

失误类型	权重×事件发生次数=当日点数
遗失送达证明文件	1
错失收件	10
包裹遗失	10
包裹损坏	10
飞机延迟（分钟）	5
超重（包裹遗失卷标）	5
被切断的电话	1
总失误分数（SQI）	×××，×××

资料来源：Lovelock（1994）。

第二节 服务品质的度量模式

基本上，服务品质的度量模式有五种，即 SERVQUAL、Carman、SERVPERF、直接比较操作法、重要—表现程度分析法，而前四种皆属于 SERVQUAL 类型。这五种度量模式都是设计来度量服务品质的工具，而所度量的是“一种特定的长期态度（a specific long-term attitude）在某单一时间点下的呈现”（Cronin & Taylor，1992）。

一、SERVQUAL 度量模式

Parasuraman、Zeithaml 和 Berry（PZB）在提出服务品质评估模式后，又于 1998 年发展出 SERVQUAL 量表，其服务品质（Q）的评量，是认知（perceived）品质与期望（expected）品质两者相减所得的差异分数（difference score），且明确地提出服务品质衡量的计算公式为 Q = P – E。SERVQUAL 量表的基础即为“认知—期望缺口”（perceptions-expec-tations gap）观念。PZB（1985、1988）的结论是服务品质评断是由五种根本的特质所组成，而这些特质是消费者在期望—失验的典范（the expectancy-discomfirmation paradigm）基础上所评估的。另外，PZB（1994）指出，他们的焦点团体不但抓住了服务品质的特质，也抓住了消费者形塑服务品质评断的根本心理程序。

此外，Robert 和 Cherrill（2000）认为整体或部分顾客经验的品质，是指顾客所期望的品质和顾客真正所得到的品质之间的差别。并利用一项公式来描述顾客期望与顾客经验品质之间的关系。此公式如下：

Qe = Qed – Qee

其中，Qe 代表整体顾客经验品质，Qed 代表服务人员所传递的服务品质，Qee 代表顾客所期待的服务品质。

如果服务人员所传递的品质与顾客期望相差不多，并不表示顾客经验像真正的数学公式一样为零，而是指服务品质为普通或一般。如果顾客经验的品质为一般或大于一般，就表示顾客是满意的；但如果服务品质低于一般，就表示顾客对所提供的服务不满意。

虽然 SERVQUAL 奠定了衡量服务品质的基础，但也受到后续研究者的质疑。其中 Zeithaml 所参与的 Boulding、Kalra、Staelin 和 Zeithaml（1993）的研究指出，他们所得到的结果与期望的单一层面观点及服务品质的缺口形成（gap formation）是不相符合的，并发现服务品质只直接受到认知品质（per-ceptions of performance）的影响。Peter、Churchill 和 Brown（1992）指出应避免使用差异分数来度量服务品质。Cronin 和 Taylor（1992、1994）主张“很少，甚或任何理论或实验上的证据足以支持认知—期望缺口可作为度量服务品质的基础”，并认为以失验（disconformity）为基础的 SERVQUAL 量表，既非度量服务品质，亦非度量消费者满意度，以及指出 SERVQUAL 量表顶多只是期望—失验的许多形式之一的操作。另外，询问受访者标示他的表现认知，已引导受访者在心理上比较了认知和期望。换言之，认知判断可能已包含了认知减期望（P－E）的心理过程。Carman（1990）虽接受 Q＝P－E，但是质疑期望（E）的实际重要性，并建议不需要每次在度量消费者认知（P）时都度量期望（E）。他进一步建议，当消费者未具有完好成形的期望时，不要度量期望。在这些情况下，期望可被假定为零。

Teas（1993）指出服务品质的期望观念可能有严重的辨认效度（discriminant validity）问题，进而造成 Q＝P－E 的架构，变成消费者服务品质认知的潜在错误指针。辨认效度是指某一度量（如 Q）不与其应为不同者（如 E 或 P）过度相关的程度。要说明这个问题，必须先回顾消费者的期望观念。

（1）预测的表现（forecasted performance），是指消费者对可能表现水准的期望。

（2）应得的表现（deserved performance），是指个人从其资源投入（investments）的观点下，所觉得应有（should be）的表现。

（3）公平的表现（equitable performance），是指消费者在其认知的成本下一定要得到的表现水准。

（4）最低可忍受的表现（minimum tolerable performance），是指表现应是什么或最低可忍受的。

（5）理想的表现（ideal performance），是指最适的（optimal）产品表现、表现可以（can be）是什么或希望的（wished）表现水准。

（6）服务特性重要程度（service attribute importance），是指某项特性在个人的产品或服务评估中的重要程度。

如果服务品质期望观念是与应得的或公平的表现观念相关时，（P－E）服务品质分数可代表一个符合逻辑的认知品质的连续（continumm）。举例来说，表现水准若低于应得的表现，可合逻辑地被认为代表比高于应得的表现具有较低的品质。但是，服务期望度量与预测的或理想的表现观念相关，或与服务特性重要程度相关时，潜在严重度量效度问题就产生了，于下逐一说明。

1. 若期望等于预测的表现。服务品质研究者强调，用于服务品质文献中的期望观念与用于消费者满意度文献中的期望观念是不同的。举例来说，在消费者满意度文献中，消费者期望通常被定义为预测的或期待的表现水准。这些期望与实际表现组合而产生了不一致的期望（disconfirmed expectations）观念。而不一致的期望被用做消费者满意度的预测变量。另外，服务品质研究者强调在服务品质模式中的期望并非预测的表现水准。这就是重要的差异所在。如果服务期望被定义为预测的表现水准，则服务品质（P－E）模式变成与消费者满意度模式中不一致的期望成分要素没有差异。所以，若回答者解读服务品质度量中的消费者期望度量为要求预测服务表现水准，那么产出的（P－E）分数将不是服务品质的度量，而只是不一致的期望度量。虽然，产出的（P－E）分数将是消费者满意度的预测变量，但是它们将不会是有效的服务品质度量。

2. 若期望等于理想特性的水准（ideal attribute levels）。PZB（1988）强调期望度量是度量“应有的”表现水准，而不是一个预测的表现水准。如果回答者解读服务期望度量与理想特性的水准观念相关时，对“应有的”期望量表的响应则将认定服务特性的一个最适量，亦即回答者所要求的最高品质的上限。若消费者的认知表现（perceived performance）高过或低于理想的表现（ideal performance）时，皆被认为呈现出较差的服务品质，此因最高品质分数（quality score）发生在认知分数等于期望分数的时候。然而，（P－E）差异分数并不符合此种品质分数形态；差异分数正（反）向且绝对数值愈大者，被认为呈现出较佳（差）的服务品质。在此情况下，SERVQUAL 度量将产出无效的品质评价。

3. 若期望等于重要程度权重（importance weights）。如果回答者解读服务期望度量与特性重要程度观念相关时，则（P－E）差异分数将产出无效的品质度量。

但是，PZB（1993）反驳上述批评并指出对愿意改善服务品质的公司而言，关键指针是认知分数与期望分数间差异的幅度和方向，而不在于认知本身。

二、Carman 度量模式

Carman（1990）强调衡量顾客对于各项服务属性的重视程度也是很重要的，因此，对服务品质的衡量，除了顾客对服务品质的期望（E）与对服务的认知（P）间的差距外，应考虑顾客对服务的重视程度（I），也就是整体服务品质的衡量公式应该为 $Q = I(P - E)$。此模式提供了一张清楚的优先级表，以确保服务供应者首先聚焦在最重要的事务上。若遵循此程序，公司可清楚了解顾客的期望、公司表现的如何和顾客最重视的服务层面是什么。但是 Mazis、Ahtola 和 Klippel（1975）指出，加入重视程度权重并不会提升态度模式的预测能力，另外，Cronin 和 Taylor（1992）亦指出重视程度权重，并不会提升 SERVQUAL 或 SERVPERF 模式的预测能力。

三、SERVPERF 度量模式

Cronin 和 Taylor（1992）提出 SERVPERF(Q = P)，认为不需要衡量期望品质，只要以简单的认知品质来作为服务品质的衡量即可，且认为 SERVPERF 比 SERVQUAL 具有较佳的预测能力、符合效度（convergent validity）与辨认效度。此论点受到相关研究结果的支持（Babakus and Boller，1992；Babakus and Mangold，1992；Boulding、Kalra、Staelin and Zeithaml，1993）。他们亦在 1994 年指出，以认知品质为基础的方法，在横截面研究（cross-sectional studies）中更能反映长期服务品质的态度，并进一步指出不一致及消费者满意度评断都是程序概念（process constructs），皆依赖历经服务接触的消费者，然而，品质认知（performance perceptions）并不受制于消费者的实际经验。

四、直接比较操作法（direct comparison operationalizations）

而 Brown、Churchill 和 Peter（1993）指出利用认知品质减去期望品质所产生的一个新变量—差异分数（difference score = P – E），具有四个潜在的问题，虽然所有的问题不一定会出现在每一个案例中。

（一）信度问题

（1）差异分数经常比它们的成分变量（component variables）较不可靠，其原因可从差异分数信度（r_d）公式得知。

$$r_d = \frac{\sigma_1^2 r_{11} + \sigma_2^2 r_{22} - 2r_{12}\sigma_1\sigma_2}{\sigma_1^2 + \sigma_2^2 - 2r_{12}\sigma_1\sigma_2}$$

r_{11} 及 r_{22} 是第一及第二成分变量的信度（reliability），σ_1 及 σ_2 是第一及第二成分变量的变异数（variance），以及 r_{12} 是两个成分变数的相关系数（correlation）。所以，差异分数信度视两个成分变数的相关系数及信度而定。当两个成分变量或其中之一的信度变小，则差异分数信度也变小。另外，当两个成分变量的相关系数变小时，则差异分数信度也变小。假设两个成分变量的变异数相等，如图 5-1 所示，证明了成分变量的信度及相关系数对差异分数信度的影响。举例来说，当两个成分变量的信度平均值为 0.7 及相关系数为 0.4 时，差异分数信度只有 0.5。由此可知，虽然两个成分变量的信度平均值为 0.7 是可接受的，但是两个成分变量的相关系数（0.4）却将差异分数信度（0.5）降低至大多数研究者所不能接受的水准。

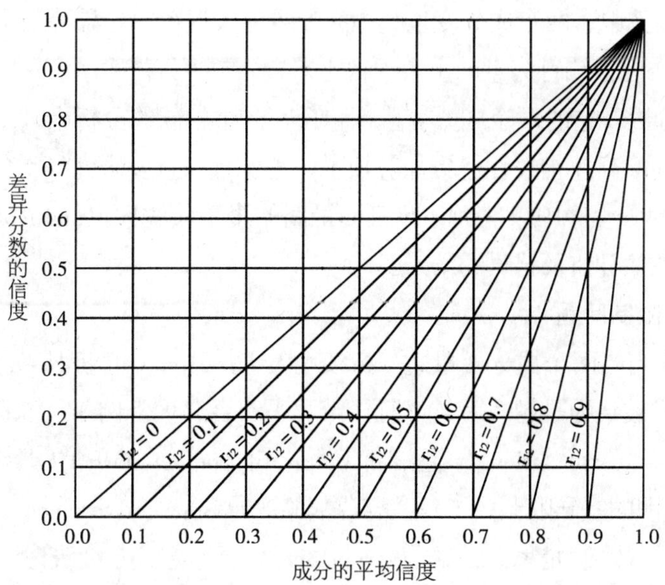

图 5-1　差异分数的信度是成分的信度和成分间相关性的一个函数

资料来源：Peter、ChurChill & Brown（1993）。

（2）无差异分数的两个成分变量常被期望为正相关（positively correlated）。在许多案例中，两个成分变量都是在相同的度量尺度下由同一位回答者所提供的。两个成分变量度量的唯一差异是回答者对不同问题，如"应提供的服务水准"和"实际提供的服务水准"所持的观点。然而，两个成分变量的正相关值却不低。即使两个成分变量来自不同的回答者，它们也可能是相互关联的，因为还是使用相同的度量尺度。

（3）较低的差异分数信度降低了它与其他变量的相关性。此点可由许多服务品质相关研究的结果得知。

（二）辨认效度问题

（1）辨认效度（discriminant validity）是指理论上不同概念（construct）的度量，不会过高相关的程度；若无辨认效度的证据，该度量不能证明概念效度的存在。同时，较低的差异分数信度，降低了它与其他概念变量的相关性，可能创造出符合辨认效度的假象。

（2）差异分数至少与它的两个成分变数中的一个高度相关。如果差异分数不能与它的两个成分变数有所区别，则不能证明辨认效度的存在。如此，很难证明差异分数是度量与其成分变量不同的变量。

（三）假相关问题

（1）因为差异分数不独特于它的两个成分变量，所以差异分数与其他变量间的关系可能是假相关（spurious correlations）的。差异分数与其他变量间的关系，是其他变量与差异分数的两个成分变量两者或其中之一的一种人工制品（artifact）关系。事实上，两个变数的差异，并不能提供额外的信息来预测或解释两个成分变量本身之外的评断标准。

（2）在一些案例中，两个成分变量其中之一可能表现得比差异分数更好，例如差异分数的认知成分（p）在预测行为意向上表现得比差异分数更好。

（3）当差异分数及它的两个成分变量都包含在一个相同的分析中时，差异分数与它的两个成分变量之间的高度相关变得更加麻烦了。消费者满意度研究经常包含此三变量，且作为独立变量于回归程序中。然而，此三变量间的多重共线性（multicollinearity）能产出不稳定的回归系数估计值及错误的结果。

（四）变异数限制问题

（1）这问题来自当两个成分变量之一持续地大于另外一个的情况。这个现象在当两个成分变量其中之一被认为是越多就越好时，就几乎都会发生。例如，消费者对"应提供的服务水准"的期望（expectation），通常高于所认知（perception）的"实际提供的服务水准"。这种特定范围的差异限制，导致差异分数的变异数限制（variance restriction）。

（2）这个变异数限制是系统性的（systematic）。当差异分数变高时，差异分数的变异数也变大了。这状况会在许多统计分析中造成问题。例如，在最小平方回归分析（ordinary least squares regression）中，依赖变量的固定变异数是假设条件。当变异数不是固定的时候，估计式（the estimators）不再具有最小变异数。这状况一般与依赖变量的非常态性（non-normality）有关。这些状况能导致回归系数统计显著性上的错误结论。

Brown、Churchill 和 Peter（1993）进而提出直接比较操作模式，即于量表上直接评量顾客对认知与期望品质两者的差距，如①比预期的好很多、②比预期的稍好、③品质差不多、④比预期的稍差、⑤比预期的差很多。直接比较操作方法不会破坏实质理论（subustantive theory）中的一个概念，被认为是其他两个概念差异的说法。此方法要求回答者在心里考量"期望"与"认知"的差异，而非研究者计算两者间的算数差异。事实上，直接比较操作方法的优点是允许消费者随其所欲地混合他们的想法，而非用一种武断的混合方法强加于消费者之上。

五、重要—表现程度分析法

（一）方法概述

重要—表现程度分析法（importance-performance analysis，IPA）是由一种借由"重要"——对消费者的重要性和"表现"——消费者认为表现情形的测度，将特定服务产品的相关性优先排序的技术（Sampson & Showalter，1999）。此法包含双重机制，分析的结果可以让经营者知道使用者或消费者的要求以及本身服务品质的现况评价，作为日后继续发展或中断的参考，对于经营者来说是一项非常有用的信息（江宜珍，2001）。

IPA 起源于 1970 年的多元归因模式（multi-attribute models）（Raymond & Choj，2000），由 Martilla 和 James（1977）首先运用在消费者对汽车销售公司所提供的服务属性

等项目上，其在研究中提出 IPA 简单架构，并将重要性与表现情形的平均得分制图于一个二维矩阵中；在矩阵里轴的尺度和象限的位置可以任意制定，重点是矩阵中各不同点的相关位置，分析其重要性与表现情形之间的关联性，并提出发展管理策略与营销建议。

IPA 潜在的假定即是消费者对属性的满意程度，来自他对产品或服务的表现情形的期望与评价，故 IPA 是测量属性重要性及满意度的分析工具。IPA 可将分析结果呈现在四个象限之内，而产生在各象限内的主要属性，就是诠释消费者在作购买决策时的重要性与满意程度特性，可依照属性分布情况进一步提出实用的建议。

IPA 的分析方法一般分为四个步骤（O'Sullivan，1991；引用自黄章展、李素馨、候锦雄，1999）。

（1）列出休闲活动或服务的各项属性，并发展成问卷的问项形式。

（2）请使用者针对这些属性分别在“重要度”与“表现度”两方面评定等级。前者是使用者对产品或服务等属性的偏好、重视程度；后者是该项产品或服务的提供者在这些方面的表现情形。

（3）以重要度为纵轴，表现程度为横轴，并以各属性的评定等级为坐标，将各项属性标示在二维空间中。

（4）以等级中点为分隔点，将空间分为四个象限。

在 O'Sullivan（1991）的 IPA 坐标图中是以等级中点作为交叉点（cross-hair point），但 Hollenhorst 等（1992）认为要以重要（I）—表现（P）程度各自的总平均值（overall mean）为交叉点，比使用等级中点（middle point）的模式更具有判断力。

Marr（1986）将其应用在顾客导向的品质衡量上，将服务业者从顾客身上所获得的各服务因素（或属性）的重视程度与执行绩效的数值，绘制成“重视程度—绩效水准坐标图”，以作为服务业改善服务品质的应用。目前重视—表现程度分析法已被公认为测量休闲活动及服务的理想工具。Marr 指出 IPA 依重要性与满意度等两向度分成四个象限，如图 5-2 所示（陈进丁，2003），说明如下。

象限一：是指顾客非常重视的服务属性，且服务业者目前的服务绩效亦表现极佳，服务业者应继续加以维持（keep up the good work）。

象限二：是指顾客非常重视的服务属性，但服务业者目前的服务绩效并未达到顾客的期望服务水准，服务业者应全力改善这些服务属性（concentrate here）。

象限三：是指顾客不重视的服务属性，且服务业者服务绩效也不佳，服务业者可以将这些服务属性暂时不予改善（low priority）。

象限四：是指顾客不重视的服务属性，但服务业者却拥有极佳的服务绩效。绩效极佳者，应维持现状，而绩效不佳者，可暂时不予改善（possible overkill）。

IPA 有三项假设（Sampson & Showalter，1999）：

（1）重要性和表现性有相关。

（2）一般而言，所知觉的重要性与所知觉的表现情形是相反关系；也就是当表现情形已经足够时，其重要性便降低。在马斯洛的需求理论中也指出当需求被满足时，就不再成为动机之一。

（3）重要性是表现情形的导因函数，也就是说表现程度的改变会导致重要性的改变。

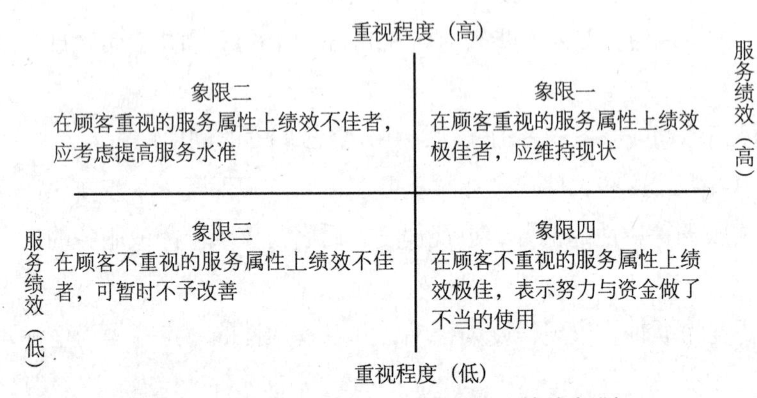

图 5-2　服务属性评估（重视程度—绩效水准）

资料来源：Marr（1986）。

主要的限制在于调查工具本身。李克特尺度（Likert scale）并没有能力区分重要程度和表现程度之间微妙的差异。IPA 法也未考量重要程度和表现程度与服务成本之间可能存在的任何关系。另外，聚集所有顾客来产出与单一属性或整体服务有关的期望和表现的度量，也是问题。尤其有可能的是，认为某一属性重要的顾客也认识到该属性供应不佳，而认为某一属性不重要的顾客也可能认知该属性供应不错。比较重要程度和表现程度两者的整体平均值可能相近，但仍可能是品质上的不相称。

（二）相关实证研究

IPA 潜在的假定即是消费者对属性的满意程度，来自他对产品或服务的表现情形的期望与评价。在众多研究的应用之后，IPA 已经成为广泛使用于不同企业中品牌、产品、服务和建立销售点的优劣势修正分析的普遍管理工具（Chap-man，1993；Cheron、McTavish & Perrien，1989）。例如，医院的服务品质（Hammasi、Strong & Taylor，1994）；形成与评估旅游政策（Evans & Chon，1989）；餐厅与饭店的选址（Keyt、Yavas & Riecken，1994；Hsu、Byun & Yang，1997；Choi，1999）；作为竞争分析以确认游客对饭店业者的认知（Lewis，1985）；测量游客对饭店的满意度（Lewis & Chambers，1989）。

运用在营销领域中的重要—表现程度分析法，因其快速、容易使用且能直接提供经营者有用信息的特性，因此被认为是测量休闲活动及服务的理想工具（Hollenhorst、Olson &

Fortney，1992），并已被应用在公园小屋（Hollenhorst、Olson & Fortney，1992）；游客中心（Mengak、Dottavio & O'Leary，1986）；年长者公园游憩节目评估（Siegenthaler，1994）；动物园游客体验评估（Wagner，1989）等研究中。

在国内学者应用 IPA 方面，有林子琴（1997）探讨台湾旅客对邮轮产品的认知与满意度间的关联；朱昌彦（1997）利用 IPA 分析北高航空市场的营销契机，并提拟各趋力层面的建议策略；吴正雄（1997）探讨国际来华旅客对于中华餐饮消费的重视属性与体验结果；江盈如（1998）探讨健康俱乐部顾客满意度以及满意度层面重视度的情形；黄章展、李素馨、侯锦雄（1999）应用 IPA 探讨青少年观光游憩活动的需求特性；余幸娟（2000）应用 IPA 探讨宗教观光客的旅游动机、期望与其满意度的差异；王淮真（2001）以 IPA 分析台湾历史博物馆中何种解说服务是游客重视而急需改进的部分。

（三）IPA 与 SWOT 分析间的关系

SWOT 分析是企业经营领域中，常运用于策略管理、优劣势分析的有效工具；Rao（2000）认为四个象限（strength、weakness、opportunity、threat）的分析图近似于 IPA。学者 Alasaarela（2002）提出 CREST-analysis 是将 SWOT 中的 S-W（strength-weakness）分析和 IPA 图结合，构成一个方便有效的评估与发展工具。此结合方式也被应用在电子商务的策略分析上。黄宗成等（2000）的研究中，提出以 IPA 为分析主轴，并参考 SWOT 分析方式，把第一象限表示重视程度与表现程度皆高，落在此象限的属性为“继续保持”，视为机会（opportunity）；第二象限表示重视程度高而表现程度皆低，落在此象限的属性为“加强改善重点”，视为威胁（threat）；第三象限表示重视程度与表现程度皆低，落在此象限的属性“优先级较低”，视为劣势（weakness）；第四象限表示重视程度低而表现程度皆高，落在此象限的属性“供给过度”，视为优势（strength）。探讨休闲农场游客的游憩体验，如图 5-3 所示。吴忠宏与黄宗成（2001）应用此方式探讨游客行前期望与实际体验满意度的差异，以了解玉山国家公园的服务品质；谢秉育（2001）的研究中也以相同方式探讨玉山国家公园志工的工作满足。

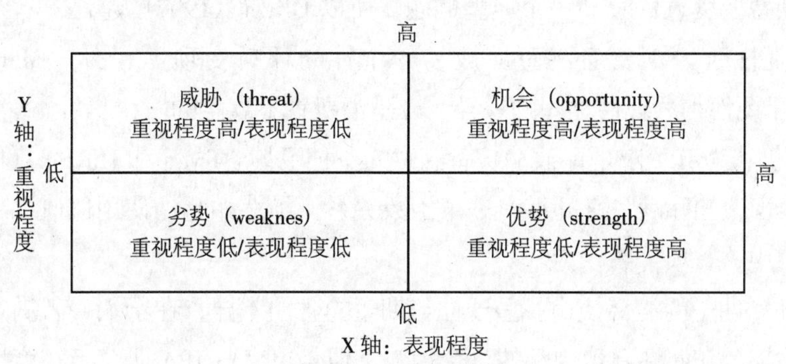

图 5-3　SWOT 分析

资料来源：许秋玉（2006）。

（四）IPA法的争议论点

然而，IPA法的效度和信度却受到质疑，共有十个议题如下（Oh，2001）。

1. 缺乏一个对重要程度观念的清楚定义。IPA文献并未提供属性重要程度的明确定义。观光领域中大部分的IPA研究，倾向于操作重要性尽如同一个属性的显著程度。Jaccard、Brinberg和Ackerman（1986）认为至少有另外五种与不同度量方法有关的重要性的定义：

（1）重要性可得自以记忆为基础的自由诱导（free elicitation）。购买决定的重要属性被认为是显著的和提供了一个已有的记忆通道。

（2）自目标导向的搜寻属性所反映的重要性，是消费者在作一购买决定时，主动在标的产品中寻找的。

（3）效用类型的重要性，可自联合度量（conjoint measures）来获得。

（4）消费者在作一购买决定时，愿意考量某一特定属性特质的主观条件式概率（subjective conditional probability）亦是重要性的另一种操作。

（5）佘史东式（Thurstonian）的重要性度量，得自相对属性重要性的配对比较，也在态度研究中受到重视。

但是，Jaccard等（1986）通过验证性因素分析，指出这五种重要性的定义并不是单一层面的，意即依据概念形成（conceptualization）的类型重要性观念的不同会给予IPA使用者不同的含义。这意味着重要性观念的多元层面本质，如果在未适当控制之下，可能削弱重要性度量的效度和信度，尤其是在现地调查的环境之中。

2. 对IPA整体架构而言，缺少一个明确的评断变项（a criterion variable）。缺少一个可与属性重要性相连接的明确评断观念是本议题的重点。Oliver（1997）提出了一个问题："对什么是重要的?"（Important for what?）。虽然研究者能收集到产品购买的重要性资料，但是，当研究目标是要了解购买决策过程时，产品选择中的重要性是一个并不恰当的前提。这是因为理论上相关联的变项（如重要性和表现性），决定一个共同的评断变项或目标观念（如消费者满意）时的一个典型问题。所以Oliver（1997）建议，当要度量属性的重要性和表现性时，消费者满意应成为一个标的评断变项。另外，Martilla和James（1977）建议重要性与表现性之间的差异，应是消费者不满意的一个指针，然而，Guadagnolo（1985）仍认为IPA应是评估消费者满意的一种工具。Ryan和Huyton（1986）也推论出重要性与表现认知和满意之间存有一个函数关系。虽然如此，使用任何评断变项并不是以前IPA研究中的一项传统作为。

3. 重要性和期望的混合使用。重要性与期望的微弱差异，在于消费者满意是与特定重要属性相关的期望和属性表现判断的一个函数。但是，有些IPA研究者在度量和解释重要性时，常交换使用重要性和期望。这两个观念的混合使用，看起来是缘自IPA与其他常用的消费者研究模式，如期望—价值理论（expectancy-value theory）和 SERVQUAL 间的相似性。SERVQUAL 模式操作服务品质如同是一个期望和表现的函数。在期望—不一致理论（expectancy-disconfirmation theory）中，消费者满意模式为一个期望的和体验的表现间差异的函数。但是，如同重要性的争议一般，期望观念常被严重地批评其意义含糊和多元层面的定义。有证据支持重要性和期望两者在观念上的差异，举例来说，Ryan（1999）认为重要性是"一种欲求的结果"（a desired outcome），而期望是"消费者对服务品质认知中一种容忍的结果"（a tolerated outcome）。

4. 缺乏对绝对及相对重要性的研究。绝对及相对重要性的预测效度（predictive validity）在 IPA 研究中未受到充分的考量。在传统的 IPA 研究中，当受访者作重要性评分时，被指导一次考量一个属性。不幸的是，此方法可能膨胀大部分属性的重要性，且会回头限制了重要性分数的变异性。这种"天花板效应"（ceiling effect）非常可能是因为研究者倾向使用一套选取过的属性来度量重要性。这种问题经常在 IPA 研究中发生。再者，值得怀疑的是，这种绝对重要性在发展一个公司的行动计划具有多大的意义，因为绝对重要性无法反映竞争的商业环境。显然地，消费者对某一产品或品牌偏好的形成，是不仅基于产品属性间的取舍或比较，也依据竞争品牌在相同产品属性上的比较。因此，即使度量会是一种挑战，一个属性的市场导向的相对重要性，可能会比属性的绝对重要性更有效。Neslin（1981）指出由统计获得的相对重要性比自评的绝对重要性具有更佳的预测效度。

5. 重要性和表现之间的关系及属性之间关系的含义。许多 IPA 研究没有考量重要性和表现之间的潜在关系。虽然建构 IPA 方格的方法本身已加了统计关系［至少是相关性（correlation）］于这两个观念之上，但是只有一些 IPA 研究试图检验这潜在关系的含义。Martilla 和 James（1977）指出重要性与期望有密切的关系，并且是表现认知的前因。此外，多位学者指出重要性可被用作表现的一个权重变项。这含义是，重要性可能对表现评分展现出一些加法上及/或互动上的（additive and or interactive）影响。换言之，可合理地说顾客对一个公司的属性表现的评估，受到顾客思考各属性对他有多重要的影响（Ryan & Huyton，1986）。重要性和表现认知之间的合理因果关系可在理论上加以证明。Oh 和 Parks（1997）指出重要性与表现是正相关；属性对顾客越重要，则越可能顾客给予该属性高的评价和更高的满意度；另外，他们的一项研究结果显示重要性与表现的相关性高达 49%。再者，Ryan 和 Huyton（1986）的一项研究结果显示重要性与满意度的相关系数（r）高达 0.78。这种关系也可由广义化理论（generalizability theory）来说明。此理论主张消费者倾向以他们对重要的产品/服务的评估结果来归纳他们的经验（如来自表现认知的感觉）。当此理论应用在重要性和表现的度量时，它暗示重要性和表现两者倾向产生正值或负值相关。既知重要性和表现两者之间存有一种因果关系，传统 IPA 方格可能提供严重的错误信息，依该关系的本质和强度而定。首先来讨论高度正值相关。在数学上，重要性和表现两者之间存有一高度正值相关，将造成各属性沿着图 5-4 中穿越象限 1 和象限 3 的实体线来分布；然而若存有一高度负相关，则将造成各属性沿着图 5-4 中穿越象限 2 和象限 4 的点状线来散布。这个现象表明了重要性和表现两者之间的高度正值相关，倾向产生较多的属性落在象限 1（维持现状）或象限 3（暂时不予改善）之中。相反地，重要性和表现两者之间的高度负值相关，倾向产生较多的属性落在象限 2（提高服务水准）或象限 4（努力与资金做了不当的使用）之中。此种属性的分散状态违反了分类（classification）原则。另外，当使用两者的尺度平均值，而不用实际平均值，作为象限的分隔线交叉点时，正值关系的属性分布形态更为明显。

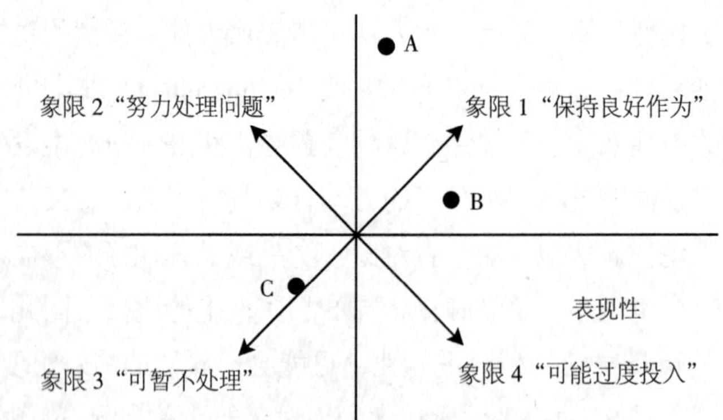

图 5-4 传统的重要性—表现性方格

资料来源：Oh（2001）。

所以，只要重要性和表现两者的评分共变异（covary），则传统 IPA 方格作为发展管理建议的一种依据就变得无效了。原因在于管理建议倾向，受到重要性和表现两者间的因果关系和两者的主要效应（main effects）的影响。除了重要性和表现两者的相关性之外，各属性的重要程度之间和表现程度之间的相关性，可能对属性在 IPA 方格中的分布形态有所影响。虽然大部分的 IPA 研究，在度量重要性和表现时，各属性是独立使用的，但某些属性总是倾向彼此相关。举例来说，一间豪华高级餐厅在礼貌殷勤上表现很好，以致可能造成顾客推断餐厅具有高度响应力，即使他们未直接体验到。这种属性间相关的形态可能造成两个相关的属性落在同一个象限之中。相同的顾虑也可应用在其他属性配对之上，以致逐渐损坏了 IPA 所产出的管理建议的效度。

6. 缺乏发展出一套可使用属性的指导原则。一个典型的 IPA 研究从相当多用来度量重要性和表现的属性开始。但是，大部分的研究者在前测阶段（pretest stage）开始减少属性的数目，为了要达成一个简约的（parsimonious）研究架构和将累赘（redundancy）减至最低，而在研究模式的完全性（exhaustiveness）与实际性（practicality）之间做取舍的决定。在此情况下，调查长度的限制和无能力适当地自全部消费者中抽样，尤其在调查构建

（survey construction）的前测阶段之时，有可能造成研究者忽略了某些关键要素而未列入属性名单之中。

7. 使用单向或双向度量尺度于重要性。重要性观念是单向的或双向的？许多研究者使用一种尺度从“不重要”到“非常重要”来单向度量重要性，而其他研究者使用双向的尺度来度量重要性，从“非常不重要”到“非常重要”。但是，却少见其在心理计量上（psychometric）的原因说明。假设重要性观念，反映了属性特质的“好”或“坏”的程度而非其评估，则单向尺度比双向尺度看起来有道理。然而，当度量相对重要性时，文词修饰过的双向尺度就可能很有用。

8. 使用实际平均值或尺度平均值于构建 IPA 方格之中。IPA 方格之中的垂直和平行线交叉点的位置在 IPA 研究中并不一致。使用重要性和表现的尺度平均值或实际度量的平均值，会造成研究结果和说明相当不同。这种相互冲突的研究结果暗示，当使用实际的平均值时有必要小心地解释研究结果，因为原来尺度的范围可能被切割划分了，而需要不同的解释。

9. 潜在的错误属性分类于 IPA 方格之中。传统 IPA 方格提供对产品表现有限的了解。虽然 IPA 方格区分所有 I-P 配对的属性到四个象限其中之一，但是此种分类可能产出严重的错误信息。再看图 5-4 中，假设的属性 A、B 和 C。依据 IPA 方法，属性 A 和 B 被分到第一象限，而属性 C 在第三象限。讽刺的是，属性 A 和 B 的心理计量距离（psychometric distance，如 euclidian）大于属性 B 和 C。所以非常可能常用的统计技术，如因素分析、多元尺度分析和集群分析，将会产出属性 B 和 C 更可能落在同一分类中而非属性 A 和 B。再者，从属性 A 和 B 萃取同样的营销建议，可能造成各属性特定信息的流失，所以可能并不是一个有效的信息解读。这个分类问题透露出 IPA 可能并非够高级来精确地代表数据结构。为了要将效果极大化，IPA 应对问题区域很敏感才是。

10. 与策略建议有关的一个哲学性的议题。IPA 的目标与今日市场中大多数公司的策略哲学并不一致。于今，公司致力于传递产品和服务，以及随附于产品的高度品质和顾客满意。依据消费者满意度理论，当公司表现得比顾客所期望的更好时，就达到了高度的品质和顾客满意。但是 IPA 视公司表现高于预期的结果，如同资源和努力的过度投入（overkill）。在旅游事业中，更佳的表现常常产出顾客满意而无须投入更多的资源。这是因为，大部分无形的服务属性，如殷勤和礼貌，来自员工的行为。再看图 5-4 中的属性 A，它具有高度重要性但公司的表现近乎中等的特性。然而，IPA 会告诉管理当局要“维持良好的工作绩效”而非“努力改善”。以策略而言，IPA 不能依顾客满意和市场维持（market retention）来有效地反映公司的表现。再者，从一个实际的观点来看，一家公司不容易总能表现的确实符合属性的重要程度，以避免可能的过度投入或减少属性对额外资源分配的需要。超越重要程度的表现是渴求的，尤其在竞争的观光市场中额外努力表现通常不需要相对的资源投入。

Hudson、Hudson 和 Miller（2004）针对英国已从事冬季度假旅行的消费者来比较 SERVQUAL、Carman、SERVPERF 和 IPA 四种服务品质度量模式。研究结果发现，虽然 13 个变项的排序在四种模式中各有所不同，但并不存有显著的统计差异。

第三节 观光服务品质的评估量表

观光服务品质的评估量表依不同观光行业而有所不同，评估量表可由管理人员依据服务流程及所选定的重要属性制作成评估量表。以下提供餐饮业、旅馆业、主题乐园、旅游网站、旅游产品、旅行业及航空业的服务品质的评估量表，作为读者参考。

一、餐饮业服务品质评估量表

Steven、Knutson 和 Patton（1995）提出专门衡量餐饮服务品质的评估量表，依照 “SERVQUAL” 的 5 个层面并归纳出 29 个顾客对餐厅的期望，说明如下：

一个干净舒适的用餐环境是顾客期望餐厅提供的服务品质（照片由联合报系提供）。

（1）可触知性。①具有良好的停车区及吸引人的外观；②有吸引人的用餐区；③员工穿着整齐；④装潢价值与餐厅形象能够搭配；⑤菜单清晰；⑥菜单的外表吸引人并符合餐厅形象；⑦有舒适开放的用餐区；⑧洗手间十分清洁；⑨用餐区十分清洁；⑩座位舒适。

（2）反应性。⑪忙碌时员工互相支持来保持服务品质；⑫提供迅速的服务；⑬尽量满足顾客的需求。

（3）确实性。⑭准时提供服务；⑮迅速地更正错误；⑯服务值得信赖；⑰提供正确的菜单；⑱菜的内容、口味符合要求。

（4）保证性。⑲员工能够解答顾客的问题；⑳能让顾客感到安心；㉑员工乐于介绍菜单；㉒使顾客感到安全；㉓员工都经过良好的训练并且经验丰富；㉔餐厅给员工足够的支援以利工作的完成。

（5）同理心。㉕员工不会仅遵守公司的规定而忽略个别顾客的需求；㉖使顾客感觉很特殊；㉗员工会预先考量顾客的需要；㉘在顾客不顺利时员工会表达出体谅的心；㉙以顾客的利益为依归。

二、航空业服务品质评估量表

Gilbert 和 Wong（2003）修正 SERVQUAL 的 5 个层面成为 7 个层面，其中将可触知性（tangibles）分成设施（facilities）、员工（employees）和航班形态（flight patterns）；将同理心（empathy）改为客制化（customerization），总共 25 个变项，说明如下：

（1）设施。①干净和舒适的装潢和座位；②飞机中的娱乐设施和节目；③等待休息室的可获得性；④飞机中的网际网络、电子邮件、电话设施。

（2）员工。⑤殷勤有礼的员工；⑥整洁干净的员工。

（3）航班形态。⑦方便的航班安排和次数；⑧直飞至许多地点；⑨全球策略伙伴的可获得性。

（4）反应性。⑩有效率的登记和行李处理服务；⑪员工总是愿意帮忙；⑫员工适当的服务。

（5）保证性。⑬安全；⑭员工的行为能给予信心；⑮员工具有能回答问题的知识。

（6）确实性。⑯准时起飞和抵达；⑰一致的空勤和地勤服务；⑱服务第一次就做对；⑲食物和饮料。

（7）客制化。⑳忠诚顾客计划（loyal customer program）的可获得性；㉑知道乘客的特定需要；㉒乘客的个别照顾；㉓常客计划（frequent flier program）的可获得性；㉔机票加饭店的套装商品的可获得性；㉕旅行相关伙伴，如旅馆、租车等的可获得性。

航空公司若能提升柜台服务效率，将有效提升顾客感知的服务品质。例如，照片的行动柜台服务可加速旅客办理划位、加挂行李卷标，以提高服务效率（照片由联合报系提供）。

三、主题游乐园服务品质评估量表

林苑池（2004）依 SERVQUAL 的 5 个层面概念，将主题游乐园的服务品质分成 5 层面 32 细项，说明如下：

（1）环境便利性。①停车空间的便利性；②游园车的便利性；③园区环境的安全性；④老弱妇孺与残障者使用的无障碍空间设施；⑤广播与音乐的播放清晰有效果；⑥室内空气品质的保持；⑦环境清洁卫生的维持；⑧休闲场所设施的提供；⑨景观设计符合主题诉求。

（2）人员表现性。⑩具服务热诚且亲切礼貌；⑪耐心且公正地为游客解决问题；⑫主动注意并关心游客的需求；⑬人员经验丰富、熟悉作业；⑭人员服装与各主题特色的结合；⑮人员确实执行游乐安全规定；⑯游乐园内随时联络的到服务人员。

（3）设施可靠性。⑰机械设备保持正常使用状态；⑱游乐设施的安全性；⑲动线指示标志清楚易懂；⑳主题游乐设施的定期更新与变化；㉑解说看板清楚易懂；㉒厕所使用的方便性。

（4）体贴关怀性。㉓商品贩售的多样化；㉔餐饮选择的多样化；㉕各项服务的等候时间；㉖票价的弹性及合理性；㉗游园行程与服务指南的提供。

（5）表演规划性。㉘节目开演的准确性；㉙表演节目内容与主题的结合性；㉚表演节目时段的适当性；㉛服务提供过程简单又有效率；㉜营业时间符合游客的需要。

四、旅游网站服务品质评估量表

何昶鸳（2002）依 SERVQUAL 的 5 个层面概念，将旅游网站的服务品质分成 7 层面 29 细项，说明如下：

（1）信息提供满足新奇/创造的需求。①信息提供满足网友对旅游景点的好奇心；②信息提供有助于创造新的旅游经验；③网站的资讯提供网友对度假方式的新奇点子；④信息提供有助于找寻新奇的旅游景点；⑤信息提供有助于网友设计理想的假期。

（2）网友提供信息与意见。⑥通过网友协助，设计出理想的旅游假期；⑦网友提供的旅游信息与经验有助于找寻符合财务预算和旅行时间限制的旅游行程；⑧通过网友协助，创造出新的旅游经验；⑨网友提供的旅游信息与经验能降低旅游成本支出；⑩通过网友协助，产生新的旅游方式。

（3）网站系统功能。⑪网站的选项功能稳定，系统鲜少发生错误；⑫网站联机快速；⑬网页设计风格和谐、整齐、简洁明了；⑭各项服务功能（如信息查询）易于操作，文字说明清楚易懂。

（4）订制化服务。⑮以电子邮件或寄发电子报方式提供网友最新信息；⑯提供网友线上咨询服务，询问旅游相关问题；⑰网友自行设定时间收取旅游信息；⑱提供网友个人化服务（如依个人需要设计旅游行程）。

（5）提供功能性信息。⑲旅游信息有助于降低意外事件的发生（如印度尼西亚排华暴乱、美国“9·11”事件）；⑳旅游信息有助于了解相关的旅游注意事项（如办理签证、景点开放时间）安全性联络顾客；㉑信息提供有助于了解旅游商品的价格。

（6）网站交易系统的安全性。㉒对于订单交易的更改、退换事项与时间限制具有明确的规定；㉓顾客线上付款时进行充分的确认（如顾客身份验证等）；㉔顾客易于在网站购买相关商品或取消订单；㉕对于线上资料有安全的保护措施；㉖顾客能自行追踪订单处理情形。

（7）服务人员处理订单。㉗服务人员能以电子邮件或电话联络顾客，告知攸关顾客权益事项；㉘服务人员能即时地解决顾客下单所遇到的障碍；㉙顾客下单后，服务人员能快速地处理。

五、国际观光旅馆服务品质评估量表

许惠美和陈思伦（2002）研究旅行社业者对国际观光旅馆服务品质的评价时，将国际观光旅游服务品质分成 11 层面 31 细项，说明如下：

（1）设备形象。①旅馆设备完善及新颖；②设备空间标识；③旅馆房间舒适度；④宴会厅规模多元及其利用性。

（2）环境形象。⑤旅馆外观、装潢；⑥旅馆地点位置。

（3）服务形象。⑦订房、订席管道多元化；⑧订房、订席服务实时性；⑨旅馆餐厅多元化；⑩顾客抱怨处理；⑪业务协调性；⑫收款方式合理性。

（4）专业形象。⑬员工仪容和整洁；⑭员工制服设计专业性；⑮员工亲和力；⑯员工专业性。

（5）价格形象。⑰房间售价合理；⑱餐饮售价合理。

（6）营销形象。⑲菜单设计精美程度；⑳促销活动多元化；㉑旅馆简介设计吸引性。

（7）信赖形象。㉒旅馆消防安全；㉓旅馆私密性；㉔劳资关系良好。

（8）品牌形象。㉕旅馆知名度。

（9）管理形象。㉖客房整洁；㉗馆内餐饮卫生；㉘点菜上菜速度。

（10）愿景形象。㉙连锁化经营管理。

（11）社会形象。㉚公益及环保活动；㉛社会名流偏好度。

六、团体全包式旅游产品服务品质评估量表

陈思伦和郑凯湘（2005）研究旅客对马尼拉团体全包式旅游产品服务品质的评价时，将团体全包式旅游产品服务品质分成 7 层面 35 细项，说明如下：

（1）餐饮。①马尼拉的一般餐饮提供是美味的；②马尼拉的特色餐饮/风味菜的提供是美味的；③马尼拉餐厅的餐饮是卫生。

（2）住宿。④饭店住宿设施的提供是完善的；⑤饭店住宿服务的提供是满意的；⑥饭店旅馆房间是舒适的；⑦旅馆环境是安全的。

（3）休闲娱乐。⑧黎萨公园很广大及庄严；⑨大雅台是很优美自然的火山湖；⑩百胜滩沿途的田野风光很美；⑪百胜滩独木舟是很浪漫与快乐；⑫圣地亚哥古堡的古迹是值得一看；⑬在大雅台骑马活动一定会很好玩；⑭在百胜滩坐独木舟的活动会很有乐趣；⑮夜间看当地的综合秀活动是很好休闲活动；⑯参观马尼拉赌场活动可以满足好奇之心；⑰感

受大雅台乡野怀旧的感觉是很好的；⑱游憩设施是安全的。

（4）购物。⑲马尼拉旅游区所卖的纪念品定价合理；⑳马尼拉旅游区的纪念品品质有保障。

（5）交通。㉑此次当地道路交通行驶是安全的；㉒驾驶开车是安全的；㉓安排搭乘的飞机到马尼拉舒适又安全；㉔在马尼拉所安排的游览车安全、整洁。

（6）导游领队服务。㉕领队接待服务的提供是周到的；㉖导游导览接待服务的提供是周到的；㉗当地导游可以将马尼拉的行程解说得很丰富。

（7）旅游环境。㉘当地政府很重视旅游安全；㉙当地通信设备便利；㉚当地居民对游客态度友善；㉛当地治安适合旅游；㉜感染疾病的可能性低；㉝当地公共卫生条件良好；㉞如果发生意外事故时很快就可以获得救援；㉟当地医疗机构完整。

七、旅行社服务品质评估量表

Lam 和 Zhang（1999）研究中国香港旅行社顾客对旅行社服务品质的评价时，将旅行社服务品质分成 5 层面 23 细项，说明如下：

（1）响应性和保证性。①愿意帮助；②适时的服务；③员工一致殷勤有礼；④从不因太忙碌而不响应；⑤了解顾客的需要；⑥灌输顾客信心。

（2）可靠性。⑦提供确实的服务；⑧解决顾客的问题；⑨完成已承诺的工作；⑩提供正确的服务；⑪告知何时进行服务。

（3）同理心。⑫方便的营运时间；⑬公司注重个人服务；⑭员工注重个人服务；⑮关注顾客的最佳利益。

（4）资源和公司形象。⑯适当的服务承载量；⑰充足的资源；⑱员工的产品知识；⑲投射形象的促销策略；⑳高品质服务形象的投射。

（5）可触知性。㉑具吸引力的办公室装潢；㉒先进的订位系统；㉓整洁干净的员工。

学习成果检验

1. 说明并举例比较各种不同的服务品质软性度量方法。
2. 举例说明某一观光行业的服务品质硬性度量方法。
3. 说明五种度量服务品质的模式，并比较相对的优缺点。
4. 选择某一观光旅游公司，并为其设计服务品质评估量表。

第六章 服务品质缺口与服务失误

学习目标

研读本章内容之后，学习者应能达成下列目标：

1. 了解服务品质五种缺口的来源及其重要影响因素。
2. 了解在不同观光行业中服务失误的分类。
3. 了解服务失误的收集和分析方法。
4. 了解顾客对服务失误的反应及其重要影响因素。
5. 了解顾客对服务失误的反应模式。
6. 了解服务失误信息与顾客抱怨信息的关系。

一套完整的员工训练应具备服务技能及专业态度的培养，方能减少工作人员的服务失误（照片由联合报系提供）。

本章导读

机层面临各种服务品质的缺口而影响其服务工作的效率和效果。这些服务品质缺口造成许多服务失误，所以首先，机构有必要收集和分析各类型的服务失误，并加以分类和找出主要的影响因素。可运用关键事件法来分析为什么顾客对服务过程会产生满意/不满意。其次，机构有必要了解顾客对服务失误的反应及其主要的影响因素。再次，利用顾客对服务失误的反应模式来了解顾客在遭遇服务失误后，为什么还持续与机构交易或为什么从此离去。最后，机构有必要了解服务失误信息与顾客抱怨信息之间的异同，两者是互补的而非互为替代的。

第一节　服务品质缺口

Parasuraman 等（1985）提出服务品质差距模式（the gap model of service quality），并指出在服务程序中可能有五种服务差距发生并且会干扰服务体验。这五种服务差距分别是服务定位、服务说明、服务传递、服务沟通和服务认知。

（1）服务定位差距（positioning gap）。来自机构对顾客期望的认知与顾客实际期望之间的差异。

（2）服务说明差距（specification gap）。来自机构对顾客期望的认知与实际服务说明之间的差异。

（3）服务传递差距（delivery gap）。来自服务说明与实际传递的服务之间的差异。

（4）服务沟通差距（communication gap）。来自实际传递的服务与对外部顾客的文宣之间的差异。

（5）服务认知差距（perception gap）。来自顾客对服务品质的事前期望与事后认知之间的差距。

服务品质差距理论认为服务认知差距在实际服务品质评估中是最重要的。Parasuraman 等建议认知与预期的服务品质差距可当成服务品质的定义，其主要理由如下：

（1）品质总是以相对于期望来衡量，所以可能有一个卓越的汉堡店以及一个卓越的五星级饭店。

（2）服务程序中顾客扮演一个关键角色，所以若没有顾客的认知就没有服务的产生。

（3）只有顾客认为服务是卓越的，卓越的服务才存在。

Brogowyicz 等（1990）综合了多位学者的理论与研究成果而提出了服务传递差距模式，如图 6-1 所示。在模式中，有九个主要的层面，其相互间的关系说明如下。

（1）公司的任务与目的（company mission and objectives）影响“公司对服务品质需要的认知”、“规划执行和控制”、“机构形象”和“促销文宣”。

（2）公司对服务品质需要的认知（perception of quality required）和规划执行及控制（planning implementation and control）共同影响“服务品质说明”。

（3）服务品质说明（service quality specification）影响“实际传递的服务品质”。

（4）公司形象（company image）影响“促销文宣”和“顾客期望的服务品质”。

（5）促销文宣（promotional materials）影响“顾客期望的服务品质”和“实际传递的服务品质”。

（6）顾客期望的服务品质（expected service quality）影响“顾客认知的服务品质”。

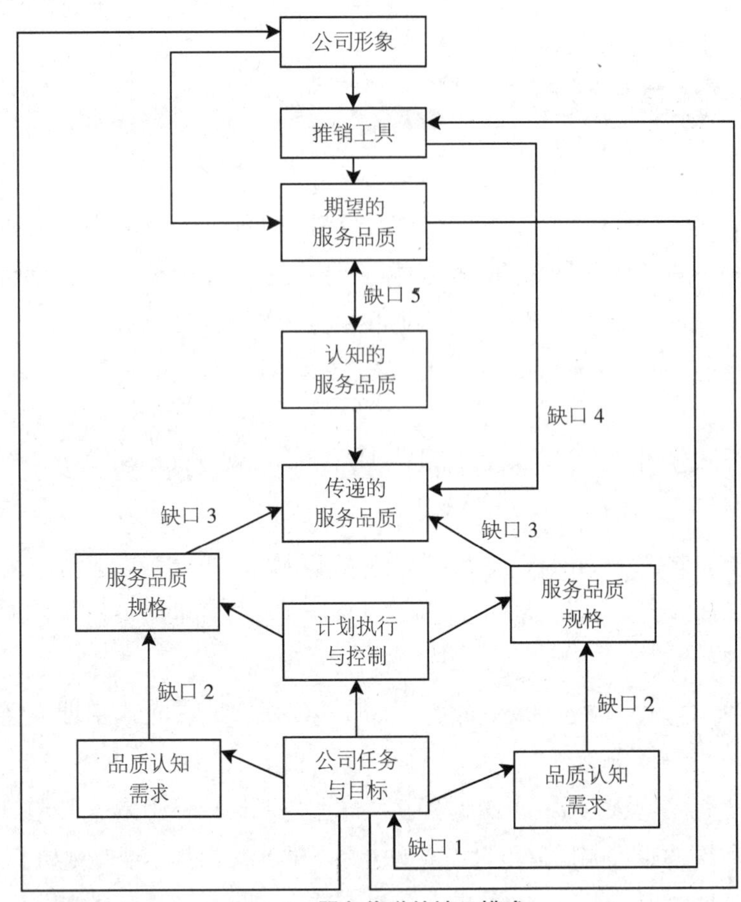

图 6-1 服务传递的缺口模式

资料来源：修正于 Brogowyicz et al.（1990）。

商品广告及促销文宣影响顾客期望的品质，最终将影响顾客认知的服务品质及实际传递的服务品质间的差异（照片由联合报系提供）。

（7）顾客认知的服务品质（perceived service quality）影响“实际传递的服务品质”。

蔡桂妙（2001）在“旅行业及航空业对航空公司服务品质认知之比较分析”中，探讨航空公司的五大服务品质缺口。该研究以旅行业人员、航空公司管理者、航空公司员工三者，对服务品质重要性与满意度认知分数，分别代表旅行业界期望的服务水准、旅行业界实际感受的服务水准、航空公司管理者认知的旅行业界期望的服务水准、航空公司管理制定的服务水准、航空公司员工认知的旅行业界期望的服务水准、航空公司员工认知的实际传递的服务水准。研究结果显示：

缺口 1：旅行业界与航空公司管理者的服务品质认知差距。二者对“配合度因素”的重要性认知存在差异，且航空公司管理者对此类型属性的重视程度较低。

缺口 2：航空公司管理者对所属公司的服务品质评价。航空公司管理者认为所属公司在“反应力因素”方面的服务品质有待显著加强。

缺口 3：航空公司管理者与航空公司员工的服务品质认知差距。二者对“竞争力因素”的满意程度认知存在差异，且航空公司管理者对此类型属性的满意程度较高。

缺口 4：旅行业界与航空公司员工的服务品质认知差距。二者对“效率性因素”、“配合度因素”、“有形性因素”、“竞争力因素”、“可及性因素”、“反应力因素”的满意程度认知存在差异，且旅行业界的满意程度皆较航空公司员工为低。

缺口 5：旅行业界与航空公司的服务品质评价。旅行业界对航空公司的服务品质评价显著的低，对所有七类型航空公司服务品质因素的满意程度皆显著低于重视程度，显著差异程度由高而低，依序是“反应力因素”、“配合度因素”、“效率性因素”、“竞争力因素”、“有形性因素”、“可及性因素”及“推广力因素”。

Zeitham1 等（1988）指出影响各缺口的主要影响因素，说明如图 6–2 所示。

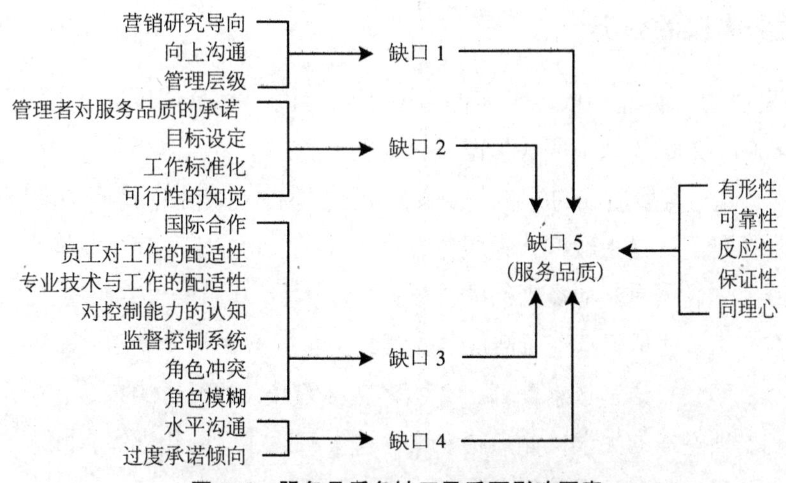

图 6–2　服务品质各缺口及重要影响因素

资料来源：Zeithaml V.A.，L.L. Berry，and A. Parasuraman（1988）。

第二节　服务失误

服务失误（service failure）是指消费者在服务传递的过程中与人员、实体环境设施以及其他有形无形的因素等产生互动时，一旦发生错误而让顾客产生不愉快时的现象（Bitner 等，1990）。服务失误在高度人员接触的服务业中，几乎是无法避免的；无论操作程序及员工训练有多严谨或科技多进步，零缺点是不可能达到的目标。当由广告、先前消费经验、个人需要及服务提供者的形象所形成的消费者期望未能被满足时，服务失误就发生了。

但是，某个事件是否被顾客视为服务失误，则因人而异。顾客可能认为某个事件是服务失误，即使服务程序是完全依照服务蓝图（service blueprint）所规定的；相反地，偏离服务蓝图的某次服务程序也不见得会被顾客认为是服务失误（Michel，2001）。这种认知上的差异可能来自吸引了不对的顾客、设计不当的服务蓝图或因文化差异（Coverly、Holme、Keller、Thompson & Toyoki，2002）。

顾客对服务失误的反应是与顾客对服务的程序及互动公平性（procedural and interactional fairness）的认知有关（Goodwin and Ross，1992）。顾客询问下列三个问题以评估服务失误（Folkes，1984）：

（1）谁为这次服务失误负责？

（2）该负责的人是否有能力控制该事件的发生？

（3）这服务失误是否还会再次发生？

一、服务失误的分类

在服务失误的分类上，依各学者而有所不同。Bitner、Booms 和 Tetreault（1990）及 Enew 和 Schoefer（2003）认为服务失误可分为三大类：

（1）服务传递过程所造成的失误。①服务无法提供，是指未能得到平常可获得的服务；②不合理的服务延迟，是指顾客认为服务或服务人员在功能上或动作上异常缓慢；③其他核心服务失误，包含所有其他类别的核心服务失误。

（2）顾客与第一线员工互动所造成的失误，来自服务人员未能回应①顾客提出额外的要求，如医疗、节食、语言、素食等；②顾客自身偏好，如餐厅的装潢、色彩、菜单设计等；③顾客自身所造成的失误，如点错餐饮、遗失机票或房间钥匙等；④顾客间的相互干扰或冲突，如吵架、打架、在禁烟区吸烟、大声喧哗吵闹等。

（3）机构第一线员工作出非顾客所预期的行为而造成的失误，来自①负面的关注程度，如对顾客态度不良、不关心或疏忽顾客等；②员工行为异常，如行为粗鲁、虐待或不适宜的肢体接触；③违反文化规范，如歧视、说谎、欺骗、偷窃及其他对顾客不公平的行为；④非常状况，如火灾发生时，服务人员未协助顾客逃生，却自己先逃走。

Keaveney（1995）将服务失误分成两类：

（1）核心服务失误（core service failures）。这包括所有与服务本身有关的失误或其他技术问题的错误，又可分成三小类：①错误，如服务人员送错餐饮给顾客；②收费误差（bill errors）；③服务灾难（service catastrophes）缺失，即该服务造成顾客个人、家庭或财产的损失，均为服务主要部分的缺失。

（2）服务接触失误（service encounter failures）。其主要指顾客与服务人员间的互动所发生的缺失，又可分成①不关心（uncaring）；②不礼貌（impolite）；③未及时反应（unresponsiveness），如服务人员对于顾客所提出的特殊要求置之不理；④不专业（un-knowledgeable）。

Reason（1990）将服务失误分成主显性失误形态和潜在性失误形态两种类型，并定义主显性失误形态为“其影响几乎立即被感受到的失误”，而潜在性失误形态为“其负面结果可能长期隐伏在服务系统内，当与其他因素相结合时，才会变得明显而击破服务系统的防护”。了解这两种失误形态间的关系，则有助于降低人为失误。此外还有些学者将服务失误简单分成结果（outcome）与过程（process）两类。前者代表顾客实际从服务中得到的，在这种缺失中，顾客并未完全得到其所应得的服务；后者代表顾客是如何接受服务，所得到的服务态度是什么？在这种缺失中，顾客对于服务过程有不舒服的感觉。Kelley 和 Davis（1994）认为服务失误应从时间、严重性、频率三个层面来加以探讨，而服务失误的发生可能在服务接触中的任何一个接触点。因此，有服务接触就有可能产生服务失误。另外，Goodwin 和 Ross（1992）认为服务的产生及消费是同时发生的。服务传递时，与服务人员不可分离。在服务传递时的任何一个服务接触，若产生服务失误，其严重程度可从微小至极大，都有可能会使顾客产生负面反应而有抱怨行为发生。

林玥秀等（2003）以关键事件技术法（critical incident technique，CIT）为主要研究方法，并以文化、东海、高雄餐旅及东华四所大学院校学生为研究对象，来探讨台湾餐厅的服务失误和补救类型，将服务失误分成 3 大类 22 细项，说明如下：

（1）传递系统失误。包含餐厅提供顾客的核心服务、作业流程及各项政策规定等因素发生缺失时，被顾客主观认定会影响其用餐的失误。共可分为 15 个细项：①订位失误、②服务前准备工作和接待点餐缺失、③送错餐食、④部分餐食遗漏、⑤餐食饮料完全未得到、⑥餐食售完或完全无法提供、⑦送餐速度不当、⑧餐食卫生缺失、⑨餐饮品质缺失、⑩餐中服务缺失、⑪餐具问题、⑫环境问题、⑬设备缺失、⑭政策认知差异、⑮账单失误。

（2）针对顾客特殊需求与偏好部分。指的是在正常服务传递过程之外，当服务人员无法满足顾客所提出的特别要求或个人偏好时，顾客产生不愉快的感觉。共可分为 3 个细项：⑯座位调整或更换失误、⑰更换菜色或餐食失误、⑱其他客人干扰问题。

（3）员工自发及自主性的行为部分。指的是员工的个人专业知识或卫生习惯、服务态度、服务技术及敬业精神等方面的缺失，影响顾客对于整体餐饮服务的观感，或是妨碍到餐饮服务传递的程序，使得顾客产生不愉快的感觉。共可分为 4 个细项：⑲专业知识与卫生习惯欠佳、⑳服务态度不佳、㉑专业技术欠佳、㉒欺骗客人。

研究结果显示，服务传递系统失误及员工自发及自主性的行为部分，各占全部受访者

85.3%及 12.4%；而在细项的服务失误方面则以送餐速度不当、餐食品质缺失及送餐错误 3 项在次数频率上较为显著。该项服务失误对顾客影响的严重程度则以欺骗客人、订位失误、政策认知差异、环境问题、餐饮卫生缺失等 6 项失误的严重性较高。

陈安哲（2001）以关键事件分析法研究旅游代理业服务的人为失误与顾客服务，研究结果指出旅游代理业服务的人为失误案例，可分为主显性失误形态（active error pattern）和潜在性失误形态（latent error pattern）。主显性失误形态包含信息失误和处理失误两类。信息失误包含提供错误信息、误解信息和未考虑重要的信息。处理失误包含处理失败、忘记处理、处理不正确和未及时处理。潜在性失误形态包含拙劣的沟通作为、不适当的技术层面、拙劣的品质操作及其他四类。拙劣的沟通作为包含不适当的沟通内容（如只在获取计算机搜寻所需的资料，而不主动了解顾客的需要）和拙劣的处理透明度（如顾客未被充分地告知服务程序的进行方式及所需配合的事项，以致顾客误解或未充分了解）。不适当的技术层面包含不适当的和有限的资源、不适当的沟通媒介（如电话沟通不清楚）和不适当的技术接口（如计算机查询功能不良及信息内容不足）。拙劣的品质操作包含拙劣的程序认知、监控和拙劣的确认。

研究结果显示主显性失误主要来自信息失误（60%），次之为处理失误（40%）。信息失误中以提供错误信息为主，而处理失误中以忘记处理为主。潜在性失误主要来自拙劣的品质操作（41%），次之为不适当的沟通内容（27%）和不适当的技术层面（24%）。拙劣的品质操作中以拙劣的程序认知及监控为主，拙劣的沟通作为中以拙劣的沟通内容为主。不适当的技术层面中以不适当的沟通媒介为主。在主显性失误和潜在性失误的关系上，信息失误受拙劣的沟通作为、不适当的技术层面和拙劣的品质操作等的影响，而处理失误主要受拙劣的品质操作的影响。郑绍成、黄荣吉、陈钲达（2002）研究台湾地区旅游业和航空业的服务疏失类型与服务补救满意因素。在旅游业方面，服务失误主要来自：①购买系统中的资料给予与联络；②核心服务传递系统的领队专业能力不足及行程不符；③员工个人行为的强索服务费及服务态度欠佳。在航空业方面，服务失误主要来自：①购买系统中的订位处理失误；②核心服务传处系统的飞机误点及空服人员态度欠佳；③对顾客要求处理不妥；④欺骗和种族歧视。

另有学者指出国际观光旅馆处理服务失误的专业经理人所评估出来的服务失误的关键影响因素，可归纳为 6 大类及 16 细项，说明如下：

（1）服务传送系统失误。包含①服务政策失误、②服务缓慢或忘记提供服务、③员工知识或技能不足。

（2）商品品质或产品价值。包含④品质不佳或产品缺陷、⑤未感受到物超所值。

（3）实体环境设施。包含⑥设备设施故障、⑦设计不当、⑧设施不足。

（4）员工个人行为。包含⑨无敬业态度或态度傲慢、⑩员工制造的窘境、⑪非故意损坏顾客财产。

（5）顾客需求的员工反应。包含⑫未按顾客特殊需求安排、⑬员工负面响应。

（6）问题顾客行为。包含⑭花钱就是大爷心态、⑮拒绝合作、⑯借题发挥。

在6类服务失误中，以“顾客需求的员工反应”最常发生，其次为“员工个人行为”及“服务传送系统失误”，而以“问题顾客行为”为最不常发生。在16个服务失误细项中，以“未按顾客特殊需求安排”最常发生，其次分别为“员工负面响应”、“无敬业态度或态度傲慢”、“品质不佳或产品缺陷”、“员工制造的窘境”及“服务缓慢或忘记提供服务”，而以“借题发挥”为最不常发生。

二、服务失误的收集和分析方法

早期的服务业顾客满意研究，学者大多使用定量研究（quantitative research）的方法来进行分析，以找出影响顾客满意的相关因素。但是，Strauss 和 Hentschel（1992）认为使用定量研究的分析方法，只能了解“什么”（what）因素在影响顾客满意度，而无从了解这些因素是“如何”（how）影响顾客满意度。此外，以往有关服务绩效的研究多由服务品质层面加以探讨，但这些层面都太过抽象与主观（Bitner、Booms & Tetreault，1990；Garvin，1984），其采用的量表法常无法深入问题的底层，也较无法提出具体的建议以供参考。因此，近年来学者开始使用定性研究（qualititative research）的方法，从不同的角度对服务业顾客满意进行研究。Dickens（1987）指出定性研究的目的，并不是要提供有关顾客的数量性信息，而是要发掘顾客的情感与动机。它所提供的信息并不是客观的数字，而是主观的意见和印象，针对事实来分析和探讨“为什么”、“如何”的问题，其功能并非解答“多少”问题，而是为什么顾客对服务过程会产生满意/不满意，才是定性研究的重点所在。而关键事件法（critical incident technique，CIT）是定性研究方法的一种，并常运用于服务品质和绩效等方面的研究，于下说明。

（一）关键事件法的特性

关键事件是指顾客和服务供应者间的特殊互动，所造成的特别满意或特别不满意的事件（Bitner、Booms & Tetreault，1990）。因此，只有那些值得顾客记忆的特别满意或特别不满意的才称为关键事件；而不是所有的服务事件都加以分类。关键事件可能会激怒顾客或令其不悦，但当服务人员所给予的服务超出预期时，极可能令顾客感到满意，尤其在处境艰难时，超乎预期的服务所带来的满意度会更高（Edvardsson 等，1994）。

关键事件法属于定性研究方法，以设计过的调查步骤来收集人类行为的观察资料，并加以分类，以便能呈现出实际的问题（Flaganan，1954）。CIT 法的应用是多面性的，可适当地使用在任何有关分类的研究，如管理、人力资源管理、教育或旅游方面。CIT 法较适合用于与行为有关的事实陈述，而较不适用于以一般印象为基础的解释、评价与意见等之

特殊事件所造成的突发服务失误，若处理得当将为公司带来超乎预期的满意度。例如，照片中航空公司因台风无法正常起降，就应备有一套紧急处理措施，以补救其服务失误（照片由联合报系提供）。

上。同时，事实陈述应限于能对活动有重大贡献的行为上，这是取名关键事件法的原因之一。

CIT 法较量化研究方法，如 SERVQUAL，更适用于服务接触研究的原因，在于服务具有①服务是一种过程，是以一连串事件（episodes）的方式存在于人们的记忆之中，亦即以服务事件为基础（event based），而非量化般研究，以属性为基础（attribute based）；②服务接触过程中，消费者亦是参与者；因此，服务品质是其与服务人员互动的结果，而不只是客观地去评量属性后的结果（Stauss，1993）。此外，CIT 法可找出顾客流失、产生转移行为的原因，且被认为是最适合用来研究服务互动满意的方法。

关键事件法最早脱胎自美国空军于 1941 年成立的“飞行心理研究计划”（the aviation psychology program）的研究。该研究计划原是为了发展一套空军飞行员检选与分类的步骤，后来也用来解决战斗领导、迷航、与飞机配备操控使用与设计等问题（Flanagan，1954）。1949 年对通用汽车的工头所做的工作绩效访谈调查，是 CIT 法第一次被应用于产业之上，之后就陆续被应用于其他产业的各项活动之上。

CIT 法被应用于管理和营销领域始于 20 世纪 80 年代，Bitner、Booms 和 Tetreault（1990）则将此法应用于服务相关领域的研究，并认为 CIT 法属于“事后归纳”的分类方法。CIT 法是采用针对故事内容进行事后归纳的“内容分析法”，而不是数值求解。由于 CIT 法在分类上具有从事实归纳的特性，故常被用于分类上。CIT 法亦符合 Ericsson 和 Simon（1980）的准则——能提供有价值、有信度的认知过程信息。

（二）关键事件法的步骤与做法

CIT 法的五个步骤分别为①确定活动的目的、②制定收集关键事件的计划和说明、③收集资料、④分析资料、⑤解释资料并报告分析结果（Flanagan，1954）。此五个步骤后被 Bitner、Booms 和 Tetreault（1990）修正为四个步骤，并应用于研究服务失误分类与补偿策略。刘宗其等四位学者（2001）应用 CIT 法来收集餐厅用餐的顾客，曾遭遇令其满意或不满意的服务失误事件及店方所采行的补救措施，来分析国内餐厅所发生的服务失误类型及应对采行的补救措施，其所使用的 CIT 法的步骤与做法分述如下。

1. 资料搜集。采取“便利抽样”（convenience sampling）的方式访谈曾在餐厅用餐遭遇令其满意或不满意事件的顾客。在正式调查之前，先就 CIT 法的精神与方法及问卷内容对访谈员加以介绍并举例说明，并先进行预测。每位访谈员先访问两位顾客，以确定访问的重点及熟练访问的技巧，并对共同的问题采取一致的处理方式。为翔实记录受访者叙述其所遭遇的满意或不满意事件，访问时以录音机记录整个访问过程，于访问完成后再由访谈员以文字将受访者所描述的服务失误类型及店方所采行的补救措施记录于问卷上，并核对录音带与问卷内容的相符性。每位访谈员约访问 10 位受访者，且每位受访者各提供在餐厅遭遇服务失误事件但店方的补救措施令其满意或不满意的事件各一。

2. 问卷内容。CIT 法的资料是借由结构化的开放式问卷收集而来的，每位受访者被问及：

（1）请你回忆并描述在餐厅用餐时，曾遭遇过印象最深刻的服务失误事件的经过细节。

（2）你觉得该服务失误事件的严重程度如何？（采用 10 点尺度量表，1 表不严重，10 表非常严重）。

（3）请描述发生这个失误事件后，店方所采行的补救措施是什么？（店方说了什么或做了什么）。

（4）你对该补救措施的满意程度为何？（采用 10 点尺度量表，1 表不严重，10 表非常严重）。

（5）此服务失误事件发生于几年几月（或几个月之前）？

（6）该失误事件发生后你是否曾再光顾该餐厅？倘若未再光顾，若有机会你是否愿再光顾该餐厅？

（7）受访者个人基本资料：性别、年龄、教育程度。

依上述的（1）~（6）问题重复询问每位受访者两次，一次是服务失误但补救措施令其满意的事件，另一次是服务失误但补救措施令其不满意的事件。

3. 失误类型与补救措施分类。将所收集的关键事件以内容分析法，将餐厅服务失误事件及其所采取的补救措施加以分类，其过程可分为下列四个步骤。

步骤 1：确认失误事件的类型——通过演绎的分类过程，将每一个服务失误事件有系统地归入 Bitner、Booms 和 Tetreault（1990）所发展出的三种失误类型之一。

步骤 2：确认三种失误类型的细项——将上述三种失误类型内的事件再加以细分。此归纳过程结果确立了 16 个失误项目。

步骤 3：补救措施分类——将店方对每一失误事件所采用的补救措施加以分类。

步骤 4：归并服务补救措施。

4. 信度分析。Hunt（1991）认为一个严谨的分类系统必须通过不同裁判间的信度衡量（inter-judge reliability）来达到主观互证性。先由两位研究者一起细读每个事件的描述并加以讨论，再针对每一个服务失误事件和餐厅的补救措施依前述的步骤予以分类。第二阶段再由另外一个独立裁判，依据前两位研究者所设定的三种失误类型及 16 个失误项目的分类架构，独自将样本中的每一事件予以重新分类。同样的方式亦应用于服务补救的分类之上。再分别针对三种失误类型求其前后两次裁判间的相互同意度（interjudge agreement）。而两次裁判间的信度衡量若超过 0.8，其结果即属可信（Lathman & Sarri，1984）。

第三节 对服务失误的反应

一、服务失误反应的分类

一般来说，顾客对服务失误的反应有好几种方式。Day 和 Landon（1976）提出了一个阶层架构，并建议第一阶层是消费者首先决定是否要表达不满意或不采取任何行动，而第二阶层是决定表达不满意的方式是公开的或私下的。公开的行动包括直接向业者寻求补偿、采取法律行动或向公共或私人机构抱怨，如向航空公司抱怨差劲的飞航服务。私下的行动包括抵制贩卖者或制造商，即品牌转移（brand switching）以及/或从事负面口碑宣传（word-of-mouth），如在差劲的飞航服务发生后，决定不再乘坐该航空公司的班机。

Day（1984）从寻求目标的观点来检视消费者的抱怨行为，并建议“抱怨目标”可分为三个主题：①寻求补偿，即向业者抱怨或采取法律行动希望获得某种形式的补偿；②抱怨，即从事负面口碑宣传好让别人知道该项服务失误；③个人抵制（personal boycotting），即转移至替代供货商。

Singh（1988）提出第三种分类的建议，并将对服务失误的反应分成三类：①表达（voice）抱怨反应，如向贩卖者寻求补偿，并建议不采取行动的反应应归属于此类反应，因为也是向贩卖者表达了他们的感觉；②私下抱怨反应，如口碑传播；③向第三者（third-party）抱怨反应，如采取法律行动。此分类方式是基于界定消费者抱怨行为反应的对象（object）为何，表达抱怨反应是针对与不满意的交易直接有关的对象，如航空公司、旅游业者。私下抱怨反应的对象是与不满意的交易无直接相关的消费者，如朋友、亲戚。向第三者抱怨反应的对象是正式的外部团体，如司法系统。

Singh（1990）修正了原先的分类方式，并将服务失误反应群体区分为四集群：①消极者（passives），较低度倾向对外抱怨；②表达抱怨者（voicers），主动向服务供应者抱怨但较无兴趣从事负面口碑宣传或寻求外部团体的支持；③愤怒者（irates），具有高度倾向直接对贩卖者/供货商抱怨，但较不可能从事外部团体行动；④积极者（activists），比其他三集群具有更高倾向从事负面口碑宣传、直接对贩卖者/供货商抱怨及寻求外部团体的支持。

陈毓婷（2000）将消费者依其对服务失误的反应行为分为消极型、积极型和求偿型。

属于消极型的人于餐厅遇有服务失误的情况，通常都会决定不再光顾该餐厅；亦会向亲朋好友倾诉在餐厅所遇的不愉快的经验；并会说服亲朋好友不光顾该餐厅。积极型的人通常会向消费者保护机构抱怨，要求消费者保护机构要该餐厅处理该问题；向消费者保护机构陈情，要消费者保护机构能警告其他的消费者；亦会公开发表于媒体，抱怨在餐厅的不愉快的经验；采取一些合法的活动以抵制该餐厅。求偿型的人不会忘记该餐厅的服务失误，亦会做出某些反应；会在下次到店时，明确地向餐厅抱怨；会立即请求赔偿，并要求重视该服务失误的问题。

Michel（2004）依据消费者认为服务失误是否可接受的程度（acceptability），而将服务失误分为可接受的、不可接受的以及绝对不可接受的等三种反应类型。此乃依据 Zeithaml、Berry 和 Parasuraman（1993）所提出的忍受区间（zone of tolerance）的概念而来的。忍受区间是介于消费者预期适当的（adequate）服务与欲求的（desired）服务之间的区域。如果服务落于此区间中，则消费者感到满意，且此满意保持相当稳定。如果未获得预期的适当服务，则消费者感到不满意。反之，若服务超越了所欲求的期望，则消费者不只感到满意，更会相当高兴。Michel 假定大部分的顾客认为较小的失误及问题是可接受的，且落于他们的忍受区间，他们知道事情会有差错以及并不会每一次都获得他们所欲求的服务。但是，如果服务失误更糟并低于忍受区间，则视其偏离程度而将服务失误归类为不可接受的或绝对不可接受的。

其研究结果显示，服务表现与满意度及忠诚度间的关系，在忍受区间之下时，是非线性（nonlinear）关系的，这符合期望理论（prospect theory），亦即当服务表现不佳时，消费者更强烈的反应以及服务失误的不对称效应是可预期的。此亦说明，虽然大多数的服务失误是轻微不重要的，但是服务提供者必须知道当服务失误的严重性增加时，消费者会更加速地感到不满意。

Michel 建议服务公司应运用服务失误三角锥（service failure pyramid）的概念来处理服务补救策略，如图 6-3 所示。针对常犯的轻微失误而言，被认为是可接受的且对顾客满意度及推荐意愿的影响较小，但服务提供者却不能完全忽视它们的存在，至于要增加多少的投资以改善该失误，端视成本效益高低而定。而必须避免不可接受的及绝对不可接受的失误，因其造成的成本，如转移购买对象、低度推荐意愿及负面口碑等，会显著增加。

二、对服务失误反应的影响因素

对服务失误反应的影响因素可分为三类：市场因素、贩卖者和服务因素及消费者因素（Enew and Schoefer，2003），分述如下。

（一）市场因素

Hirschman（1970）比较独占和竞争市场，指出在一个具有许多贩卖者的竞争市场中，

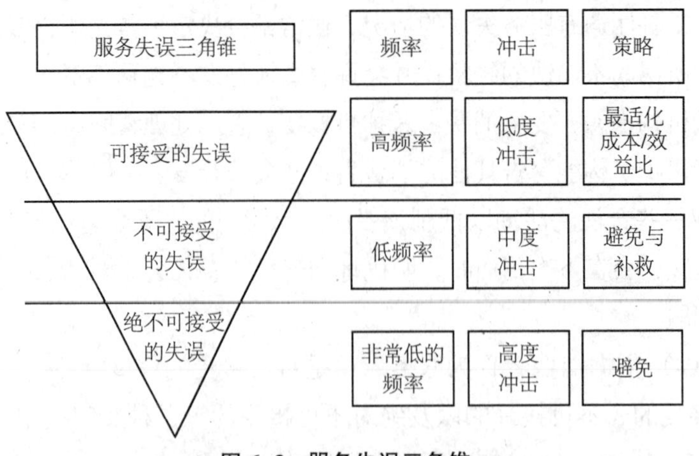

图 6-3 服务失误三角锥

资料来源：Michel（2004）。

不满意的顾客不一定表达他们的抱怨，因为他们可轻易地离开并到别的地方去。个人表达不满所需的时间和努力不太可能有所回报以及品牌转移是更加简单的行动。但是，在一个独占市场中，抱怨会增加，因为消费者已成为俘虏了，而且离开至另外一个供货商是不可能的事，以致抱怨是寻求独占供货商改善的唯一方法了。

（二）贩卖者和服务因素

各种不同的组织性因素能影响消费者对服务失误的反应。不满意的顾客较可能向具有对抱怨有所响应的公司来抱怨。如果某种服务是复杂的、昂贵的或重要的，或服务失误是严重的，不满意的顾客也较可能抱怨。

（三）消费者因素

许多研究探讨可能强化或抑制抱怨的消费者因素。抱怨者在社会中具有较高的社经水准。他们的较高收入、教育及社会涉入给予他们知识、信心及动机去说出他们觉得错误的地方。相反地，那些觉得不满意却未开口抱怨的消费者，可能位于较低的社经阶级，如贫穷者或移民。陈毓婷（2000）指出消费者的年龄、婚姻状况、职业、平均月收入，以及平均一周外食费用显著影响消费者对餐厅服务失误的反应行为。就年龄而言，消极型消费者年龄以 19 岁以下比例较高；求偿型消费者以年龄在 20~29 岁的比例较高；积极型消费者以年龄在 30 岁以上的比例较高。就婚姻状况而言，积极型消费者以已婚者的比例较高；而单身者则较倾向消极型。就职业而言，消极型消费者以学生及军公教者的比例较高；求偿型消费者以职业为工商者的比例较高；积极型消费者以职业为其他者（服务业、自由业、信息业、传播业等）的比例较高。就平均月收入而言，消极型消费者以 20000 元以下的比例较高；收入在 20001 元以上者以比例而言，则均属于积极型消费者。就平均一周外食费用而言，消极型消费者以 200 元以下的消费比例较高；求偿型消费者以 801~1400 元的消费比例较高；积极型消费者以 1401 元以上的消费比例较高。

消费者的信念（beliefs）及态度亦与抱怨行为有关。相信抱怨能产生差异的人、认为营销做法不公平的人、认为是别人而非自己造成问题的人、个性较武断自信的人比较可能抱怨，反之，则比较保持沉默而不会抱怨。

消费者的情绪（emotions）可能影响他们的抱怨行为。伴随购买经验的情绪在决定人们的抱怨行为上，与满意或不满意是同等重要的。当消费者不满意且认为是公司或员工所造成的时候，他们可能会有愤怒、厌恶或鄙视三种不同的负面情绪。这些负面情绪最可能导致抱怨及向亲朋好友进行负面的口碑宣传。当消费者遇到无人可负责的问题时，如因暴风雨造成机场关闭而延误搭机时间，较会感到焦虑或害怕。这些负面情绪可能不会加深抱怨，因为消费者感到无力对抗公司，可能是因为公司的规模较大或市场地位较高。另外，社会畏惧（social fear）亦可能有所影响，一些不满意的顾客保持沉默是因他们害怕表现的不礼貌、麻烦别人或伤害他人的感情。再者，一些顾客不抱怨是因他们同情犯错的员工或对犯错的员工有情谊的存在。当消费者责怪自己造成问题时，他们常感到羞愧或罪恶，因而使他们不会发出抱怨之声。

消费者与服务提供者之间的交易关系时间长短（relationship duration）会影响消费者对服务失误的反应行为（Bejou and Palmer，1998）。在双方关系发展的初期，顾客已准备宽恕某次错误且把它看成独立事件，也无法认定服务提供者的行为形态。在初期的蜜月关系之后，重复的失误可能造成那些尚未有足够的时间和机会与服务提供者发展出信任关系（trusting relationship）的顾客做出疏远的行动。但是，当双方信任关系已坚强时，该关系可能对偶尔的失误更有抵抗力。一种较长的关系不但让服务提供者以同理心对待顾客，亦会使顾客以同理心来看待服务提供者，在试图提供一致高品质服务时所面对的问题。对一个相当长期的关系而言，社会键（social bonds）是由顾客在感性的（emotional）层次上所建立的，使得此种关系对间歇性的失误更具抵抗力。亦有可能那些长期对某公司忠诚的消费者可能显现出惰性（inertia），因为转向其他供给者的心理及财务成本可能会被认为太高了。

消费者的人格特质（personality characteristics）亦会影响消费者对服务失误的反应行为（陈毓婷，2000）。

三、顾客对服务失误的反应模式

Colgate 和 Norris（2001）指出影响顾客在遇到服务失误后继续留下或离去的决定，有三个主要的因素，即对服务补救的满意度（如果顾客提出抱怨）、忠诚度和离去阻碍（barriers to exit）。

（一）对服务补救的满意度

离去群体（the exit group）中的一些顾客尽管对服务补救满意，但还是选择离开；继续留下群体（the remain group）中的一些顾客尽管对服务补救不满意，但还是选择留下。这显示服务补救不总是能使事情有所不同。除了当其他因素（如忠诚度和离去阻碍）存在而引诱顾客继续留下时，如果顾客对服务补救不满意，他们会离去。所以，当对服务补救不满意与其他因素（如忠诚度和离去阻碍）相混合时，顾客可能继续留下而非离开。但是，当忠诚度和离去阻碍较低的时候，不满意的顾客将会离开。同样地，当顾客已决定离开一个公司时，公司想要保留他们则已太晚了。即使对服务补救满意，顾客仍可能离开，此因他们已然做了决定。也就是说，在获得服务补救之前，顾客已决定离开了。

（二）忠诚度

如果顾客对公司有强烈的忠诚感，那么他们在经历了服务失误之后仍将继续与公司往来，虽然并不见得一定如此。当良好的服务补救并未发生时，那么对服务供应者的忠诚度看起来会缓和顾客留下或离开的决定。这种忠诚度可能来自顾客对已形成的双方关系的依赖，它可能是此关系已存在一段时间的一种反射，或他们觉得他们的服务供应者已给了最好的服务条件了。

但是，一些过去忠诚的顾客还是选择离开。尽管顾客对双方关系的依赖，服务失误时常强烈到逼迫这些顾客离开。在这些案例中，忠诚顾客常觉得公司并不回报他们的忠诚意识。所以，他们之所以离开是因为他们在与公司维持这么多年的关系之后，却感受到公司对待他们的方式好似“背叛”一样。

（三）认知的离去阻碍

如果一位不满意的顾客并不忠诚，并且所认知的离去阻碍是低的时候，他将离去而不会留下。留下来的顾客认知到至少有一些离去阻碍，或他们至少觉得对公司有一种适度的忠诚感。另外一个离去阻碍层面是顾客对替代供应者的认知。如果顾客觉得替代供应者较好（差不多或较差），他们会选择离去（留下）。

综上所述，顾客经历了服务失误之后，可能有九种反应，如图 6-4 所示。前四种反应与离去决定有关，而后五种反应与留下决定有关。第一种反应是顾客离去且未抱怨。第二种反应是即使顾客提出抱怨且满意服务补救，他们仍可能离去。他们会如此做是因为认知到离去阻碍是低的，亦即转换至替代供应者并不困难，称为低度惰性（low inertia）。第三种反应是尽管满意服务补救，但因对服务供应者的低忠诚度，顾客仍会选择离去。有时候，即使顾客对服务供应者的抱怨处理感到满意，却不一定意味着他们将对服务供应者保持忠诚。一位满意的顾客可能愿意甚或渴望逛逛替代供应者的店，以希求得到更满意的结果。此说法暗示了使顾客忠诚的因素是不同于使顾客满意的因素。第四种反应是当顾客对服务补救不满意时，他们选择离去。这可能是因为服务供应者第二次无法满足顾客的期望。

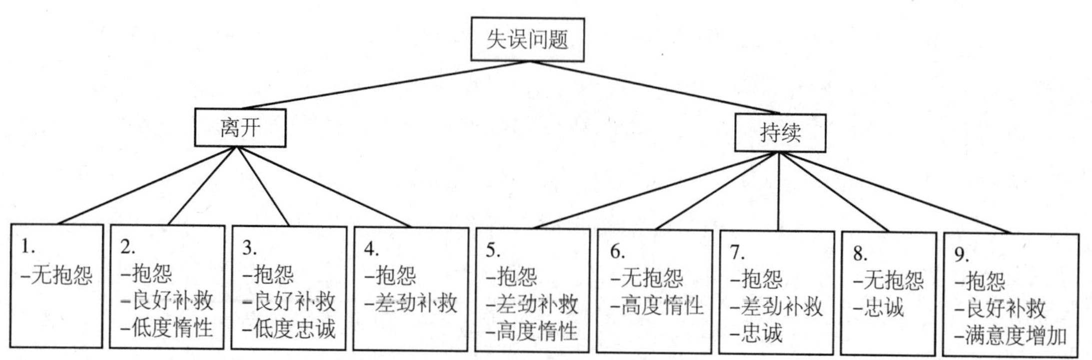

图 6-4　顾客对服务失误的反应模式

资料来源：Colgate & Norris（2001）。

第五种反应是顾客提出抱怨，但获得差劲的服务补救且认知到离去阻碍是高的（high inertia）时候，他们选择留下。第六种反应是顾客没有提出抱怨，但认知到离去阻碍是高的（high inertia）时候，他们选择留下。第七种反应是顾客提出抱怨且获得差劲的服务补救，但对服务供应者的忠诚度高，而使他们选择留下。第八种反应是顾客没有提出抱怨，但对服务供应者的忠诚度高，而使他们选择留下。第九种反应是顾客提出抱怨且获得良好的服务补救，并提升了对服务供应者的满意度的时候，他们选择留下。这是服务失误后最好的双赢结果。

第四节　服务失误信息与顾客抱怨信息的关系

服务管理规划需要一个信息网络来认定服务失误、尽可能地期待和避免服务失误，以及主动地建立有效的补救程序。所需要的信息包含确实客观的（objective）服务失误、消费者抱怨和消费者满意/不满意。客观的服务失误较导向于实际表现的度量，如服务缺陷和错误、顾客说明失误或偏离顾客的标准等。消费者抱怨反应消费者对服务表现的期望和评价，且较主观的、直觉的和个人特殊习性的（idiosyncratic）。

顾客在遭遇服务失误之时或之后不见得会抱怨，可能由于高的交易成本，包括所花的时间、费用和努力、不确定如何抱怨以及持有不会获得对方补偿的信念。虽然客观的服务失误和消费者抱怨行为在文献中被分开描述，但是它们不仅未被同时探讨也未被纳入服务失误的整体观点之中。比如说，不清楚是否客观的服务失误信息和消费者抱怨是相互替代的信息，亦或是互补的信息。它们提供不同的信息内容吗？它们都同样有用？反应相同的或不同的构成服务失误的动力？它们两者之间存在正向或负向的关系？

有几个因素可对两者潜在的强烈正向关系有所贡献。首先，当消费者有方便的渠道抱怨和社会氛围（social climate）有助于抱怨时，抱怨行为就会增加（Landon，1977）。目前消费者可利用的抱怨申诉渠道相当多，如消费者文教基金会、中国台湾地区各政府机关、各种媒体以及各公司的客服中心和专线，并且各渠道都鼓励消费者进行申诉和抱怨。事实上，抱怨阻碍不存在和抱怨渠道信息可强化客观的服务失误和消费者抱怨之间的关系。再者，降低的交易成本有助于形成低的抱怨阻碍（Williamson，1975，1985）。如果抱怨被视为一种消费者交易，那么降低消费者抱怨阻碍的任何市场或环境状况，可被认为降低了消费者的交易成本。如此一来，可以说广泛可得的产业服务失误信息，可增加消费者于遭遇服务失误时对成功抱怨可能性的认知。此观点受到证实，也就是消费者所认知的成功概率对他们是否抱怨具显著的影响（Singh，1989；Ursic，1985）。所以，低的交易成本和低的抱怨阻碍能强化客观的服务失误和消费者抱怨之间的关系。

但是，有研究显示，客观的服务失误和消费者抱怨之间的关系是低的或不显著的。首先，不满意与抱怨之间的低度相关，指出消费者抱怨行为是一种非常复杂和难捉摸的现象，并且不易了解或预测。抱怨尚未成为消费者所遭遇问题的一种反射（Andreasen，1977；Warland、Herrmann & Willits，1975）。除了不良的产品/服务表现之外，还有其他因素对抱怨有所影响，如特定的市场失败（market failures）和欺骗行为等（Diamond、Ward & Faber，1976）。再者，大部分的消费者在任何第三团体抱怨行动发起之前就直接向贩售者抱怨了（Day & Bodur，1978；Moyer，1985）。所以，并非所有的抱怨是产品/服务失误的直接反射，也不是所有服务失误必导致抱怨。一些消费者比其他消费者对不良服务具有较高的容忍度。另外，消费者可能因以往的服务失误经验或得自他人的负面口碑，而对特定产业具有低度的服务期望（Zeithaml、Berry & Parasuraman，1993）。上述各因素提议了客观的服务失误和消费者抱怨之间的一种低度或不显著的相关性。

然而，Bolton 和 Chapman（1989）测试三种航空班机抱怨因素与一项服务失误（班机延迟）间的关系，结果发现其中两种抱怨因素与班机延迟之间有中度显著的相关性。令人惊奇的发现是，班机延迟的此等不良服务表现亦导致对不同层面的服务表现的抱怨。所提出的主张是单一服务失误可潜在地导致多重的抱怨，这对服务公司会有严重的后果。此现象的产生可能来自“光环效应”（halo effect）存在于抱怨者内，亦即某一服务层面的不良表现可能影响了抱怨者的认知，而使他们倾向于负面评价和抱怨其他服务层面或特性。再者，此光环效应可受到低度增加的交易成本的支持（Williamson，1975、1985）。一旦消费者经历了抱怨某一服务特性所招致的麻烦和成本之后，对其他服务特性抱怨所增加的成本是微小的。总而言之，抱怨会产生更多的抱怨。

一旦有消费者抱怨就可能引发其他消费者的抱怨，因此第一时间对服务失误的处理是相当重要的（照片由联合报系提供）。

前面所假设的抱怨间的关系，也建议了客观服务失误是相互关联的可能性。好似问题的一种“骨牌效应”（domino effect），某一服务特性或层面的客观失误可能造成其他服务特性或层面的服务失误。

Halstead、Morash 和 Ozment（1996）分析美国航空公司的服务失误信息和顾客抱怨信息及两种信息间的关系。三种客观服务失误是行李处理不当、班机延迟和班机取消，并与其相对应的顾客抱怨，如班机抱怨、行李抱怨和超额订位抱怨，进行比较分析。研究结果发现：

（1）三种顾客抱怨间存在高度显著的相关性。此结果支持抱怨服务类别间存在了消费者的“光环效应”，可能由额外抱怨所招致的低度增加的交易成本所扩大的。

（2）行李处理不当与班机延迟之间呈现显著相关，这可由错失的班机和连接能升高行李问题来解释。而行李处理不当与班机取消之间则无显著相关，此因班机取消会倾向缓和行李处理不当的抱怨。所以，于一核心领域发生客观服务失误的公司只有低度的倾向在其他核心领域也发生服务失误。亦即客观服务失误之间存在低度显著的“骨牌效应”，但它不是最重要的服务动能。

（3）客观服务失误与顾客抱怨之间呈现相当低度的显著相关性，亦即两者虽然提供不同的信息内容，不过还是相关的。

上述研究结果在管理上的启示，是管理者必须警觉抱怨者对公司其他服务领域所提升的知觉和敏感度。成功且公平的处理顾客抱怨，对避免增加顾客抱怨是重要的关键。服务补救和顾客维持将需要谨慎选择和训练员工以响应顾客的关切和需要。错误侦测系统也须提供必要的信息，以自目前的顾客问题中复原和防止未来的服务失误和顾客抱怨。客观服务失误与顾客抱怨呈现具有不同的信息结构，两种信息并非相互替代的而是互补的，所以研究者和管理者应持续收集不同服务特性的客观服务失误信息。虽然服务失误的“骨牌效应”并非相当显著，但是它的存在暗示了负面综效或问题扩大的潜力。于一个服务领域中消除问题或根本原因，可能会为在其他服务领域中消除服务失误带来更多的效益。

学习成果检验

1. 说明五种服务品质的缺口，并举例证之。
2. 说明影响服务品质缺口的主要因素，并举例证之。
3. 举某一观光行业为例，说明其服务失误的分类。
4. 以关键事件法来为某一观光旅游公司搜集和分析服务失误。
5. 说明顾客对服务失误的反应及其主要影响因素，并举例证之。
6. 若遇到服务失误，你会继续或停止与该公司交易？为何有此决定？
7. 举例说明服务失误信息与顾客抱怨信息之间的异同。

第七章　满意度的理论及模式

学习目标

研读本章内容之后，学习者应能达成下列目标：

1. 明了满意度的定义及相关理论。
2. 了解满意度的前因及后果模式。
3. 了解顾客满意研究方法上的议题。

在进行旅游活动前游客对当次旅游所抱有的期望（如照片中的天然美景）以及实际体验旅游活动后的认知将影响旅游的满意度（照片由联合报系提供）。

本章导读

所有机构都强调和注重顾客的满意度，但不见得了解满意度的含义及相关理论。运用不同的满意度理论，会得出不同的满意度解读。所以，机构必须先确定要选用哪一种满意度理论。而评量满意度的模式亦有多种，各有其优缺点。更需要了解的是满意度与服务品质之间的关系，较为大多数研究者接受的，是服务品质是影响满意度的主要前因之一。再者，顾客的满意度会显著影响其购后行为，所以有必要加以衡量顾客的购后行为及其与满意度之间的关系。最后，在使用满意度时，须注意其在研究方法上所面对的议题以及近期的发展，以避免取得不具效力的满意度资料而严重影响经营管理成效。

第一节　满意度的定义及相关理论

一、满意度的定义

自从 Cardozo（1965）提出顾客满意度的观念后，各家学者莫不开始投入这个领域开始研究。表 7-1 为各家学者对于顾客满意度的研究整理。

表 7-1　顾客满意度定义整理

研究学者	理论发现
Cardozo（1965）	顾客满意会增加顾客再次购买的行为，且会购买其他的产品。
Andrews & Withey（1976）	满意度乃是一种以初始标准和数种来自内在参考点认知差异所形成的函数。
Hempel（1977）	顾客满意度是取决于顾客所预期的产品或服务利益的实现程度，它反映出预期和实际结果的一致性程度。
Hunt（1977）	顾客满意度是一种通过评估和经验所产生的过程，满意度被认为是一种情感上的衡量（an evaluation of an emotion），反映出消费者在购买一种产品或使用一种服务后，所获得的正面感觉，也就是将满意度定义为“评估所经验的产品至少应该和其原先所预期的一样好”。
Pfaff（1977）	顾客满意度是有关产品属性组合的理想及实际差异的反向（inverse）。
Oliver（1980）	满意度是态度的先行变数，当消费者第一次形成的态度是以期望为基础，尔后则以消费经验之满意与否来调整其态度。顾客满意度是对事物的一种情绪上的反应，这种反应主要是来自顾客在购买经验中所获得的惊喜。
Westbrook（1980）	满意是顾客从购买商品所获得的绩效与先前期望的一种认知过程评价，若实际绩效超过或等于先前期望，顾客会产生满意。
Churchill & Surprenant（1982）	顾客满意度是一种购买与使用的结果，是由购买者比较预期结果的报酬和投入成本所产生的。也就是通过消费者比较购买时所付出的成本和预期使用的效益所产生的。
Woodruff、Cadotte & Jenkins（1983）	顾客满意是顾客在特定使用情境下，对于使用产品所获得的价值，所产生一种立即性的反应。
Day（1984）	顾客满意度是顾客在购买产品之后，通过知觉的评估他所购买前预期和购买后，产品实际表现所产生缺口时的一种反应。认为“顾客满意度”的定义是对一特定的交易行为，在交易后所做的评价。
Engel、Blackwell & Miniard（1986）	顾客满意度的定义为顾客在使用产品之后，会对产品绩效与购买前信念二者之间的一致性加以评估，当二者之间有相当的一致性时，顾客将获得满足；反之，将产生不满的结果。
Oliver & Desaarbo（1988）	满意度会影响消费者的态度与购买意愿。
Tes（1988）	顾客满意度视为一种顾客对于事前预期和认知绩效间知觉缺口的评估反应。
Woodside & Daly（1989）	顾客满意度是一种消费后所产生的态度，而且是在购买该商品或使用过特定服务后，加以评估的结果。
Dovidow & Uttal（1989）	顾客满意度是顾客预期被对待和他知觉被对待之间的缺口。
Cina（1989）	顾客满意是因为预期与真实经验后产生的缺口所造成，若实际经验比原先预期好，会产生正面的态度；若实际经验未达预期，则会产生认知失调，进而影响消费者对于下一次购买商品或使用服务的意愿。

续表

研究学者	理论发现
Peter & Olson（1990）	顾客满意度是顾客购买前的预期被实现或超越的程度。
Bolton（1991）	一个人所感觉程度的高低，乃是来自其对于产品功能特性或结果的知觉和个人对产品的期望，二者比较后所形成的，因此满意水准是指所知觉的功能和期望二者之间差异的函数。
Solomon（1991）	顾客满意度是个人对于所购买产品之整体态度。
Fornell（1992）	顾客满意度是指顾客在购买产品或使用服务后的整体衡量，经由经验而产生的一种态度。满意度是指可以直接评估的整体感觉，而消费者会将产品或服务及其理想标准做比较，所以消费者可能原本对产品或服务满意，但和原先预期比较之后，又认为产品是普通的。
Engel、Blackwell & Miniard（1993）	满意度是顾客在使用产品之后，会对于产品的绩效及购买前信念之间的一致性加以评估，当两者之间具有相当一致性时，顾客会感到满足；反之，当两者之间不一致时，顾客会有不满意的反应。
Selnes（1993）	满意度是对特定交易的事后评估及判断。
Kotler（1993）	顾客满意度是顾客所知觉的产品绩效和个人期望的差异程度，是知觉期望和绩效的函数。
Engle & Blackwell（1994）	消费者满意度的形成是因为顾客对于使用后的产品绩效与购买前的信念所做的比较与评估，若两者之间有一致，顾客会获得满足；不一致，则会不满足。
Zeithaml & Bitner（1996）	服务品质与顾客满意度可视为单独的服务接触传输水准，亦可视为一个整体性的水准，且满意度通常被视为是比服务品质评量更宽广的概念，故知觉服务品质应是顾客满意度的组成成分之一。
Kolter（1996）	归纳各学者的意见，提出满意度是所知觉的功能和期望两者之间的差异函数，所以顾客满意度是来自对产品的功能特性或结果的知觉以及与个人对于产品的期望，通过两者比较后形成其感觉愉悦或失望的程度。亦即若功能特性远不如期望者，则顾客将感到不满意；反之，若功能特性符合期望，则顾客将感到满意。
叶凯莉、乔友庆（2000）	顾客满意是“消费者对某一服务的事前期望与服务提供者实际所提供的事后知觉绩效”的比较过程，然而满意度是顾客对接受此服务过程评估后，来判定产品（服务）的表现是否如他们所期望及所想象中的那么好，进而形成对产品（服务）的整体态度。
杨锦洲（2001）	顾客满意指的是顾客在接受某一特定交易或服务时，所感受到的一种合乎我意的愉悦态度。

资料来源：整理自林淑娥（2003）、邱彩凤（2004）。

上述学者的定义均十分近似，都在描述“满意度”形成的程序，他们界定主要变项及这些变项互动的机制，以及确认满意度是心理过程中的最终步骤。满意度被认为是“在购买和消费过程中所有活动的最终结果，而不只是产品或服务的观赏或直接消费而已”(Oliver，1996)。这些定义也指出满意度暗示：①顾客消费所欲达到的某一项目的的存在；②此目的的达成（满意度）只能以采用某项比较标准当成判断的参考依据；③满意度的评估程序暗示至少有两个刺激因素存在，即一项结果和一个比较标准。综合而言，顾客对产品或服务的满意度乃是受其“对产品的预期”与“认知的产品绩效”二者交互作用所决定的。满意或不满意来自如果产品使用后的绩效认知符合或超过所预期的水准，则顾客将感觉满意或非常满意；反之，则感觉不满意或非常不满意。

二、顾客满意度理论

自 Cardozo 在 1965 年对消费者满意进行研究以后，引发了学者的兴趣，由于探讨的重心不同，因此，对于顾客满意的理论尚未有一致的结论，以下以 Cole（1991）对顾客满意相关理论的分类基础，将各理论说明如下。

1. 对比理论（contrast theory）。Hovland（1957）提出此一理论：当消费者对产品的期望与产品的绩效表现有缺口产生时，消费者会借由调整对产品的知觉来扩大此缺口。也就是说产品客观表现若无法达到消费者的期望，则消费者感受到的产品表现将较客观的表现低；反之，则会较高。

2. 类化理论（assimilation theory）。由 Festinger（1957）提出的认知失调理论（cognitive dissonance）发展而来，认知失调之所以发生，是因为消费者的决策和其先前评价两者之间有缺口。而类化理论的学者认为发生认知失调后，消费者会调整他对产品 绩效表现（product performance）的感受，以减少此一失调的现象。

3. 一般否定理论（generalized negativity theory）。Carismith 和 Aronson（1963）提出的论点是消费者唯有在实际绩效等于期望水准时，满意才会产生，一旦心中的期望水准不等于实际的绩效，不管差异的大小与方向，消费者皆会去降低产品评价，并以否定的态度面对产品，使满意度降低。

4. 类化对比理论（assimilation-contrast theory）。此理论主要假设消费者的满意与否分为接受区与拒绝区，具体而言，当实际绩效与心中的期望水准差异不大时，会落在消费者的接受区域内，消费者会将此差异类化，缩短两者间差异的距离，使两者趋于一致而产生满意；相反地，若是两者间的差异过大，期望与实际绩效的差异会落在消费者的拒绝区。简单而言，落在消费者的接受区，会产生类化效果，落在拒绝区，则产生对比效果。

5. 调适理论（adaptation theory）。由 Helson（1964）所提出，他认为产品绩效若高于调适水准，则会产生正面的评价，反之则产生负面的评价。心中的期望越高，心理判断满意的标准越高。但往往无法配合，正面的不配合会增加心中满意的判断；反之，负面的不配合则减低其满意度。

6. 公平理论（equity theory）。Oliver 和 Desarbo（1988）提出公平理论，即消费者在交易过程中，会去比较他们的投入（input）与结果（outcome）的公平性，也就是在交易中双方若都觉得公平就会觉得满意；反之，若是投入大于产出时就会觉得不满意。

7. 归因理论（attribution theory）。归因理论源自组织行为学，认为一个“内部归因”倾向的人，会将失败归咎于本身的能力不够或努力不足；“外部归因”倾向的人，会将失败归咎于外在的工作困难或运气不佳。Weiner、Russell 和 Lerman（1985）将此理论引进顾客满意的架构中，并认为“满意”是某种归因的函数。如果产出的原因可归因于能力或努力等内部因素，则满意的程度要比归因于外部因素来得高。Bitner（1990）认为归因是对于自身行为、他人行为或所观察到的事件原因的认知。如果将行为发生的原因归因于行为者本身，则称为内在归因或个人归因；反之，若将行为的原因归咎于外在环境，则称为外在归因或情境归因，以推论发生不同消费结果的原因。

8. 补偿过程（redress process）。一般而言，顾客满意度的相关理论研究重点在于影响满意度的因素为何，以往“顾客满意”研究主要集中在探讨影响顾客满意的前因与过程，近来的“顾客满意”研究有朝向购后行为发展的趋势，企图将“满意/不满意”与购后行为相连接。例如，研究消费者对不满意的情况发生时，是否会采取任何的行动以获得补偿以及顾客满意对购后行为的影响，皆是补偿过程理论探讨的重点（Richin，1963；Tax、Brown & Changrashekaran，1998）。因此，补偿过程理论与上述的期望不一致理论及利益观点理论大不相同，主要在探讨顾客不满意产生时，是否会采取行动或采取何种行动来获得补偿的过程，同时也间接探讨了“顾客满意”对购后行为的影响过程。

Oliver 和 Desabo（1988）将较成熟且具代表性的研究主流分为三大类。

1. 期望失验理论（expectancy disconfirmation theory）。期望失验理论源自社会心理学与组织行为学，主要包含“期望”的形成，以及期望通过与绩效的比较所形成的“不一致”所组成。此理论认为满意来自不一致的大小与方向，而不一致又与期望及绩效有关。具体而言：当实际绩效等于期望时，则无不一致产生；当实际绩效大于期望时，会产生正面的失验；当实际绩效小于期望时，则产生负面的失验。

2. 利益观点（perspective of interest）。以利益观点为主轴的顾客满意度理论主要有二：公平理论（equity theory）和归因理论（attribution theory）。

3. 补偿过程理论（redress process theory）。综合上述文献可知，大多数的理论基础都是建立在顾客对于“期望表现”与“认知表现”的容忍程度上，亦即此二者间的缺口对顾客满意度具有显著的影响。

第二节 满意度的前因及后果模式

一、整体模式

顾客满意评量模式的发展源自“期望—失验模式”，其后根据学者对不同产品的实证性研究，而提出修正的顾客满意评量模式，列述如下。

（一）期望—失验模式

顾客购买前会对产品绩效有所“期望”，若购买后所得的产品绩效与期望不一致，则顾客将会产生失验，“失验”与事前的“期望”都会对满意产生影响，因此“失验”、“期望”皆为满意的函数（Oliver，1993）。

Oliver 于 1980 年针对疫苗接种决策的满意度进行实证研究，提出跨期满意决策认知模式，如图 7-1 所示。Oliver 发现顾客在购买前会事先对产品做预期，若在购买后对于产品的实际感受表现与事先的预期发生不一致时，便产生失验；不论是事前预期或事后的失验都会影响顾客满意度，因此他认为“顾客满意程度是预期与失验的函数”。其建立的模式可用以下的函数形式表示：①购买前态度 = f（事前期望）；②购买前的行为意向 = f（购买前态度）；③满意度 = f（事前期望，失验）；④购买后态度 = f（购买前态度，满意度）；⑤购买后的行为意向 = f（购买前之行为意向，满意度，购买后态度）。

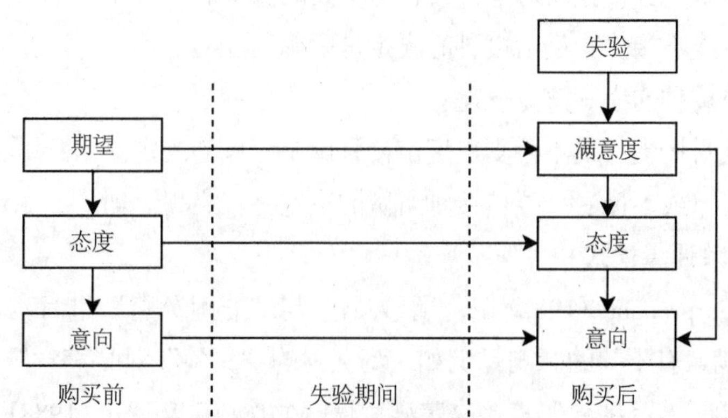

图 7-1　满意度前因与后果的认知模式

资料来源：Oliver（1980）。

满意与态度的差别在于事后与事前的决策架构，当满意度与态度都是在衡量产品时，却很难对两者做本质上的区分（Latour and Peat，1979）。但 Oliver（1981）主张态度与满意是两个完全不同的概念，满意是对产品或消费经验的一种内在的惊讶评价，但满意的感觉是有限的、是短暂的，它会转变为态度。满意度与购买后行为在这个模式中，也可以看出其关系，当中的购后“意愿”就是“购后行为”。

“期望”是以受访者对归属于接受某种产品或服务（如疫苗接种），所可能产生的各种后果所认知的信念概率（perceived belief probabilities）来度量的。因为一个人的期望包含了后果发生的概率和对该后果的评价，所以整体期望的度量是“信念—评价”（belief-evaluation）的总和。后果发生的概率是以一个 5 点尺度，从“1（不可能）”到“5（一定会）”来度量。对该后果的评价是以询问受访者在一个 5 点“好—坏”的尺度上，评价每一种后果的方式来度量。

个人对接受疫苗接种的购前或购后的“态度”，是以一个 9 要项的语意差异（semantic differential）尺度来获得的一个总结度量。购前或购后的“行为意向”是以询问受访者在一个 11 点尺度上，从“0（不可能）”到“11（一定会）”来度量。“失验”是以两个要项，包含所认知的疫苗接种利益和所认知的与疫苗接种有关的问题总和来度量。先以一个“比预期的较好或较差”（better-worse than expected）的 7 点尺度来询问受访者所遭遇的问题，从“1（比预期的更严重）”、“4（大致符合预期）”至“7（比预期的更轻微）”。再以相同的尺度来询问受访者所认知的利益，从“1（比预期的差很多）”至“7（比预期的好很多）”。

“满意度”是以一个 5 点尺度的 6 要项来建构的。所有要项的文词都是感性的，并包含受访者对接受疫苗接种之后在当下的满意、后悔、快乐和一般感受。该 6 项满意度评估问题为：

（1）我满意接受（或不接受）疫苗接种的决定。

（2）如果我再做一次，我将对疫苗接种有不同的感受。

（3）我接受（或不接受）疫苗接种的决定是聪明的。

（4）我对疫苗接种的决定感觉很差。

（5）我认为我对接受（或不接受）疫苗接种做了正确的决定。

（6）我对接受（或不接受）疫苗接种所做的决定并不高兴。

（二）直接绩效评量模式

Churchill 和 Surprenant（1982）以“耐久财”与“非耐久财”进行实证研究，发现产品差异因素会对满意有不同的影响。例如，耐久财的“失验”对“满意”所造成的影响并不显著，反而是由“产品绩效”直接决定满意程度。Tes 和 Wilton（1988）再检验 Chuchill 和 Surprenant 所提出的顾客满意模式，以“产品绩效”直接影响“满意”形成，而提出“直接绩效评量模式”。

（三）完全评量模式

Yi（1993）以“高模糊性”与“低模糊性”产品，研究模糊性在顾客满意形成的过程所扮演的角色，发现若产品为高模糊性、难以评估者，消费者的“期望”直接或间接（通过失验）地影响“满意”；若产品为低模糊性、易于评估者，则“产品绩效”直接或间接地影响“满意”。因此将“期望”与“产品绩效”对“满意”的直接影响，从“期望—失验”模式中独立，而衍生“完全评量模式”。

（四）扩大的顾客满意评量模式

Oliver（1993）对“汽车”与“教育课程”进行实证研究，发现“认知”与“情感”对“满意”皆有显著的影响，因而将之加入“期望—失验理论之中”；之后，再加上心理学的“归因理论”与“公平理论”，而形成“扩大顾客满意评量模式”。

美国顾客满意度指数模式是由 Fornell 等（1996）所提出的，此模式包含了一系列的关系，从顾客整体满意度的前因（期望、认知品质及认知价值）到后果（顾客抱怨及顾客忠诚），如图 7-2 所示。顾客期望“正向”影响认知品质及认知价值。认知品质“正向”

影响认知价值。认知价值“正向”影响顾客整体满意度。顾客整体满意度“负向”影响顾客抱怨，但“正向”影响顾客忠诚。顾客抱怨“负向”影响顾客忠诚。

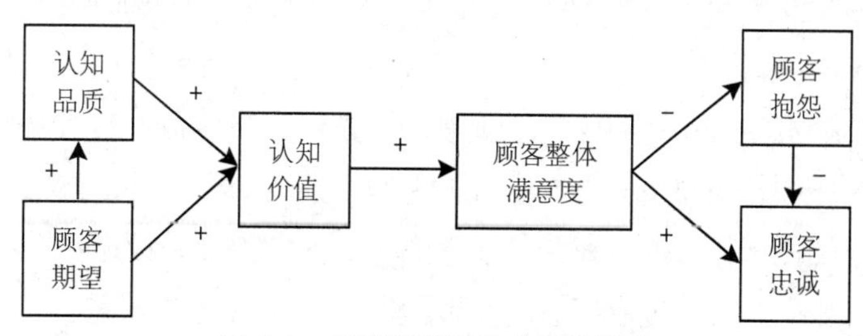

图 7-2 美国顾客满意度指数模式

资料来源：Fornell et al.（1996）。

二、服务品质与顾客满意度的关系

在相关文献中，服务品质与顾客满意度二者的关系尚未取得一致性的结论。PZB（1985）认为服务品质与顾客满意度皆为认知绩效与期望差距的结果，但顾客满意度的期望形态为预测的（predicted），而服务品质的期望形态为欲求的（desired）。PZB（1988）及 Cronin、Taylor（1994）皆认为服务品质与顾客满意度是两种完全不同的观念。服务品质是一种长期的态度（a long-term attitude），而消费者满意度是在一次特定服务接触的基础上所做的一时的评断（a transitory judgment）。服务品质认知反映了消费者在某一特定时间点，对某次服务接触的评估认知。消费者满意度评断在本质上是经验导向的（experien-tial），包含最终情境及过程，并反映情绪及知觉要素。Oh 和 Parks（1997）指出顾客满意度是顾客主观地比较期望与表现之后所得出的结果，亦即主观的不一致（subjective discon firmation），而服务品质则被认为是研究者客观地比较期望与表现之后所得出的结果，亦即客观的不一致（objective disconfirmation）。Anderson 等（1994）认为顾客满意概念与服务品质概念是有差异的，因为：①顾客满意的发生必须先有消费经验，而服务品质则不必；②顾客满意是价值（value）的函数，而价值是服务品质与价格的比值（value = quality/price）；③服务品质仅与目前对服务的知觉有关，而顾客满意还涉及过去所有的消费经验。

PZB（1985）与 Bitner（1990）均认为顾客满意发生于交易层次，而服务品质为整体面的态度，因而认为顾客满意是服务满意的前提因素。Cronin 和 Taylor（1992）以结构方程式模式的研究工具，对数个服务产业进行服务品质、顾客满意度与购后行为三者间相互关系的实证研究，发现服务品质的确可以视为顾客满意度的前因，然后服务品质进一步影响购买意愿，然而顾客满意度对于购后行为的影响高于服务品质，所以管理者要强调整体的顾客满意。Cronin 和 Taylor（1994）主张顾客满意应是态度的前因，亦即顾客满意度影响态度，以及满意度评断被认为逐渐埋入整体服务品质评断。但是，期望—失验评断（expectancy-disconfirmation judgment）与服务品质认知及消费者满意度评断是不同的，包含了计算过的及主观的形式，并且能包含数个参考因素。Anderson 和 Sullivan（1993）与 Anderson 等（1994）则认为服务品质为顾客满意的前提因素。Oliver（1993）与 Rust、Oliver（1994）亦认为服务品质影响顾客满意，主张建立最终满意度作为影响未来的知觉绩效品质的中介层级。Dabholkar（1995）提出顾客满意与服务品质的权变架构模型，认为顾客满意与服务品质的因果关系不适宜在接受服务之前决定，因为消费者会在多次消费经验之后，形成对整体的服务品质评价的知觉，此知觉非常近似于消费者对服务的整体满意。所以，在实际服务接触之中，消费者对顾客满意与服务品质的评价可能会因个人特质与情境不同而异。Zeithaml 和 Berry（2000）指出，虽然服务品质与知觉顾客满意度可分别被视为单独的服务接触水准，不过亦可被视为整体性的水准。但是由于“满意度”一般被视为是比“服务品质评量”更宽广的概念，因此在该研究中“服务品质”被视为是“顾客满意”组成中重要的一项因素。他们提出“顾客知觉服务品质与顾客满意度”的架构图，如图 7-3 所示。

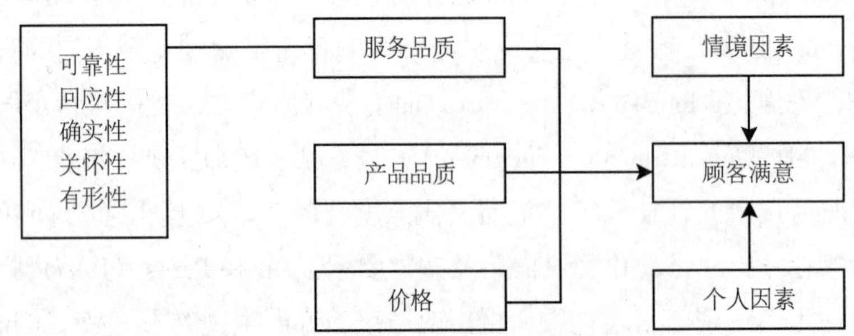

图 7-3 顾客知觉服务品质与顾客满意度的架构

资料来源：Zeithaml & Berry（2000）。

三、满意度对购后行为的影响

（一）购后行为

当顾客对服务品质满意时，可能会产生对业者有利的购后行为，包括正面口碑、顾客忠诚、愿支付更高的价格（PZB，1996）。但是，当顾客对服务品质不满意时，可能会产生对业者不利的购后行为，包括转换行为、负面口碑或其他抱怨行为。Day 和 William（1977）指出不满意的消费经验所导致的行为反应可分为三类：①不做任何行动，亦即经历不满后，行为不做任何改变；②私下行动，亦即个人抵制产品种类、品牌或商店，采取负面口头宣传，将此经验告诉家人、亲戚或朋友，并且警告他们不要再使用该产品种类、品牌或商店；③公开行动，亦即直接向业者或制造商要求赔偿，或通过第三团体要求赔偿，或使用任何公开的方式将不满说出。

1. 购后行为的内涵。根据 Loudon 和 Della（1984）提出的“消费者购买评价模式”，如图 7-4 所示，消费者认为产品是否合乎预期将影响其满意程度。满意或不满意的反应都会不断循环影响未来购买时的评估决策（苏恒毅，2001）。在购后阶段当中，消费者会对服务品质以及服务的经验加以衡量，看自己是否感到满意，这个衡量的结果会影响顾客往后的购买意愿。例如，再度购买或向他人推荐的意愿。

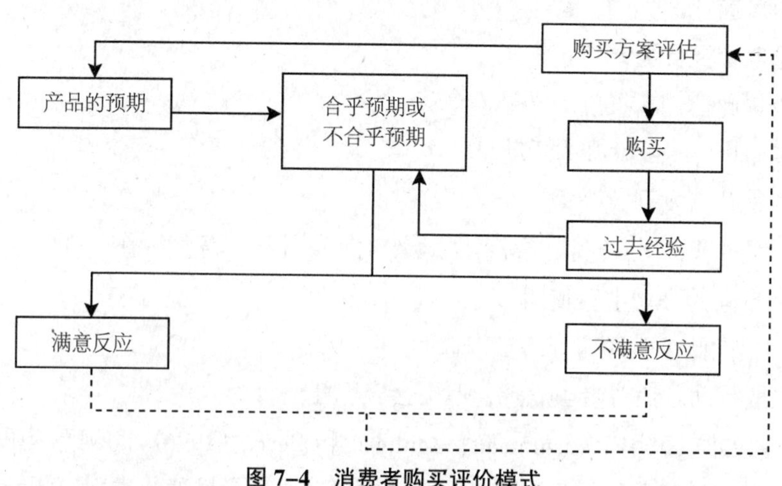

图 7-4　消费者购买评价模式

资料来源：Loudon & Della（1984）。

由上述文献，将消费者购后反应区分为购后满意反应与购后不满意反应两大类加以探讨，以作为衡量游客购后行为意图的基础。

2. 满意消费者的购后行为。Parasuraman、Zeithmal 和 Berry（1996）在探讨服务品质与消费者行为意图关系的研究中，认为消费者满意的购后行为倾向以忠诚度和支付更多意愿两个层面来衡量，内容如下：

（1）忠诚度（loyalty）。指除了本身的再购意愿外，包含愿意向他人推荐并给予正面口碑的行为。

a. 向他人称赞此公司。

b. 向询问的人推荐此公司。

c. 鼓励亲友到此公司消费。

d. 消费时会优先选择此公司。

e. 常去此公司消费。

（2）支付更多意愿（pay more）。指意愿支付较高价值购买该公司产品或服务。

a. 即使价格略微增加，仍愿意持续和该公司交易。

b. 愿意支付比其他家更高的价格购买该公司产品。

刘志忠（1997）参考 Parasuraman、Zeithmal 和 Berry（1996）的购后行为层面，区分服务业顾客满意的购后行为意图为忠诚度与口碑、外部积极满意反应、不采取行动三大类，其衡量项目如下：

（1）忠诚度与口碑。包括再购意愿、正面口碑以及对该企业的认同感等行为。

a. 愿意支付较高的价格来购买此公司的服务及产品。

b. 优先考虑此公司。

c. 愿意再度前往。

d. 有机会时会到此公司逛逛。

e. 主动收集此公司新推出的产品信息。

f. 时常参加此公司所举办的活动。

g. 鼓励或推荐亲友到此公司。

（2）外部积极满意反应。指消费者愿意亲自向公司表示满意并道谢的行为。

a. 愿意亲自向此公司主管道谢。

b. 愿意写信向此公司顾客服务部门道谢。

（3）不采取行动。消费者虽满意，但不会表现任何行为。

高仪文（1998）采用 Parasuraman、Zeithmal 和 Berry（1996）的满意购后行为层面，将主题游乐园游客满意购后行为意图以因素分析筛选出正向推荐此类别，衡量项目如下：

（1）下次愿意重游此游乐园。

（2）当有新主题设施推出时，愿意再重游此游乐园。

（3）会向亲友介绍推荐此游乐园。

（4）会向亲友宣传此游乐园优良的服务。

（5）会注意此游乐园所推出的新活动信息。

（6）如果票选优良游乐园，会投此游乐园一票。

（7）即使票价略比其他游乐园高，仍愿意选择此游乐园。

3. 不满意消费者的购后行为。Day 和 Landon（1977）提出两阶层分类模式将不满意消费者的购后行为加以分类，第一阶层区分为行为反应（采取某些行动）与非行为反应（不采取任何行动）；第二阶层则将行为反应再区分为公开行动与私下行动，如图 7-5 所示，私下行动包括抵制卖者与警告亲友等两项，公开行动则包括向企业求偿、法律行动及向政府或私人机构诉怨等三项。Bearden 和 Tee（1983）是首次将抱

若游客满意此次观光旅游活动，将愿意重游此地，并乐于向亲友宣传及推荐，直接增加旅游业者的潜在顾客（照片由联合报系提供）。

怨行为视为一理论性构念加以探讨的学者；他们将消费者不满意购后行为纳入消费者满意模式中加以研究，并提出抱怨程度逐渐增强的行为分类，其说明如下：①警告家人朋友；②要求赔偿或对管理者抱怨；③向制造商抱怨；④向政府消费者部门、消费者保护组织等机构抱怨；⑤采取法律行动。

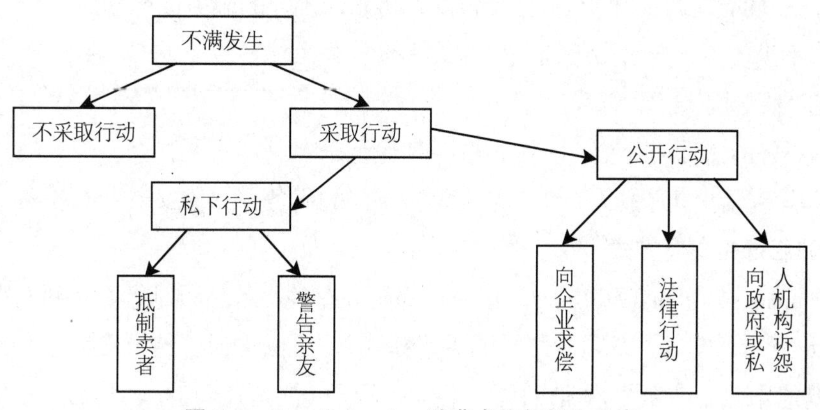

图 7-5　Day & Landon 消费者抱怨行为分类

资料来源：Day & Landon（1977）。

Parasuraman、Zeithmal 和 Berry（1996）在探讨消费者对服务品质知觉及购后行为关系的研究中，提出三类消费者购后不满意时可能采取的抱怨行为，如图 7-6 所示，其分类定义分述如后。

（1）转移行为（switch behavior），是指顾客转向其他竞争者购买产品或服务的行为。

（2）外部反应（external response），是指向企业以外的人或团体表达抱怨的行为。

（3）内部反应（internal response），是指直接向企业进行抱怨。

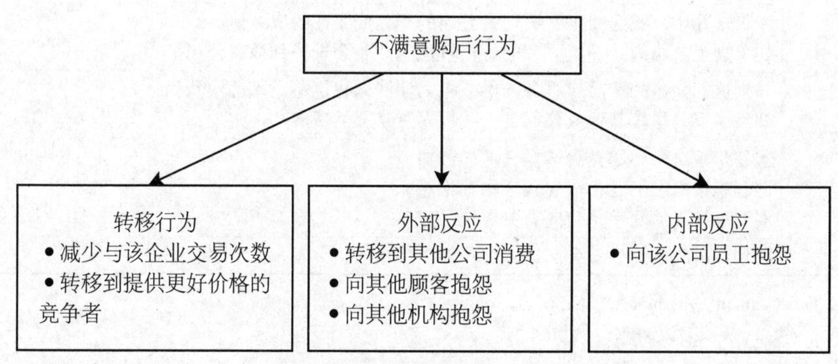

图 7-6　不满意消费者行为分类

资料来源：Parasuraman、Zeithmal 和 Berry（1985）。

高仪文（1998）综合 Day 和 Landon（1977），Bearden 和 Tee（1983），Parasuraman、Zeithmal 和 Berry（1996）等人的研究，将主题游乐园游客不满意购后行为意图以因素分析

法分为负向公开抱怨与负向私下抱怨两类，其衡量项目如下：

（1）负向公开抱怨。

a. 如有不好感受或问题，会向服务人员反映不佳的服务或产品问题。

b. 如遭遇问题，会向服务人员抱怨，并要求解决问题或赔偿。

c. 如有不满的经验，会向消基会投诉反映游乐园不佳的服务或产品。

d. 如有不满经验，会借由报社、电台等大众传播媒体宣传。

（2）负向私下抱怨。

a. 如有不好的感受或经验，下次将选择其他游乐园。

b. 如不满意游乐园的服务，会向亲友宣传不佳的服务，并建议亲友不要来。

（二）购后行为衡量方式

Parasuraman、Zeithmal 和 Berry（1996）为研究有关服务品质对组织获利的影响，提出“服务品质与行为意向模式及财务结果的关系模式”。三位学者有鉴于文献中，有关评量行为意向部分的不足，先通过文献回顾，将 13 项评量行为意向的项目分别归入“口碑沟通”、“价格敏感度”、“购买意向”以及“抱怨行为”四类。再采用多变量统计方法中的因素分析，区分为“忠诚度”（loyalty）、“转移”（switch）、“付出”（pay more）、“外部响应”（external response）以及“内部响应”（internal response）5 个层面，如表 7–2 所示。

表 7–2　PZB 购后行为意向量表

层面	评量项目
忠诚度	会向其他人宣传这家公司的优点。 有人请我推荐，我会推荐这家公司。 会鼓励亲戚朋友购买这家公司的产品或服务。 会将这家公司列为购买产品或服务的第一选择。 在未来几年，我会常购买这家公司的产品或服务。
转移	在未来几年，我会减少购买这家公司的产品或服务的次数。(–) 如果别家公司的产品或服务的价格较优惠，我会选择到该家公司消费。
付出	如果这家公司的产品或服务的价格稍为调涨，我也愿意来此消费。 如果这家公司较其他家公司贵，我也愿意来此消费。
外部响应	遇到难解决的问题，会选择其他的公司。 遇到难解决的问题，会向其他顾客抱怨。 遇到难解决的问题，会向有关单位反应。
内部响应	遇到难解决的问题，会向这家公司的员工反应。

资料来源：Parasuraman、Zeithmal & Berry（1996）。

说明：(–) 表示该评量项为负面的行为意向。

（三）顾客满意度与购后行为的相关研究

Howard 和 Sheth（1969）认为顾客满意乃是消费者行为研究的关键变量，顾客满意将会影响购买意愿与购买行为，包括品牌忠诚度、正面口碑。Kotlor（1994）认为顾客在购买产品或服务后，心理会有某种程度的满意或不满意。若顾客感到满意，将会有较高的再惠顾意愿。学者 Kasper（1988）在其“产品问题认知、不满意与品牌忠诚度”的研究中，发现品牌忠诚度与顾客对产品问题的认知、产品满意度高度相关，但此关系并非百分之百，如同 Newman 和 Werbel（1973）的研究结果，对产品感到高度满意的顾客，亦会出现品牌转换的行为，而对产品感到不满意的顾客，也会有品牌忠诚的行为出现。

学者 Gmin 认为顾客满意度会正向地影响忠诚度及利润，负向地影响价格弹性。Bitner（1990）认为顾客满意度为顾客忠诚度的前因变项，且会呈正向地影响顾客忠诚度。Anderson 和 Sullivan（1993）认为顾客满意度会正向地影响顾客再购行为，而顾客再购行为与购买意图是顾客忠诚的一种行为表现，故推论顾客满意度与顾客忠诚度两者间呈正相关。Reichheld 和 Sasser（1990）认为顾客满意度会使顾客忠诚度上升，意味着顾客未来会再惠顾意愿提高，满意的顾客会增加其购买次数及购买量。因此，企业将会有较大量且稳定的现金流入而使收益增加。

Heskett、Janes、Loveman、Sasser 和 Schlesinger（1994）在其所提出的“服务创造利润之价值链”中表示，提供给顾客的服务价值会影响顾客满意度，顾客满意度会影响顾客忠诚度，顾客忠诚度又会影响企业的利润与成长。郭德宾、周泰华、黄俊英（2000）于“服务业顾客满意评量之重新检测与验证”中调查消费者“整体评价”与“购后行为”的部分，各包含：

（1）整体评价。

a. 整体服务品质。消费者对整体服务品质的评价。

b. 服务价值。消费者认为服务与价格相较下是否值得。

c. 整体满意度。消费者对业者所提供服务的满意程度。

（2）购后行为。

a. 价格容忍度。若价格调涨后消费者是否还愿意再度来消费。

b. 推荐介绍意愿。消费者推荐亲朋好友来消费的意愿。

c. 再度消费倾向。消费者再度来消费的意愿。

此研究分别以“知觉的绩效”与“绩效与期望的差距”，作为“再购意愿”、“介绍意愿”与“价格容忍度”的前因变项，进行线性结构关系模型分析。研究结果显示“顾客满意”对“再购意愿”、“介绍意愿”与“价格容忍度”均有正向影响。

Heskett、Jones、Loveman、Sasser 和 Leonard（1994）认为满意的顾客会有 3R，分别是顾客留存率（retention）、重复购买率（repeat）与介绍生意（referrals）。Rust、Zahorlk 和 Keiningham（1995）认为厂商致力于服务品质的改善，将有助于顾客满意度的提升，降低顾客对价格的需求弹性与交易成本，增加顾客保留率，并且通过现有顾客的口碑吸引新顾客，增加市场占有率与获利能力。

Howard 和 Sheth（1969）研究指出，顾客满意程度是消费者行为研究的重要变量，而满意程度的高低也将会影响顾客未来再购意愿、品牌忠诚度、正面口碑及负面口碑等行为，然而要是顾客在消费经验中不满意，得不到业者满意且合理的补救，顾客可能会以实际的抱怨行动（私下抱怨、公开抱怨等）及负面情绪反应（愤怒、失望等），对服务提供者表达不满之意。

Jones 和 Sasser（1995）提出衡量顾客忠诚度的三大方法：①再购意愿，由询问顾客未来是否再购买特定产品或服务来衡量；②基本行为，由最近一次购买时间、频率及数量来衡量；③衍生行为，包括口碑、介绍生意、公开推荐等（林伟修，2003）。Oliver 和 MacMillan（1992）认为顾客满意度与顾客忠诚度之间是有一种非线性的关系，当顾客满意度高于满意水准的临界点时，满意度的增加会使顾客再购买的意愿快速增加；反之，顾客满意度低于满意水准临界点时，满意度的降低会使顾客再购买的意愿快速地减少（黄伟松，2001）。当顾客不满意时，产生顾客转换或抱怨，消费者转换行为将损及企业的市场占有率与获利率，Keaveney（1995）发现服务不佳是导致顾客转换品牌的主要原因，企业若能提供良好的服务，将提升顾客的满意度，与顾客建立良好关系，则顾客愿意持续与业者进行交易。

从上述文献与讨论中，可以发现一个共同点：顾客满意度与顾客购后行为之间，的确存在着某种程度且显著的正向关系，且满意度为品牌忠诚度重要的决定因素之一，对产品或服务感到高度满意的顾客，其品牌忠诚度高，而会有重复购买同一品牌的行为发生；反之，对产品或服务感到不满意的顾客，其品牌忠诚度低，而会有品牌转换的行为发生。但产品满意度并非决定顾客再购行为的唯一因素，仍有其他因素会影响顾客的再购行为与品牌忠诚度。因此并非所有对产品或服务感到满意的顾客，皆会重复购买同一产品或服务而表现出忠诚度的。

（四）购买循环

Griffin（1995）提出了购买循环概念，如图 7-7 所示，其认为每一顾客都在购买循环中进行购买行为，一个初次购买的顾客将会经历五个阶段：产品知晓；进行初次购买；购买后评估；重复购买决策和重复购买。如此便产生一种重复购买循环。这样重复的购买关系，在顾客身上可能发生数百次。每次发生，该公司与顾客的关系可能变得更强或更弱。若关系变强，则代表营销者可能得到更大的顾客忠诚与更多的利益；而一个顾客必须是不断地向同一公司重复购买，也就是重复购买循环第三阶段到第五阶段许多次，才能被视为真正顾客。真正的忠诚顾客将会拒绝竞争者的诱惑，并且在缺少一件物品时就会重复向同一家公司购买。

过去的企业对顾客满足的重视并不普遍，大都以招揽新顾客的方式，来作为扩大市场的手段。现在，则因商品成熟度渐高，造成销售率降低，迫使企业逐渐重视顾客满意，以巩固原有顾客来确保市场的占有率（Bruhn & Grund，2000）。现今企业经营以顾客满意为

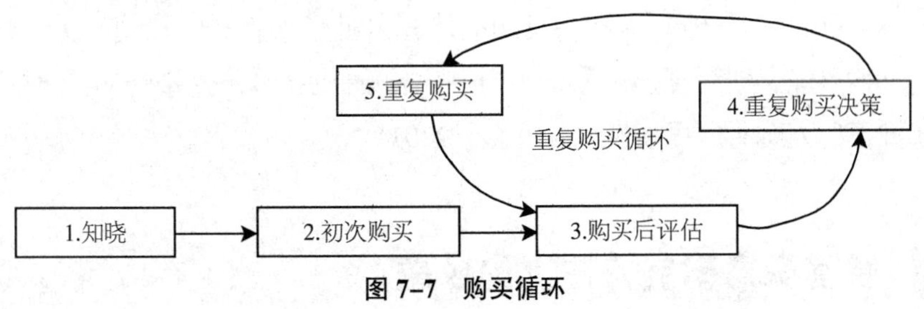

图 7-7　购买循环

资料来源：Griffin（1995）。

导向，当顾客满意度增加，会使顾客再购买的意愿快速增加；反之，满意度的降低会使顾客再购买的意愿快速减少，甚至会引起顾客抱怨。顾客满意度是顾客消费经验的评估及消费利益的评价，即实际与理想的比较。

另外，在服务业中，服务品质与顾客满意度被广泛认为是形成顾客重购意愿的关键前因。Cronin 和 Taylor（1992）指出在消费者满意度或服务品质对购买意向（purchase intentions）的影响上，消费者满意度具有较常出现的统计显著性，以及当两个概念都显著影响购买意向时，消费者满意度的影响倾向达到更高的统计显著性。所以，消费者满意度在预测购买意向时是一个较丰富的（richer）概念。这说法也符合长久以来的假设，即消费者并非经常购买最高品质的产品，此因成本、预算、可获得性以及其他的限制条件。

至于顾客满意度与再次购买行为之间的关系，部分学者认为两者有很高的相关性，如 Anderson 和 Sullivan（1994）针对瑞典顾客满意度的研究中发现，顾客满意会正向地影响再购行为，并认为顾客满意度与顾客忠诚度两者之间呈正相关。国内研究如华英杰（1996）、赖其勋（1997）及郑绍成（1997、1999）的研究显示，顾客满意度确实会对购买意愿有影响，当顾客越觉得满意越可能再次惠顾。郑绍成（1997、1999）的研究显示，不同的服务补救满意程度会有不同程度的购买意愿；满意度越高，购买意图越趋正面。

Reicheld 和 Sasser（1990）表示，企业只要成功地降低顾客变动率 5%，即可提高 25%~85%的利润。而 Plymire（1991）认为“不满意的顾客 91%不再光顾，并且通常会向 8~10 人诉说他的负面经验”。因此对于服务业而言，业绩主要是来自老顾客的重复惠顾，而重复惠顾全赖他们对该服务业的整体满意度。Folkes（1988）认为消费者的再购是一种因果关系，也就是他们由所购买的产品或服务预期一个明确的结果。消费者对于所需求的项目会有明确的期望，如果与顾客期望不符合，消费者会感到未达理想，亦即认为不满意，进而影响到后续行为意图。Engel、Kollat 和 Blackwel（1993）将消费者购后行为，分为购后满意与购后不满意，其中购后满意是对所购买的产品品牌建立信仰及偏好的态度，进而对此品牌产生忠诚度，增加再购意愿，但满意度并非决定消费者再购行为的唯一因素，消费者的人格特质、家庭所得改变等因素，均会影响消费者的再购行为。

国内文献对再购意愿的问项，多修改自 Dodds、Monroe 和 Grewal（1991）所设计的问卷，或 Biswas 和 Blair（1991）对购买意图的研究（洪华伟，1997；魏石勇，1999；徐怡盈，2000）。问卷内容包括：①受测者会去购买的可能性；②已经决定购买时会去购买的可能性；③推荐他人购买的可能性（叶展彰，2001）。

第三节 顾客满意研究方法上的议题

Oh 和 Parks（1997）提出了数项顾客满意和服务品质研究方法上的议题，而这些议题集中在研究设计、度量议题、度量尺度、抽样、效度和信度之上。

一、研究设计

在顾客满意和服务品质研究方法中常用的资料收集方法是实验设计（experimental design）和田野调查（field survey）。一般而言，大部分的实验设计研究试图测试所使用的观念理论的效度，然而在顾客满意的田野调查研究中，模式概念（model construct）内因果关系的强度和方向是主要的关切之处。

由于方法上的限制，实验设计研究几乎专注在调查短期层面的顾客满意过程。但是，田野调查方法已均等地运用在研究短期和长期层面的顾客满意过程之中，并且是餐旅产业顾客满意研究中最常使用的研究设计。在传统上，实验设计研究尚未在餐旅产业顾客满意研究中广泛地使用，其中一个主要的原因是餐旅服务因其多功能的本质，而会对那些在实验设计中，无法易于控制的外部变量（extraneous variables）过度敏感。

另一个关键议题是，大部分的餐旅产业顾客满意研究并未调查顾客满意过程的动态本质。绝大部分的研究专注在特定交易（transaction specific）的顾客满意过程，而未纳入长期顾客满意要素，如态度改变的潜在影响。所以，未能控制焦点品牌顾客态度的特定交易顾客满意研究，经常暴露出效度问题。顾客满意过程的长期层面应被纳入具特定交易特质的顾客满意研究之中。此顾客满意过程观点在餐旅产业中是特别值得留意的，因餐旅产业致力于顾客的长期重复购买。

二、度量和尺度

（一）模式说明

顾客满意和服务品质的度量皆存有许多方法上的共同议题，这是因为在模式说明（model specification）中两者在观念上存在重叠。两个典范皆包含了购前期望和购后所认知的表现，当成解释顾客满意和服务品质的基础，如图 7-8 所示。两者独特的差异是顾客满意研究者视顾客满意如同顾客对期望与表现之间“主观”比较的结果，而服务品质则被视为研究者对期望与表现之间“客观”比较的结果。如图 7-8 所示，在顾客满意典范中，主观比较被操作成一个“主观失验”，该架构存在于满意形成之前。所以，当服务品质，如“客观失验”的形式，在服务品质模式中和“主观失验”在顾客满意典范中，被认为应解释顾客满意在各模式中所具有的共同之处，此两变量扮演了一个在观念上类似的角色。因此，当此两种研究典范被引入餐旅产业时，它们可能以类似的观念，但借由不同的方法操作来达到共同的目的。所以，两个典范间竞争的焦点在于“主观失验”和服务品质架构的效度和信度。

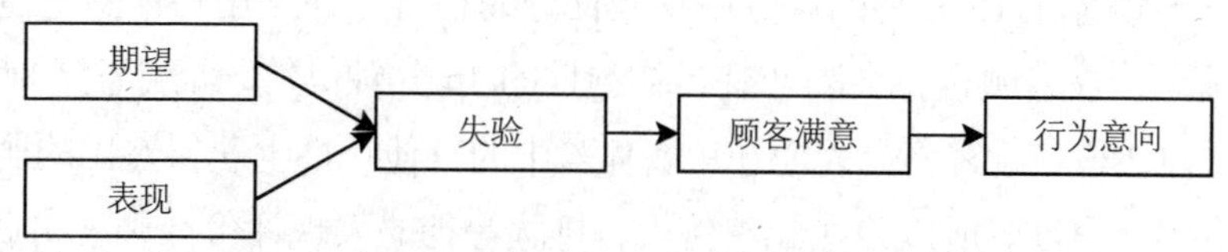

图 7-8　顾客满意和服务品质研究典范的比较

资料来源：Oh & Parks（1997）。

（二）期望度量

有许多不同的心理计量特质已被提出来度量期望，而回过头来则需要对应的尺度和度量文词的多样化。举例来说，情感—信念（affect-belief）尺度是其中的一种，以及信念要素是以商店或产品的因素发生的主观概率来度量的。在此情况之下，至少有两个期望的要素需要度量：特性的展现和所拥有特性发生的机会。“有和善的前台员工”可能与顾客所期望的“希望受到前台员工和善地招待”有所不同。

特性展现的度量已在服务品质研究中被广泛使用，而特性展现和发生机会的度量皆已在顾客满意研究中广泛使用。虽然此种区别在度量实务中是可能的，但不清楚的是，顾客在表达他们的期望时是否真能区分此两种度量。更可能的是，顾客同时考量此两种度量，因为机会概念已涵盖了展现观念。再者，此种区别在应用于具有许多无形要素的餐旅服务时特别困难。所以，机会度量看似更适用于在度量顾客对餐旅服务的态度。

所建议的信念度量尺度是两端为“完全不可能”和“非常可能”的一个连续尺度。每一个特性的情感层面是由“喜欢—不喜欢”、“好的—坏的”、“欲求的—不欲求的”或“吸引的—不吸引的”来度量。不同的学者使用一个 3、4、5、6 或 7 点双极尺度。一般而言，服务品质研究倡议一个 7 点单极 Likert 尺度，从“强烈同意”到“强烈不同意”。虽然有各种不同度量方法被用来度量期望，但 5 或 7 点区间尺度看似适合用来度量期望。

（三）表现度量

表现度量（performance measure）因其唯一的评价本质而不会看起来有疑问的。虽然研究者采用些许不同的尺度和尺度文词，但他们一般度量表现是否如预期的一样。不同的学者所使用的尺度和尺度文词，如 7 点尺度，从“1（差劲）”到“7（卓越）”；5 点尺度，从“非常差劲”到“非常良好”；一个连续尺度，从“0（非常低劣）”到“100（极度优秀）”。相对应于期望，服务品质研究者追寻PZB（1988）的建议，以一个7点尺度从“强烈同意”到“强烈不同意”来度量所认知的表现。有趣的是，Getty和Thompson（1994）使用一个7点“低劣—优秀”尺度来为住宿服务发展一个替代的，以表现为基础的服务品质尺度，并且他们发现可接受的尺度可信度。

即使研究者假定表现评价的准则与期望评价的准则相一致，两个架构间的准则一致性却尚未实际地被证实。举例来说，一名顾客可能并未期待在一家餐厅排队超过10分钟。但是，假设该名顾客在15分钟的排队中受到良好的招待，并且用餐体验比他当初预期的要好很多。那么，该名顾客将会因非其当初预期的15分钟等待，而产生不满的结果是值得怀疑的。反而，该名顾客将会因他在用餐体验中的其他特性上获得杰出的服务而将会对排队产生更高的容忍度。所以，在此案例中，排队等待的表现评价准则在事后（post hoc）可能会被降低。此案例证明了期望与表现之间一个潜在的准则不适当的配比（mismatch），因此建议，在度量期望时，针对表现评价的多准则（multi-criteria）是可能的。但是，在期望与表现认知间准则的不适当配比的效度却尚未在文献中有所质疑。

（四）满意度量

顾客满意对营销者而言是极为重要的；然而，如何借由正确的衡量，了解顾客对于公司产品的满意程度，以作为公司营销策略良好与否的资讯回馈，进而了解营销策略的绩效。但是，顾客满意度的衡量是在本质上，有理论与方法上的困难。关于顾客满意度的衡量，不同的学者提出不同的方法，兹将内容叙述如下。

1. 简单满意尺度（simple satisfaction scale）。从完全满意、非常满意到很少满意、没有满意等分成三个、五个或七个尺度，很少满意或没有满意即代表不满意，甚至是2点尺度，即满意或不满意。但是Oliver（1981）认为2点的名目尺度（nominal scale）不能正确地测量满意的等级，因为它不能提供满意的程度。

2. 混合尺度（mixed scale）。从“非常满意”、“满意”到“不满意”、“非常不满意”等分为三至七个尺度不等。其隐含的观念是满意和不满意是一个连续带上的两端。

3. 期望尺度（expectational scale）。衡量产品的绩效是比较消费者的预期和绩效好或坏，此种衡量尺度隐含的观念是若产品的绩效比消费者的预期要好，则消费者会感到满意；反之，若产品的绩效比消费者的预期要差，则消费者会感到不满意。

4. 态度尺度（attitude scale）。衡量消费者对于产品的信仰态度。从“非常喜欢”、“喜欢”……到“不喜欢”、“非常不喜欢”等分为三至七个尺度，消费者越喜欢某一产品，则代表对此一产品的满意程度越高。

5. 情感尺度（affect scale）。衡量消费者对于产品的情感反应，正面的情感反应，表示消费者对产品的满意；而负面的情感反应就表示消费者对产品的不满意。

在度量工具的选用上，Westbrook 和 Oliver（1991）指出 Likert 和语意差异尺度具有高度的可信度和集中（convergent）及判别（discriminant）效度。Oh 和 Parks（1997）亦建议研究者使用多点的 Likert 或以“欢愉的—可怕的”（delighted-terrible）表达方式来构建的语意差异尺度，来度量顾客满意。在未来的研究中，顾客满意的层面性（dimensionality）可能受到更多的重视。过去的研究倾向着重于依满意程度来度量顾客的知觉评价。这种度量操作包含了感性尺度（emotional scaling），当成顾客满意的一种补充度量。这朝向顾客满意多层面度量的行动被期待能改善尺度的效度和信度。

（五）行为意向度量

研究者已度量了许多行为意向，如抱怨、口碑宣传和再购意愿。但是，行为意向的尺度依个别研究所度量的变项而有所不同。抱怨行为是由顾客向贩售者呛声的口语和/或文字抱怨的次数来度量的。再购意向是借由一个 4 点尺度，从“一定不会再买”到“一定会再买”，来度量的。口碑宣传是借由顾客向其他人推荐产品或服务的意向来度量的。因为行为意向的架构只是最近才被纳入顾客满意研究之中，所以尚未有一个适当的尺度被认定。

三、抽样方法

便利、系统和随机抽样方法是顾客满意研究者常用的。学生对象主要是用于实验设计研究之中。这些实验设计研究的样本规模从 40 人到 144 人。一种座谈小组类型（panel-type）的样本被用于纵剖面（longitudinal）研究之中。抽样和研究结果的概论化，是餐旅顾客满意和服务品质研究中的困难议题，这是由于产品等级和细分市场两者高度的片断性（fragmentation）。举例来说，住宿和餐厅产业具有由价格而有所差异的鲜明产品阶层，以及为了同一产品而同时需要广泛不同的区隔市场。所以，任一个从特定场所或细分市场抽取样本的研究在概论化上有所限制。同时，当为餐旅场所，如旅馆、度假中心和观光据点，进行抽样时，时间是一个须被考量的重要因素。考量了餐旅抽样的所有限制之后，建议研究者借由从一种特定的样本开始发展模式并以不同的样本来测试该模式，以建构一个可概论化的模式，而非从一开始就追求一个集合（aggregate）模式。

四、效度

顾客满意和服务品质研究中，与效度（validity）相关的两个最显著的议题是期望度量的判别效度和顾客满意及服务品质的层面性（dimensionality），即概念（construct）效度。当因素间（between-factor）要素的相关性低于因素内（within-factor）要素的相关性时，判别效度就可获得了。与判别效度有关的问题是期望的多重比较标准确实存在。许多顾客满意研究者度量了不同的期望，如期望的（预测的）产品表现、顾客的信念、产品标准

(norms) 和品牌标准当成比较的标准。

虽然 Teas (1993) 强烈争论标准期望度量的判别效度是一个方法上的问题，服务品质研究者一般度量标准 (normative) 期望。尤其 Boulding 等 (1993) 同时度量理想 (ideal) 期望和标准期望，并发现了该两类期望之间的判别效度。

直至今日，尚不确定哪种期望类别和在何种情况之下具有较大的效度。须累积更多的实证以支持任何特定的期望类别。显然地，任何特定期望的效度必须依表现度量的条件来评价，此因两者的密切关系。

模式概念的集中 (convergent) 效度可借由检验概念度量要素间的相关系数 (correlation coefficients) 来加以测试。模式概念要素之间的相关性必须高于不同模式概念要素之间的相关性，才能获得集中效度。由 Campbell 和 Fiske (1959) 所发展的多特质—多方法矩阵 (multitrait-multimethod matrix, MTMM)，已有多名学者使用来检验集中和判别效度。然而，大部分的顾客满意和服务品质研究文献缺乏对所使用尺度的集中和判别效度加以讨论。所以，显现出从这些研究所得出的某些结论可能并不适当。

只有少数的研究直接探讨顾客满意度量的层面性。有关顾客满意度量层面性最常被提到的理论是“双因子理论”(dual-factor theory)。此理论主张满意和不满意是两种不同的架构，以及它们是由某产品/服务与某顾客之间互动的不同层面所造成的。两个架构间的低度相关被认为暗示了两者间的相对独立性 (relative independence)。虽然双因子理论的争论持续着，服务和餐旅文献尚未得出此双因子可能性存在的证据，需要进一步的实证来决定双因子顾客满意度量的可行性 (viability)。

服务品质的层面性问题也被提出。虽然 PZB (1988) 提议服务的五层面，但是许多重复研究并不同意层面的数目和种类。举例来说，Cronin 和 Taylor (1992) 发现 22 个 SERVQUAL 要素全都落入同一层面。Bojanic 和 Rosen (1994) 使用原本的 SERVQUAL 尺度，但得出餐厅服务的六个层面。此种服务品质层面上的差异可能来自：①对期望或表现分数特定情况依赖的服务品质分数；②不同服务种类在服务品质结构上的差异；③不同研究者所达成的因素抽取 (factor abstraction) 程度上的差异。应进行研究来决定哪一种差异的来源最为可能。

五、可信度

Cronbach's alpha 统计值是最常被用做顾客满意和服务品质研究中可信度 (reliability) 的指针。在各种单一要素 (single item) 顾客满意尺度中，如“欢愉的—可怕的”、“满意的—不满意的”、“内容分析和图形尺度”，“欢愉的—可怕的”尺度是其中最可靠的，且其 alpha 统计值介于 65~85。但是，大多数单一要素尺度的可信度估计值介于低至中等。所以，在使用单一要素尺度时需要小心。

多要素（multi-item）顾客满意尺度的可信度分数也不同。在五种受测的尺度中，Likert 和语意差异尺度比图形、口语和 porter 尺度有较高的可信度以及两者表现同样好，其个别 alpha 统计值介于 75~96 和 90~95。若与单一要素尺度的结果比较，则多要素顾客满意尺度的表现较佳。

第四节　顾客满意研究的近期发展

Oh 和 Parks（1997）提出了在顾客满意和服务品质研究文献中几个值得注意的观念和方法上的进展。这些新发展大部分来自质疑顾客满意和服务品质典范模式的基本假设和其所使用的度量尺度的效度和信度。

一、假设的改变

首先讨论与满意和不满意的功能性（functionality）有关的基本假设。顾客满意研究者都接受的一个假设是“满意/不满意与失验或表现评价之间的一个线性关系”。另外，行为意向，如再购意愿和抱怨倾向的强度，被认为是顾客满意的一个线性函数。但是，顾客满意理论中的对比理论和类化理论挑战此线性假设，并认为满意可能不是失验和表现的一个线性函数；满意可能与行为意向并非线性相关。

二、新理论

回应上述基本假设的问题，Oliva、Oliver 和 MacMillan（1992）提出一个大灾难模式（a catastrophe model），并创立满意与交易成本及品牌忠诚间关系的理论。此模式源自大灾难理论和混沌理论（chaos theory），并假设满意和不满意发生在不同的时间点。借由带来两个开端点（threshold）间的一个差距（gap），满意和不满意行为与交易成本及品牌忠诚有关，并且该两种行为并非单调无变化的（monotonic）。两个开端点间的差距是由大灾难理论来解释的，类似无差异区间（zone of indifference）。如果这思考是真实的，就出现了两个问题：①满意和不满意两者各自的触发点（triggering points）在哪里？②如何独立地度量此两架构？都尚待进一步研究。

三、方法上的进展

结构方程式模式制作（structural equation modelling）是在顾客满意和服务品质研究中被广泛采用的技术。结构方程式模式制作的一项结果，是顾客满意模式架构间的基本因果动态已浮现出来了。然而，研究者对结构的顾客满意模式的说明则呈现分歧，以致研究发现尚未互相聚集。所以，顾客满意研究者有必要：①决定模式架构间的一个可概论化的因果关系（如期望、认知的表现、失验、顾客满意和行为意向）；②认定一个有代表性的简约的顾客满意结构模式。

四、顾客满意的市场层级集合

在市场层级上制作顾客满意模式是研究者的另一个近来发展。在今日竞争的市场环境中，企业花费相当多的营销经费于发展利基市场（niche markets）以给予企业养分和免于激烈的竞争。在此情况下，营销经理最可能想了解他们目标市场的顾客满意及其与同一市场中竞争者间的比较。期望在未来更多顾客满意研究者进行市场层级顾客满意度调查。要实现这个目的，其前提条件是特定领域研究和依购买行为进行的市场细分。

五、服务品质模式的再评估

近年来服务品质研究，尤其是 SERVQUAL，受到前所未有的支持和方法上的批评。Peter、Churchill 和 Brown 三位学者在 1992 和 1993 年提出"差异分数"（difference scores）应加以避免的论点。他们认为差异分数的度量常常展现出不良的可信度，主要因为期望与表现间任何的正值相关会减弱产出的差异分数的可信度。在实务上，差异分数至少会与两者之一高度相关，也就是没有明显区别。所以，差异分数与另一变项间的任何相关只是那些用来形成差异分数和其他变项的要素度量间的一种人工制品（artifact）。这种人工相关破坏了判别效度。

差异分数的另一严重问题是变异限制（variance restriction），发生于当期望和表现分数两者之一是一致地高于另一者的时候。这种情况确实适用于 SERVQUAL，此因预期的或欲求的服务水准，几乎总会高于实际服务的认知水准，以致潜在地限制了差异分数的变异性。所以，差异分数的效度争议尚未清楚地解决，并且在差异分数的使用上，需要更多严谨的理论上的考量。

对 SERVQUAL 的另一个质疑是针对期望架构中的理想标准，而理想标准提议了两种解释：①一个古典的态度理想点，它预测当表现逐渐地超越理想点时，认知的品质会逐渐降低。此与 PZB 的表现与服务品质间单一关系的假设恰好相反。②一个可行的理想点，它代表在最好的供应者和完美的情况下，一个可行的或最高水平的表现。虽然这可行的理想点可说明 PZB 的假设，但是仍然依据特性（attributes）是向量（vector）特性（无限的或最大的古典态度理想点）或有限的理想点特性（非无限的或中间的古典态度理想点）。基于上述研究，Teas（1993）提出了两个 SERVQUAL 的替代方法：一个修正的 SERVQUAL（MQ）模式和一个标准品质（normed quality）模式。

Cronin 和 Taylor（1992、1994）也提议了一个以表现为基础的模式（SERVPERF）。他

们在四个不同产业中测试 SERVPERF 和 SERVQUAL 的法理学的（nomological）效度和结构一致性，并发现前者的表现优于后者。他们也提出一个与顾客满意和服务品质之间的时间顺序（temporal order）有关的议题。他们的结论是 SERVPERF 表现得比 SERVQUAL 要好，以及服务品质是顾客满意的前因。但是，他们倾向过度解读他们的研究结果，因为他们所宣称的模式表现差异可能无法证明是显著的。

六、重要性观念及其在行为模式中的角色

研究者对重要性度量在表现和顾客满意的预测中所扮演的角色有强烈不同的意见。虽然许多研究者并不推荐将重要性纳入态度模式之中，但是其他研究者支持将特性的重要程度（attribute importance）纳入评价顾客满意程度之中。

在餐旅研究中，重要性观念近来受到相当的注意，如纳入重要性的直接度量于旅馆顾客满意程度之中，和通过回归模式来间接评估餐厅服务的六个服务品质层面的相对重要性。虽然许多研究已探讨重要性观念，然而度量特性的重要程度的利益却尚未深入讨论。有必要正确地评估特性的重要程度对增加模式预测力的贡献。

纳入或不纳入重要性于顾客满意和服务品质模式之中的两个相反观点，源自缺乏实证支持的观念效度。此谓大多数研究者同意顾客对表现的评价，是基于主观的相对比较。"相对"应意味着在同一时间内特性之间（between attributes）、品牌或竞争者之间（between brands or competitors）和替代产品之间（between alternative products）。但是，实证调查试图只专注于重要性的来源之一。所以，研究结果尚无法支持重要性在态度模式中所扮演的角色，因为模式预测方向尚未明显改进。

一般而言，两种常用的重要性度量方法是直接询问受访者和借由回归模式来间接推论。那些试图度量重要性的研究只考量了个别特性或因素的绝对或品牌内的重要性。但是，重要性的动态可能并非如此简单。反而，重要性观念必须应用至特性之间和品牌或竞争者之间的取舍之上，而该取舍可能是针对所考虑的另一品牌的一种选择上的基础。在直接询问方法中，一个变项与其重要性相乘已是最受欢迎的加权（weighting）方法，即使两变项的统计独立性假设尚未清楚地建立。

总结来说，是否纳入重要性于度量态度之中看似一个哲学上的问题。那些倡议纳入重要性的人，易倾向专注于重要性在人们决策过程中的观念和实际的角色，然而那些想剔除重要性的人，易倾向于强调当重要性被纳入态度模式后在统计上的贡献和方法上的效率。但是，如果重要性观念在顾客满意过程中有一定的角色，未来还需努力以改进度量和模式制作重要性观念的方法。可做之事为：①更精确地度量重要性架构，即须首先建立重要性来源的效度；②发现一个较好的办法以结合重要性观念和其他有关的变项，即如果重要性应被用作是一个加权决定参素（parameter），则必须发展出一种适当的加权方法。

学习成果检验

1. 举一个你最满意的满意度定义，并说明理由。
2. 说明各种满意度的理论。
3. 说明并比较不同的满意度评量模式。
4. 说明服务品质与满意度之间的关系，并举例证之。
5. 说明满意度对购后行为的影响，并举例证之。
6. 请举例说明你自己的购买循环图。
7. 说明顾客满意研究方法上的议题和近期的发展。

第八章　服务补救

学习目标

研读本章内容之后，学习者应能达成下列目标：

1. 了解服务补救在市场营销上所扮演的角色。
2. 了解服务补救的重要性及所常犯的错误。
3. 了解影响服务补救满意度的前因。
4. 了解服务补救的策略及方法。
5. 了解服务补救的程序。

航空公司易受不可抗力因素影响，造成航机延误或取消的服务缺失，因此一套服务补救的策略及方法是改善服务品质的必要工作（照片由联合报系提供）。

本章导读

只要有服务，就必会产生服务失误，也就必须进行后续的服务补救。但是，要如何才能做好服务补救呢？这是所有机构都不能忽视的工作与责任。实因顾客或许可容忍所遭遇的第一次服务失误，但很难容忍第二次的服务失误，也就是差劲的服务补救。若顾客不满意服务补救，则其再持续购买的机会就很低了，也就是公司永远损失了该名顾客及其所带来的顾客终身价值。所以，机构必须了解服务补救的重要性以及避免在进行服务补救时所常犯的错误，否则会付出惨痛的长期代价。另外，更须了解影响服务补救满意度的主要因素，包含顾客因素和员工因素。再规划运用适宜的服务补救策略及方法，以最小的成本换取最大的服务补救效益。最后，机构必须规划设计自己的服务补救程序，以使员工了解自己在服务补救程序中所扮演的角色和可遵循的规定及方法，才能让服务补救工作顺畅地进行，以赢回顾客的心。

第一节　服务补救的重要性及常犯错误

服务补救的观念已随时间持续发展和改变。在20世纪70年代以前和80年代早期，服务补救主要在于重置计算机或通信设备，或从自然灾害中修复。但是，从20世纪70年代晚期至80年代，市场营销者开始不只着重在响应的前提下，解决特定服务问题的服务补救事件，也着重服务补救的长期效益，例如提升的顾客忠诚度和正面的口碑传播。1990年以来，服务补救的焦点转向服务补救在竞争市场中可扮演的主动和策略性的角色（Brown、Cowles & Tuten，1996）。

从策略的观点而言，服务补救能代表两种不同的服务哲学，如图8-1、图8-2所示。第一种是着重于交易（transaction-focused）的观点，针对当顾客与公司互动的关键时刻，确保顾客的满意度。第二种是着重于关系（relationship-focused）的观点，服务补救的目标不只是要改正特定的失误事件，也要改善服务传递系统，以排除未来的失误事件，提升顾客对服务品质的整体认知和确保与忠诚顾客的长期关系。着重于交易的观点，暗示服务补救只是达到顾客满意的一种替代途径；而着重于关系的观点，则强调一致性和可靠性对发展长期顾客关系的重要性。再者，服务补救的努力应在创造立即的顾客满意和改善未来的服务设计和传递之上扮演一个重要的角色。

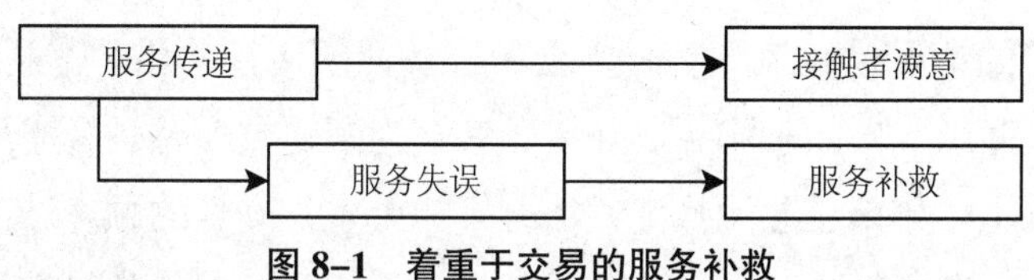

图8-1　着重于交易的服务补救

资料来源：Brown、Cowles & Tuten（1996）。

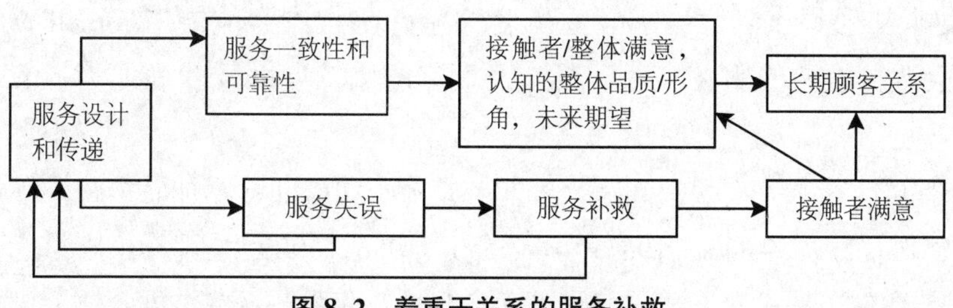

图8-2　着重于关系的服务补救

资料来源：Brown、Cowles & Tuten（1996）。

一、服务补救的重要性

若发生服务失误，业者或服务人员应尽快进行服务补救。服务补救是服务提供者对于服务的缺陷或失误所采取的行动及反应（Gronroos，1988）。Kelley、Hoffman 和 Davis（1993）认为服务补救，是服务提供者在服务失误后所采取的一连串“补强”（reinforce）措施。而顾客不满意的缘由，除了企业的服务失误之外，另外绝大部分是来自未能做好服务补救行动（Berry & Parasuraman，1991；Bitner、Booms & Tetreault，1990），未能做好服务补救甚至是导致顾客转移、改向其他企业交易的主要原因之一（Keavency，1995）。Johnston 和 Hewa（1997）指出发生服务失误对客运业者会产生下列的成本：①离去顾客的成本。顾客的转换行为与离去行为是最常见的服务失误成本。②失去潜在顾客的成本。这一成本是无法被精确衡量的巨大成本，公司之所以会失去潜在顾客，大部分的原因是现有顾客所传播的负面口碑。③负面口碑。根据估计，平均而言一个不满意的顾客会向 11 个人抱怨其不满意的经验，如此的负面口碑，会使得顾客和潜在顾客对公司失去信心。④被顾客怨恨。一个对公司服务不满意而心生怨恨的顾客，除了散布负面口碑外，也会扮演“恐怖分子”的角色，并且采取报复行为而威胁公司。另外，不论从成本还是利润的角度分析，企业维持老顾客的成本，远低于争取新顾客，而且获利更高（Fornell & Wernerfelt，1987；Richheld & Sasser，1990）。

Stiefbold（2003）指出企业需要进行服务补救的三大理由：①如果顾客对服务补救觉得满意，即使依然决定不再与该企业往来，仍可冲销其负面认知。虽然顾客可能不再前来购买，但非常可能的情况是，该顾客将不会做出负面的市场宣传。②将问题满意地解决，将导致 70%的不满意顾客再回来购买。如果顾客认为问题被实时且公平地解决的话，该比例将上升至 90%以上。如果企业能找出方法，好让更多不满意的顾客站出来抱怨，那么企业将会有一个独特的经济机会。③有效的服务补救，将被顾客认为是整体服务品质卓越的一部分，也成为企业与其竞争者间的一项经济优势差异因素。因此，企业采取良好的服务补救将有助于加强顾客满意度、建立顾客关系并防止顾客流失（Fornell & Wernerfelt，1987），亦会改善企业的服务表现、员工及顾客的满意度以及获利能力（Tax & Brown，1998）。

服务补救可改善服务失误的问题，企业若是对于服务补救不加以重视，必定会造成更大的损失（Albrecht & Zemke，1985；Goodman，1986，1989）。服务补救的正面效果是多方面的：虽然会使短期成本增加，但却可重新改善企业服务系统，借此让公司长期营运成本下降，并产生更多的满意顾客（Firnstahl，1989）；可消除或减少顾客不满意的态度，并持续与企业交易（Hart、Heskett & Sasser，1990）；通过有效的承诺及顾客信赖，会使顾客对公司的忠诚度提高，同时也增加了顾客未来的再购意愿（Bejou & Palmer，1998）；如果公司能够将客户流失率（投向竞争者的怀抱）降低5%，将可增加25%~85%的获利（Reichheld & Sasser，1990）。服务补救在整体服务传递系统中，所扮演的角色已有所改变且更为重要。服务补救已然变成服务系统中的一种实质功能，设计来预防流失不满意的顾客以及尽量消除不满意的顾客对潜在新顾客所散播的负面口碑，而不再只是针对服务失误事件的特别响应而已。

二、常犯的服务补救错误

虽然大多数机构都知道服务补救的重要性，但是并不知道：①多少比例的顾客在过去3~6个月中遭遇问题？②多少比例的顾客有所抱怨但并未告知我们？③为何人们停止和我们做生意？④多少比例的顾客是忠诚的、不安定的或在转移的边缘（Stiefbold，2003）？即使机构拥有最佳的服务补救程序，也可能犯下几种错误。大致有八种典型的错误，说明如下：

（1）经理人并不相信将不满意的顾客转变成满意的顾客，所需付出的时间或努力是值得的。顾客从不良管理的公司电话服务中心、恼人的全时销售和营销电话以及恼人的市场研究者的接触中，所获得的体验已创造出一种负面的环境。在此环境中，顾客已无心去区分哪家公司的服务品质特别好或是服务补救的领导者。经理人认为顾客享受卓越服务是理所当然的事情，但是要持续维持卓越服务却是昂贵的，只有少数公司会如此做以及差劲的服务品质反正几乎已成常规了，顾客本身是非常愤世嫉俗的。

（2）经理人忽视服务补救具有显著的财务报酬。当机构将其重心转至内部成本削减和对它们最具获利性的顾客进行付费的顾客维持策略，它们已看不见对所有顾客尊重的需要，以致做出许多错误的行动而造成实质的且可度量的市场破坏。

（3）机构未善加利用免费的顾客关键事件资料和每天于关键时刻（moments of truth）的交易经验。第一线的顾客接触人员经常向上报告情况，但是市场研究单位很少重视这些信息。与各种细分市场中顾客有关的信息未曾整合，以使机构能适当地计划和响应服务补救的机会。

（4）公司未投资足够的资源于防范服务争议的行动之中。事前防御的做法虽然并不能消除对卓越的服务补救系统的需要，但可借由让规划者着重于解决潜在的问题，以免变成顾客的问题，来大幅减少服务补救系统的负担。在下列三种主要的领域中，存有典型的不合宜的防御做法：

a. 量化和质化的不满意度量。这导致忽视了不同细分市场中顾客所真正发生的状况。

b. 对主要服务指针的例行性追踪和依相关的顾客区隔进行主要服务指针的分析。

c. 收集顾客回馈的简易顾客抱怨系统的设计。

（5）服务补救的最重要的事项就是态度。不论服务补救系统设计得多完善，若缺少友善、语中含笑的态度，就无法达到服务补救系统所欲达成的目的。

（6）机构未使顾客易于抱怨或给予回馈。此缺点可借由旅馆和餐厅的意见卡及网络调查来改善。但是，却很少向顾客宣传顾客意见调查的简易性及其对顾客的价值，并且缺少一个机制来妥善处理顾客的抱怨。机构不知如何做或它们曾做过哪些事但未解决任何问题。那些背叛的顾客相信抱怨是没有用的。

（7）机构未训练和授权第一线的员工将一位不满意的抱怨顾客转变成为一个满意的顾客。员工常常引述公司政策而未展现任何对顾客的同理心或询问顾客他们想如何友善地解决问题。

（8）机构收集顾客抱怨的资料，但没有一个机制来利用这些资料以防止问题的再次发生。

第二节 服务补救满意度的前因

一、顾客的观点

影响服务补救满意度的前因，依服务补救的三个阶段（补救前、补救中和补救后）而有所不同，如图 8-3 所示（Miller、Craighead & Karwan，2000）。在服务失误已发生但服务供应者尚未知晓之前的“补救前阶段”（pre-recovery phase）中，顾客的“服务补救期望”受到失误的严重性、认知的服务品质、顾客忠诚度和服务保证的影响。较高的服务补救期望可能使服务补救更不容易，但是没有服务补救期望的顾客，可能就此离开并且不再回头，然而忠诚的顾客可能给公司一个服务补救的机会。认知的服务品质越高，则服务补救期望越高。如同忠诚的顾客一般，顾客可能会给具有较高服务品质的公司更多机会来修正服务失误。服务失误的严重性会提高服务补救期望。补偿和抚慰顾客所需的花费，依服务失误的种类和严重性而有很大的不同。顾客期望公司信守所表明的服务保证。服务保证也会提升服务补救期望。“补救中阶段”（immediate recovery phase）始于服务供应者知晓之后，止于顾客接到公平的赔偿，其成效受到补救活动种类（如心理层面的道歉和同理心、可触知层面的公平修正和附加价值）和服务传递因素（如补救速度和第一线员工授权）所影响。“补救后阶段”（follow-up recovery phase）在顾客接到公平的赔偿（fair restitution）之后开始，其成效受到心理层面的道歉及表达关切和可触知层面的小额金钱补偿（small token）。

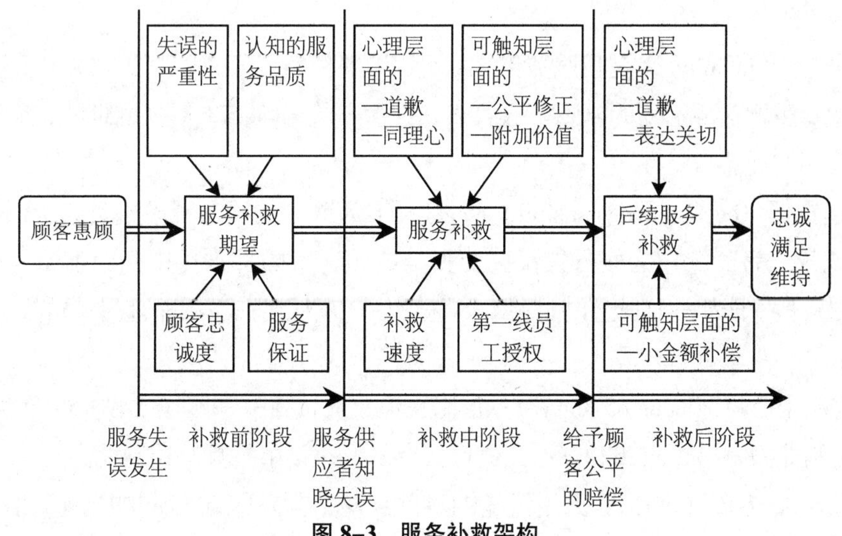

图 8-3　服务补救架构

资料来源：Miller、Craighead & Karwan（2000）。

从顾客的观点而言，影响顾客对服务补救满意度的前因可分为 15 大项，即时间、补偿、道歉、沟通方式、妥善修正、同理心、负责、守信、回报、对服务品质和顾客满意承诺的认知、授权、易近性、有形物、员工态度、解释（Boshoff，1999），在下面逐一说明。

1. 时间（time），是指为解决顾客问题所花的时间长短。迅速地解决服务失误所造成的问题，是成功地自服务失误回复和达到顾客满意所必需的。越快进行服务补救，则顾客对服务补救措施可能有更高的满意度。

2. 补偿（atonement），是指给予顾客某种形式的价值补偿，以弥补顾客因服务失误所遭受的麻烦。顾客并不是都期望一些补偿，但服务失误越严重或麻烦，补偿则变得越重要，或是如果能获得补偿，则会明显提升满意度。

3. 道歉（apology），是指因某种服务失误而使公司或员工，向顾客因此所遭受的麻烦做出道歉的行动。事实上，从公司的观点而言，道歉是公司借由认知顾客已遭遇麻烦来重建公平性（equity）的第一步。而另一个观点则为，道歉是一种责任的表白和一种懊悔的陈述。道歉可以电话、书信或个人为之，而其中以个人亲自道歉最佳，且最能为顾客所接受。当道歉再加上一些补偿时，将提升顾客的满意度和公平性认知。

4. 沟通方式（communication style），是指员工向提出抱怨的顾客说话的态度。服务供应者的沟通方式可正向影响顾客的评价。沟通方式有两种，即收敛（convergence）和维持（maintenance）。收敛方式是指服务供应者运用一些策略来表达喜欢、助益性、相似性或了解；在语调上、语言上和非语言上，在双方沟通的行为中，服务供应者变得与顾客相像。维持方式就像服务的标准化做法，不在语调上、语言上和非语言上倾向顾客。

5. 公平修正（fair fix），是指在第二次服务时，核心服务被正确地执行，也意味着服务供应者的可靠性。

6. 同理心（empathy），是指服务供应者对顾客的关心和个别注意；关心顾客的问题、修正问题和减少顾客所遭受的麻烦。服务人员在服务接触中若能展现同理心，则可正向影响顾客对公司的观感。

7. 负起责任（accepted responsibility），是指谁为服务失误受责难或负起责任，可为公司、顾客或第三者。公司为服务失误接受责难或顾客归因责难可由归因理论（attribution theory）来解译。下列三个观念说明顾客如何评估一项服务失误和服务失误的责难是如何归属的：

（1）控制中心点（locus of control）：谁为服务失误负责——顾客或服务供应者？

（2）控制能力（controllability）：应负责任者是否对该事件具有控制能力？

（3）稳定性（stability）：服务失误是否将再次发生？亦即，失误的原因是相当短暂的（偶然发生）还是永久的（长期不断发生）。

如果公司对服务问题无法控制和问题可能将再次发生，则归因理论预期顾客将可能更不满意。如果公司接受失误问题的责任，则顾客对公司的解释更可能会满意和更可能维持对公司的忠诚。顾客不会善待试图逃避责任的公司或说出“这非我所管的事情”这句话的员工。

8. 守信（kept promises/reliability），是指服务供应者信守承诺或做他说过要做的事。顾客宁愿听到坏消息，也不愿被服务供应者欺骗或误导。当进行服务补救时，公司必须确保他做了解决问题所该做的事。

9. 回报（feedback），是指服务供应者向提出抱怨的顾客，说明问题的相关信息和目前处理问题的作为。尽管向提出抱怨的顾客回报处理进度是重要的，但服务供应者经常没做好回报的工作。

10. 对服务品质和顾客满意承诺的认知（perceptions of commitment of service quality and customer satisfaction），是指顾客对公司信守提供高品质服务的承诺和对满足顾客的重视度的认知。SERVQUAL 模式中的差距 2 就是因公司管理当局对服务品质的着力不足所致。

11. 授权（empowerment），就是行动的权力，也是指员工被允许使用的资源和作出的决定。让第一线员工使用自创的想法和判断，可改善他们服务顾客的品质。不过，训练员工和授权员工是相互独立的两件事，此因如果不授权员工，依他们自创的想法去行动和依他们认为合适的方法去修正服务失误，则就没有必要训练员工解决问题。所以，如果员工无法解决问题或有所帮助时，则无论员工是多么友善或关心，只会加重顾客的挫折感，并且顾客将会对服务更不满意以及公司可能失去一位有价值的顾客。

12. 易近性（access approachability），是指顾客是否能提出抱怨、员工是否被指派处理顾客抱怨和员工是否劝阻顾客提出抱怨。

13. 有形物（tangibles），是指员工的外貌和衣着、员工使用的设备和处理抱怨时所在的周遭环境。有形物在消费者于接触服务后对服务品质和服务补救努力的评估中扮演了一个重要的角色。

14. 员工态度（staff attitude），是指员工与顾客交易的过程中是否友善和善体人意。员工必须让顾客感到愉快、有帮助的和殷勤的（attentive）；对顾客表达关切之意；行动迅速和具有弹性。

15. 解释（explanation），是指服务供应者是否以明确和认真的态度向顾客解释为何问题会发生。解释并不包含责任的承担或道歉。公司在面对抱怨时，经常运用解释来防卫它们的信誉和试图确保，即使顾客不满意也要维系他们对公司的忠诚。所给予解释的方式是顾客用来评估服务，尤其是服务补救努力的显著因素。消费者认为解释是必要的，即使只是说“下次尽力且避免问题再次发生”。

经过实证研究，Boshoff（1999）从上述15个因素中获取6个显著的因素来建构服务补救满意度衡量问卷的层面和问项，如表8-1所示。每个问项的度量尺度采Likert scale，由1（非常不同意）、2（不同意）、3（无意见）、4（同意）、5（非常同意）所组成。

表8-1　服务补救的层面和问项

层面	问　项
沟通方式	处理抱怨顾客的员工应清楚地向顾客沟通所抱怨的问题
	当我抱怨不良服务时，我期望员工问我问题以助厘清状况
	处理抱怨的员工应能体谅别人的
	处理抱怨的员工应可信赖的
	解决顾客问题的作为应是真诚的
授权	“接受我抱怨的人员可解决我的问题”对我是重要的
	当接受我抱怨的人员找别人来解决我的问题时会惹怒我
	当我的抱怨被层层转介时会让我生气
回报	当我抱怨不良服务时，我期望公司以书面告知我解决问题的进度
	当我抱怨不良服务时，我期望公司以书面道歉
补偿	提供不良服务的公司应为我招致的财务损失而道歉
	不良服务不应让我没有获得财务补偿
	当我抱怨不良服务时，我期望员工是有礼貌的
解释	当我抱怨不良服务时，我期望员工解释为何问题会发生
	当接受我抱怨的人员不能提供满意的解释为何问题会发生时，会惹怒我
有形物	与顾客接触的员工应穿着良好
	处理顾客抱怨的员工应在一个整齐干净的环境中工作

遭遇服务失误的顾客对上述业者可做的15项，六大层面影响服务补救满意度的前因（作为）有所期望，对业者实际的服务补救亦会有其认知。此对服务补救的期望与品质认

知，可“直接”影响服务补救满意度和通过“顾客失验”，即服务补救的期望与品质认知两者间的差异，而“间接”影响服务补救满意度。Andreassen（2000）更进一步纳入“初始负面感觉”（initial negative affect）和“公平”（equity）于服务补救满意度模式中，如图 8-4 所示，并认为“初始负面感觉”会“直接”影响服务补救满意度，而“公平”会受到“认知的服务补救品质”的影响且会“直接”影响服务补救满意度。

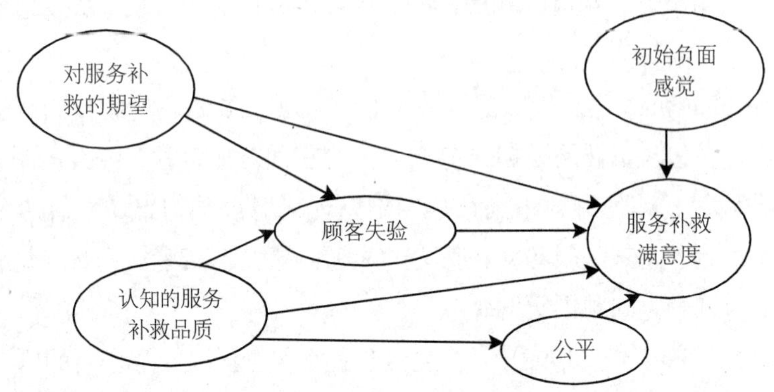

图 8-4　服务补救满意度模式

资料来源：Andreassen（2000）。

纳入“初始负面感觉”的理由，主要是顾客满意研究和心理学研究结果，显示正面和负面的感觉导向，会影响对后续事件的感觉判断（Westbrook，1980；Schwartz & Clore，1983）以及负面感觉是满意度的一项负面前因（Mano & Oliver Framework，1993）。所以，由初始服务失误所引发的“初始负面感觉”，可能会对服务补救满意度判断产生负面的影响，此因顾客是处于一种负面的心态之中。基于同样的理由，“初始负面感觉”可能会对未来购买意愿产生负面的影响。

纳入“公平”的理由，主要是“公平”与“失验”是不同的观念。一般来说，公平理论（equity theory）建议在一次交换中的所有个体，如果觉得在交换中，付出的投入与获得的结果能有所平衡，他们就会觉得受到公平对待和满意。相对于“失验”，满意判断是消费前的期望与认知结果比较的一个函数，而“公平”是一个相对的层面（a relative dimension）。“失验”是比较预测期望和表现（performance）后的结果，而认知公平是比较模范标准（normative standards）和表现后的结果。此两观念的基本不同之处在于：①比较的标准；②标准的本质；③用于比较的属性和层面；④是否有投入；⑤在比较过程中的阶段；⑥对此两观念在不同状况下的情绪反应。“公平”与“失验”皆对满意度有显著的影响，并且两者在观念上是不同的，以及可被认为是满意度的互补驱动者（Oliver & DeSarbo，1988；Oliver & Swan，1989）。

因为满意或不满意判断被认为是在有所投入的情况下，相对于他人所获得的结果，由个人所获结果的公平或不公平所总结而成的。而顾客觉得公平或不公平则受到他对所获结果（如抱怨处理过程的公正性）品质的认知所影响。所以，“认知的服务补救品质”会正向影响“公平认知”，而“公平认知”会正向影响“服务补救满意度”。

在度量“服务补救满意度”时，不能直接用一种客观的方法来加以度量（Simon，1974）。但是，如果“服务补救满意度”被当成是一种抽象和理论的现象，那它可被度量为一个多元指针加权平均数（a weighted average of multiple indicators）。如同“服务补救满意度”一样，服务补救的期望、认知的服务补救品质、服务补救满意度、初始负面感觉和公平认知皆以多元指针来加以度量。

“初始负面感觉”是由下列问题中的三个指标来总和平均度量的。在你不满意的当下，可用下列个别词句的哪一种程度来加以描述？

（1）失望（–5=非常低度，+5=非常高度）

（2）生气（–5=非常低度，+5=非常高度）

（3）诧异（–5=非常低度，+5=非常高度）

“服务补救的期望”是由下列问题中的四个指标来总和平均度量的。

（1）当你第一次向X公司抱怨时，你对X公司为所发生的事给你一个良好的“解释”的期望有多高？（–5=非常低度，+5=非常高度）

（2）当你第一次向X公司抱怨时，你对X公司为所发生的事向你“道歉”的期望有多高？（–5=非常低度，+5=非常高度）

（3）当你第一次向X公司抱怨时，你对X公司表现出“了解你的抱怨”的期望有多高？（–5=非常低度，+5=非常高度）

（4）当你第一次向X公司抱怨时，你对X公司会“做任何事来满足你”的期望有多高？（–5=非常低度，+5=非常高度）

“认知的服务补救品质”是由下列问题中的三个指标来总和平均度量的。

（1）你对与你接触的“X公司人员对待你的方式”感觉有多满意或不满意？（–5=非常不满意，+5=非常满意）

（2）你对整个抱怨处理程序，从抱怨的那天起到获得最终的结果止，“所花的全部时间”感觉有多满意或不满意？（–5=非常不满意，+5=非常满意）

（3）你对整个抱怨处理程序中，“X公司提供你相关信息”感觉有多满意或不满意？（–5=非常不满意，+5=非常满意）

二、员工的观点

员工在处理服务失误时常感到低度控制和无助，会负面影响员工的工作满意度和顾客对服务补救的满意度（Bowen & Johnston，1999）。Boshoff和Allen（2000）指出机构因素（organizational variables）会影响第一线员工有效处理服务失误的能力。机构因素分为认知的管理态度和工作环境认知。

（一）认知的管理态度（perceived managerial attitudes）

管理当局的态度是重要的，此因它们形塑公司营运的整体方式。受管理态度直接影响的三项因素被认为会影响公司的服务补救表现，于下逐一说明。

1. 最高管理当局对卓越服务的承诺（top management commitment to service excellence）。缺乏最高管理当局的承诺是为何许多品质改善作为失败的主要原因。员工会揣摩最高管理当局的意向，如果员工相信管理者并未致力于服务卓越的目标，那么他们也不会尽力提供卓越的服务。因管理作为是形塑员工行为最具影响力的因素，所以管理当局必须带头做起和展现出他们期望员工应有的行为。虽然最高管理当局的成员离第一线员工甚远，但他们必须展现出对服务卓越的承诺。相同的作为也可应用于服务补救之上。所有的服务失误需要服务供应者尽力解决，并且除非管理当局致力于服务卓越，否则不可能达成服务卓越的目标。

此因素可由下列问题并采 Likert scale，由 1（非常不同意）、2（不同意）、3（无意见）、4（同意）、5（非常同意），来加以度量：

（1）公司高层管理当局承诺为顾客尽其所能。

（2）公司高层管理者说了很多有关于顾客满意的事情。

（3）公司高层管理者的行动支持及其对顾客服务的口头承诺。

（4）公司高层管理者尽力确保顾客满意。

2. 公司的顾客服务导向（customer service orientation of the firm）。强烈的组织文化对公司员工的行为有相当大的影响。公司中非正式的力量有时比正式书面政策和纲要更具有影响力。组织文化给予管理者一种有效的工具来向员工传达所期盼的行为。相同地，服务公司中所存在的组织文化，强烈影响公司提供卓越服务和有效服务补救的能力。

自由决定的行为（discretionary behavior），即有各种不同的选择来完成一项工作的运用，将强烈影响服务接触和与其有关的顾客满意度。当需要某些自由决定行为的时候，公司文化将影响员工在非常状况（如发生服务失误）下如何行动。换言之，盛行的组织文化将至少部分决定了第一线员工在服务补救状况中将有何作为。不管宣称“顾客永远是对的”和“员工应尽力满足顾客”的公司正式政策和标准的力量，如果公司的非正式文化不能反映公司的承诺，则服务补救作为注定失败。如果公司将抱怨的顾客视如麻烦之人，那么员工不可能在处理顾客抱怨时，表现出令人愉悦和具有同理心的行为。

此因素可由下列问题并采 Likert scale，由 1（非常不同意）、2（不同意）、3（无意见）、4（同意）、5（非常同意），来加以度量：

（1）公司定期度量顾客的满意度。

（2）公司了解顾客的需要。

（3）公司依顾客满意度来设定公司目的。

（4）公司试图为顾客创造价值。

（5）公司完全承诺好好服务顾客。

3. 员工奖酬（employee rewards）。公司奖励员工的方式，显著影响员工提供服务的程度。追求卓越服务的公司，必须确保其所欲求的员工行为被主动地鼓励和适当地奖赏，以激励员工提供服务卓越和为重建不满意顾客的满意度所必要的服务补救作为。适当地奖励员工优秀的服务品质，将有助于确保服务卓越的愿景得以实现。

然而，在考量员工奖酬时，有效的服务补救作为却常被忽略了。处理生气的顾客是一份没有感谢的工作，并且做好此工作的员工应被赞扬和奖励。如果服务补救努力未受到奖励，那么服务补救将不会被有效地执行了，并且顾客满意和维持亦将受损。

此因素可由下列问题并采 Likert scale，由 1（非常不同意）、2（不同意）、3（无意见）、4（同意）、5（非常同意），来加以度量：

（1）如果我提升了服务顾客的水准，我将会被奖励。

（2）我接到的奖励是依据顾客对服务的评价。

（3）本公司员工会因服务顾客良好而受到奖励。

（4）本公司员工会因有效处理顾客抱怨而受到奖励。

（5）我因满足抱怨的顾客而受到奖励。

（二）工作环境认知（working environment perceptions）

员工每天的工作环境对员工的行为和表现有巨大的影响。影响服务公司的服务补救绩效的因素包括团队合作、授权、员工训练、角色模糊、角色冲突和组织承诺。

1. 团队合作（teamwork）。团队合作在许多工作环境中对工作绩效有所助益。虽然卓越服务有时来自个人的行动，但是更常发生于共同工作的人集体的行动中。纵使是由第一线员工最终服务顾客，但为了使服务能顺利进行，他们需要后场员工的全力协助。

顾客常只看到一小部分的服务传递过程。虽然并不是公司的每一名员工都实际直接面对终端顾客（the end customer），但是每一个工作在确保服务卓越上都是重要的。公司中每一位员工都有一种顾客要服务，不论是终端顾客或位于第一线的同事。当每一位员工都必须向某位顾客负责时，他们的工作就变得更有意义了。一个有生产力的团队环境，将群众连接在一起并且激励成员为团队利益和共同目标来努力。它必须是相互支持的，鼓励成员相互学习和重视每位成员为达到最终目标所付出的努力。团队合作提升绩效和服务品质，尤其是在需要创意和创新的状况之下，即如服务补救行动。

此因素可由下列问题并采 Likert scale，由 1（非常不同意）、2（不同意）、3（无意见）、4（同意）、5（非常同意），来加以度量：

(1) 我的部门中每一个人对团队努力于服务顾客有所贡献。

(2) 我觉得我是部门团队中的一分子。

(3) 我和部门团队中的其他成员合作多过竞争。

2. 授权 (empowerment)。当发生了服务失误时，顾客期望有一个快速和公平的响应。经历不满意服务的顾客，不希望被转介到其他人或听到“等经理吃完午餐回来之后再来”，只希望赶快将问题解决。70%的顾客表示，如果他们只需面对一名公司的员工就能解决问题，他们将会是满意的；如果必须向两名员工述说，则满意百分比降至60%以及随参与员工人数的增加而持续往下降 (De Vyre，1994)。此结果显示，第一线员工必须得到授权以修正当下发生的服务失误。

在本质上，授权是给予员工权力采取行动以将顾客服务得更好，并且影响组织绩效。由于服务本质的缘故，最受授权引入影响的就是第一线员工。他们是最接近顾客且位于最佳位置来决定什么行动是必要的，因为他们知道顾客对他们的服务有何期望和当事情出错时顾客想要什么。他们也位于最佳位置来提供顾客所想要的服务补救。但不幸的是，顾客接触人员常未被赋予提供要求的服务水准时所需要的权力，尤其是发生了服务失误的情况之下。反而是管理当局常通过设置连最基本的决定，都必须由管理人员来决定的政策和程序而阻碍了服务卓越。授权使员工能提供有效率的、亲自的和更有响应性的服务和补救作为。

此因素可由下列问题并采 Likert scale，由 1 (非常不同意)、2 (不同意)、3 (无意见)、4 (同意)、5 (非常同意)，来加以度量：

(1) 当顾客问题发生时，我有权力改正它们。

(2) 我被鼓励由我自己处理顾客的问题。

(3) 在我处理顾客的问题之前，我无须得到管理当局的核准。

(4) 我被允许做绝大部分的事以解决顾客的问题。

(5) 我可控制我如何解决顾客的问题。

3. 员工训练 (staff training)。为了要提供一致性的高品质服务，所需要的不仅是在对的职务上有对的员工和授权他们。员工也必须接受训练，以接待顾客和修正不可避免的问题。他们必须具有很好的人际关系技巧，以及接待顾客和所提供产品/服务的知识。43%的不满意服务接触来自第一线员工处理不当所造成的失误 (Bitner 等，1990)，有效的训练也是服务领导者能与其竞争者相区分的一个领域。

但是，只有非常少数的员工具有自然的响应力、同理心和处理问题时能让顾客安心。有必要训练员工在面对问题时如何响应。不幸的是，处理一名生气的顾客所需要的技巧是反直觉的 (counterintuitive)，与自然本能相违背的。对接到抱怨的人而言，常常容易感觉像是一种攻击。训练应确保员工在顾客抱怨的情境中不会升高冲突的可能性。

当一位不满意的顾客抱怨时，第一线员工的反应显著影响服务补救的效果。应训练员工技术及功能技巧、聆听顾客的问题、消除顾客的愤怒和提供妥善合宜的服务。如果员工未接受适当的训练，则服务补救将会失败。

此因素可由下列问题并采 Likert scale，由 1（非常不同意）、2（不同意）、3（无意见）、4（同意）、5（非常同意），来加以度量：

（1）公司的员工接受持续的训练以提供良好的服务。

（2）公司的员工在接触顾客之前接受广泛的顾客服务训练。

（3）公司的员工接受如何将顾客服务得更好的训练。

（4）公司的员工受过处理顾客抱怨的训练。

（5）公司的员工受过处理顾客问题的训练。

（6）公司的员工受过处理抱怨顾客的训练。

训练并适度授权员工处理顾客抱怨，可补救服务失误，并避免顾客产生更多的抱怨（照片由联合报系提供）。

4. 角色模糊（role ambiguity）。当员工不确定他的职责时，就产生了角色模糊。业务人员和第一线员工最易受到角色模糊的伤害，此因第一线业务人员一般接受很少的正式工作训练和工作督导。

当第一线员工缺乏最有效果行为的知识时，他们的努力较倾向于不充分的或不适当的。这可能对顾客认知的服务品质水准产生强烈的负面影响，并且也可能发生角色模糊。以两种方式影响员工补救服务失误的能力。第一种方式是，当第一线员工不确认他们的职责时，他们不可能提供顾客满意的服务补救。第二种方式是，相对于建构在服务传递系统中的服务失误，因角色模糊而产生的不适当员工行为所造成的服务失误是特别难以修正的。

此因素可由下列问题并采 Likert scale，由 1（非常不同意）、2（不同意）、3（无意见）、4（同意）、5（非常同意），来加以度量：

（1）我对我的工作有清楚和规划的目标和目的。

（2）我确切知道对我的期望是什么。

（3）我知道对我的责任是什么。

（4）我确知我所拥有的权力层级。

5. 角色冲突（role conflict）。当顾客向员工提出不兼容的需求时，角色冲突就产生了。第一线员工是公司与顾客间的桥梁并且必须满足双方的需要，这使得他们特别易于身陷角色冲突之中。当公司和顾客的期望不一致时，员工就可能经历角色冲突。这种冲突在销售重于服务的公司会特别严重。

有强烈的理论基础，让我们相信高度的角色冲突将负面影响员工的绩效。如果第一线员工经历了角色冲突，他们可能感觉受到压力和不自在，且将其反应在他们的情绪上和与顾客的互动上。

6. 组织承诺（organizational commitment）。员工的感情承诺（affective commitment），即员工觉得与组织间有一定的连接，对员工绩效有正向的影响。具有感情承诺的员工一般会投入更多时间、更多的努力和更多的才能于所工作的组织之中。组织承诺同时正向影响了内部和外部服务品质。

此因素可由下列问题并采 Likert scale，由 1（非常不同意）、2（不同意）、3（无意见）、4（同意）、5（非常同意），来加以度量：

（1）我发现我的价值与公司的价值很相似。

（2）我真正关心公司的未来。

（3）我骄傲地告诉其他人我在这间公司工作。

（4）我愿意投入超出期望的努力以帮助公司成功。

（5）对我而言，这间公司是所有可能工作的公司中最好的。

第三节 服务补救的策略及方法

一、顾客对服务补救的期望

顾客对服务补救的期望将依他们是否觉得无所谓、困扰的或受伤害的而定。Bell 和 Ridge（1992）指出顾客对服务补救的期望可分成五种，于下说明。

1. 顾客期望为了不方便而“道歉”。这看起来是显而易见的事，道歉可安抚一位受触怒的顾客，但常常简单一句且无任何损失的“道歉”却很难说出口。道歉能让愤怒的顾客知道你了解他所遭遇的挫折，更有助于防止严重负面印象的产生。个人亲自道歉是最具有威力的，而公司道歉信函对顾客来说，缺乏了个人的诚意和真心关怀的感觉。一句“对我们的服务失误所造成您的不便，我感到很抱歉”，对顾客显示了服务提供者以亲身且专业的态度来处理现下的问题。除此之外，亲自向顾客道歉而非加入顾客一起责备犯错的员工，也显示出你在帮忙顾客而非专注于责备。

2. 顾客期望问题能公平地解决。大部分顾客遇到服务失误而寻求补偿时，都有一种公平解决的意识。如果服务提供者能提出一个合理的解释和显露出感受性和关怀，顾客将友善地响应。询问顾客觉得应如何解决问题是一个好方法。顾客会依据问题的轻重缓急，而提出自己所要求的补救或补偿措施，而服务提供者若能善予回应和周旋，应可圆满解决问题。

3. 顾客期望公司关切问题、处理问题和关怀顾客的不便。顾客体验了每次服务的结果和过程。结果是要求一项服务需要的满足达于顶点，而过程是一项服务需要的被满足的程序中顾客所体验到的。同样地，服务补救也包含了结果和过程。服务补救的结果是顾客觉得满意的解决方法，而在服务补救的过程中，服务提供者应展现人际关系和解决问题的技巧。

4. 顾客期望公司能提供具附加价值的补偿。补偿可有各种不同的做法，如给予折扣、免费、更换、送优惠券等。虽然，不见得须为每次服务失误给予补偿以达成有效的补救，但是如果顾客自觉受伤害、严重地不便或受到损失的情况下，补偿就变得重要且关键了。虽然补偿会让公司花钱，但补偿行为在本质上是具有象征意义的。“虽是小事，但把它做好”对顾客而言是相当有意义的。

5. 顾客期望公司能保持承诺。这期望最终影响到公司的可信度。顾客是否能依赖公司做到所承诺的事项？如果发生特殊状况而未能完成所承诺的事项，必须让顾客越快知道越好。顾客宁愿听到坏消息，也不愿听谎话或受到错误的引导。

二、服务补救的策略

良好服务补救策略应符合下列四项准则：①应尽可能圆满地解决顾客问题；②专门负责处理顾客申诉的员工，必须清楚明了服务补救策略的内容，以及服务人员必须明白为顾客解决问题是其工作职责的一部分；③顾客可以很容易找出并利用服务补救策略；④补救策略应具有弹性，以便适应不同类型的服务失误与各种服务期望。另外，大部分的服务补救策略急需获得改善，而且许多企业在响应顾客抱怨上所获致的成效有一半以上只会让顾客对服务更加不满意（Hart、Heskett & Sasser，1990）。

服务补救策略应周全考量到顾客因失败的服务而可能招致的所有代价，除了尽力让不满的顾客在金钱方面获得补偿，还要让他们的自信心获得满足。依服务失误的严重性和原因，将服务补救策略分成四类：①归因于组织的责任但相当轻微时，服务人员应道歉并尽速替换。②归因于组织的责任且相当严重时，服务人员最好能够隆重盛大处理并道歉，如客房或客舱升等。除了要解决服务失误的问题，还要提供令顾客赞叹的补救措施。③归因于顾客的责任但相当轻微时，服务人员的诚恳道歉似应足够。④归因于顾客的责任且相当严重时，组织应尽可能协助与道歉，且可考虑吸收全部或部分成本，以提升顾客的正面印象（Ford 和 Heaton，2000）。

补救是一种不同的管理哲学，以达到顾客满意为事业的一个主要目标。这种心态能改变服务公司的游戏规则。将“取悦一名顾客”的着重点从所招致的成本转移至所获得的价值。信赖员工会善于使用他们的判断力。Hart、Heskett 和 Sasser（2000）指出欲建立服务补救能力的公司必须做到下列七项事情。

（一）衡量有效服务补救的成本

在管理之前先行衡量，尤其是针对服务补救而言。管理者经常低估一名不悦离开的顾客所造成的获利损失，以致未致力于避免这些损失。管理者专注于吸引那些实际上未能获利的新顾客，并忽视采取行动以保留更有价值的现有顾客。衡量经常是能吸引高层管理当局注意的唯一方法。被衡量的事物也就是被管理的事物。

错误有其一定的成本。这些成本可能以退费保证、维修保证或替换等形式存在，且皆由公司负担。但是，不满意的顾客也会招致一定的花费，如电话费、申诉案件所花的时间和从头至尾所需忍受的厌烦。许多服务公司忽视这些隐藏的成本，但是顾客却绝不会忘记。以卓越服务著名的公司，会更进一步支付因服务失误所招致的所有成本，或因失误太大而使公司无法完全补偿时，公司回应的语调必须传达出公司的歉意。

美国消费者事务部门的一项调查结果显示在家庭中若发生可招致 100 美元以上花费的服务问题时，只要问题得以圆满解决，54%的家庭将维持品牌忠诚；但是，如果问题未圆满解决，只有 19%将再次购买。对较不昂贵的问题（1~5 美元），只要问题得以圆满解决，70%的家庭将维持品牌忠诚；但是，如果问题未圆满解决，只有 46%将再次购买。

想想损失一名顾客会造成多少损失，只进行低度的服务补救则太不可思议了。在地中海俱乐部（Club Med），失去一名顾客意味着公司至少损失 2400 美元。此因一名忠诚顾客在首次使用后平均会再来四次，且每次消费 1000 美元，以及在公司毛利率为 60%的情况下。当一名 Club Med 的顾客不再回购时，公司损失了 4000 美元中的 60%或 2400 美元。此外，公司还必须借由昂贵的营销努力来找到新顾客以填补失去的顾客。

（二）打破顾客的沉默和仔细聆听顾客的抱怨

每个顾客的问题都是公司证明它重视服务承诺的一个机会，即使公司不应受到责怪。顾客所最激赏的服务体验是即使错在顾客，但公司也予以妥善响应。

公司除了被动地确认顾客的问题并予以响应之外，也须主动地找出顾客的问题。抱怨者是少数的，大部分不高兴的顾客并不会说出来，因他们可能认为该状况是没有希望的或不愿意吵闹，或者他们不愿再自找麻烦地打电话或写信，因已经有太多麻烦事要处理了。公司可用许多方法来鼓励沉默的不满意顾客站出来，好让公司有机会将他们赢回来。

最简单的方法就是让顾客易于抱怨，如设置免付费服务电话。美国运通已设置免付费服务电话并估计可响应地更快，且只收取相当于 10%~20%的回复信件成本。Marriott 旅馆集团在每间旅馆中都设置免付费热线，让顾客易于当场抱怨。但是，要注意给予免付费热线足够的人力，以避免因热线拨不通而无助于改善顾客的态度。

一个收集顾客抱怨较直接的方法是询问一个简单的问题，如“一切都好吗?”，许多不愿写信或打电话的顾客被询问时，将自愿说出对服务的感受。即使顾客没说什么，公司也发送出了关心的信号。另一个更积极的方法是寻找正在形成的问题——仔细聆听顾客随口说出的评语并准备满足顾客的需要。一名 Marriott 旅馆服务商务客人机警的员工，侧面听到一位客人焦虑于在接待大厅找不到一处隐私空间好与几位同事开一个重要的会议。该名员工打电话给柜台并安排一间空房好让那位焦急的客人开会。更正式的聆听工具，如问卷和顾客意见箱，只有在有人持续监控和实时回复抱怨和建议时，才会有效用。

（三）准备好服务补救的需要

公司可通过监控机构中特定的区域，并将其强调于它们的服务补救策略中以窄化问题搜寻的范围。复杂的服务程序，包含了如协调人员或设备的移动，倾向较易产生问题。一个错误可能引发一连串极坏的后续反应，如航班取消，可能造成乘客极大的不便和困扰，并且若航空公司事先未准备好服务补救所需要的机场人员或服务，则更会造成乘客再经历另一次不便和机场人员穷于应付的痛苦。

新的服务和产品也倾向较易产生问题。问题可能产生自新服务和产品本身的设计，并未考量使用者的方便性，甚至服务人员并不了解新服务、产品的内容和功能而操作错误等原因。某些区域因员工转换率高，以致无经验的人员较多时，也需特别注意以免产生服务失误的情况。

（四）迅速行动

只有在公司迅速响应的情况下，迅速确认顾客的问题才是有用的。这是因为不满意的顾客大概会告诉 11 个人，而满意的顾客大概只会告诉 6 个人。服务问题快速累加，以致公司证明对顾客承诺的机会正在消失中，尤其错在公司的时候。使用电话取代信件回复，虽会增加公司的花费，但能迅速响应顾客的问题，且能省下处理文件的费用。

紧急重做服务和一个道歉经常足以弥补错误，但并非一定。有时必须摆出姿态清楚地说："我们犯了错，我们想补偿您的损失。"许多餐厅自动免费给予久等的顾客一杯酒或一份甜点以示歉意。

（五）训练员工

公司必须训练与顾客直接互动的人员，然后授权给他们。这就是必须给他们权力、责任和诱因以察觉、关心和照料顾客的需要。对基层员工授权可能让中层管理者觉得他们的权力和价值受到削减的威胁，但这却是良好服务补救所绝对必需的。与顾客接近的员工，是第一位知道问题和处于最佳位置，以决定能做哪些事以满足顾客的人。

训练能提升与愤怒的顾客打交道时所需的沟通技巧和创新思维。补救训练应着重在教导员工如何马上做决定和提升对顾客所关心问题的认知。训练补救技巧最有效的方法是仿真实境演练和角色扮演。Sonesta 旅馆使用游戏作为新进人员训练的一部分。受训者被分成两队，轮流接受问题陈述和被要求找出一个解决方法。反方队针对问题有五个可能的答案。依据回答是否符合敏锐的观察、响应性、关心和关切以及对真正损失的补偿等评估标准来给分。美国老年人住家协会使用一种游戏——“关心老人游戏”来训练养老中心的员工应付困难的议题。此游戏需一张板子、六位参与者、一粒骰子和40张卡片。每张卡片描述一个真实的问题或角色扮演情境。当参与者抽出卡片后，他们大声朗读卡片内容、说出他们的感觉和将做什么事情。这游戏是要让参与者接触各种不同的观念、给予他们回馈和补偿以及让他们内藏一套评估现实问题的标准。还有，这游戏的精神铺起了工作人员间持续的交流对话。

训练也应给予员工“公司是一体的”的意识，以帮助其提升补救技巧。工作过度的特殊化会窄化员工的视野，而使员工难以察觉正在形成的问题。了解全部服务传递程序的员工较可能了解服务系统的交互连接性（inter-connectedness）和找到一个快速解决的方法。发展此观点最快速的方法是轮调员工到不同的工作和部门加以历练。

管理者不可能永远站在第一线并快速且有效地处理顾客的问题，所以服务补救的责任最终还需由第一线员工担负起来。这也暗示了第一线员工所有的另一个十分不同的角色。除了遵循规定、例行工作规范和保持相同的做事态度，第一线员工必须能做出相反的事，如违反规定、创新做法和即席而作。建立一支能做到上述两方面事情的工作团队需要严密的和自觉的努力，这也是一家公司服务补救能力的核心之所在。

（六）授权第一线员工

训练能给予员工服务补救所需的正确观点，但是公司必须授权他们据以行动。公司必须给予员工权力、责任和诱因来处理顾客的问题。行动的权力指的是员工可使用的资源和他们所允许作的决定。在大多数的公司中，只有管理者有权力花钱或推动事情。授权予员工的公司，清楚地告知员工可依他们自己的判断来打电话、记入贷方（credit accounts）或赠送鲜花。

赋予员工责任，则更向前迈进了一步。也就是，员工应察觉和亲自处理顾客的需要。管理者可借由许多方法来注入这个意识，如训练、内部的提醒说明和发展出将顾客放在第一位的整体环境。责任意指行动的义务，而非仅是接受责备。顾客不仅要业者接受责备，更要业者有所行动以解决问题。

良好的服务公司依靠标准作业流程（standard operating procedures）来解决不时发生的问题。在McDonald's，员工知道当顾客抱怨他的汉堡是冷的时，他们不需问什么就自动给他一个新的热的汉堡。然而，对其他的状况，管理当局只能建立指导纲要了。美国Minneapolis Marriott City Center管理当局授权员工自行处理10美元以满足客人。有一次，当客人温和地抱怨无法在旅馆礼品店找到想要的书时，一名收银员在要结束当班的时候，走到邻近书店以她的10美元买了该本书并送到客人的房间。当然，该位客人是相当惊讶的。该公司也组合了一个“美梦礼盒”，由一个爽心之物、插上一朵康乃馨的小花瓶和一包手工饼干所组成，并鼓励旅馆员工将“美梦礼盒”给予旅馆无法为其解决问题的顾客。当一位客人提到她的飞机航班会延迟4个小时且已相当疲累了，前台员工送了一个“美梦礼盒”到她房间。另一位同事注意到一位客人咳嗽得厉害，她放入一盒咳嗽药水于“美梦礼盒”之中。

公司的奖酬制度必须给予那些解决问题和取悦顾客，而不只是减少抱怨次数的员工正面的鼓励。良好的补救行动应予公告周知并当成典范以激励其他员工。Federal Express创设“Golden Falcon”和“Bravo Zulu”两个奖项以标榜卓越的服务和补救。获奖者得到一枚金质饰针、公司刊物的报道、一通来自营运长（chief operating officer）的电话和10股公司股票。

因为与顾客高度接触的工作本质已有所改变，公司可能有必要修改它们的聘任条件或重新分派员工。Marriott沙漠温泉度假中心依据授权的原则，重新修正前台员工/收银员、控房员和前台督导的工作说明（job description），这些职位的唯一目标是“确保我们的顾客在停留期间，体验到卓越的服务和款待”。该度假中心要求在这些职位上的员工学习正确的技术流程、使用他们的权力做任何能取悦顾客的事情、不迟疑地使用他们的权力当场满足顾客、协助找出顾客问题的根本原因和告知管理者改善整个旅馆、工作环境或顾客舒适的方法。

如果上述所言是合乎逻辑的，为什么没有更多的服务公司起而效尤呢？许多公司害怕授权给员工会将“整个店送掉”。他们忽视了若绑住员工的手，保证有些顾客不再回购，以及保留一名老顾客的成本远低于开发一名新顾客的成本。

（七）结束顾客的回馈圈

如果一位顾客的抱怨导致修正的工作事项时，公司应告诉该名顾客这项改善行动。结束回馈圈（feedback loop）可使顾客觉得他们是一个延伸的品质控制团队的一部分。如果有些事情没法解决，公司也应向顾客解释原因为何。

结束回馈圈的有效方法包括了实时电话沟通、请顾客给予更多意见和让顾客知道他的意见将如何被执行。这些努力比其他各种形式的报酬、补偿，更可给予顾客一个正面的印象。

Berry和Parasuraman（1991）提供了一个为达到卓越服务补救的行动检查表，共有八大项：

（1）我们是否拥有一个有效的系统来获取顾客自愿提出的抱怨？我们是否鼓励顾客发出不满的声音？我们是否让顾客更方便抱怨（如提供足够电话线的免付费电话号码）？

（2）我们是否针对顾客服务问题进行正式的研究？我们是否在调查问卷中包含了顾客服务问题？我们是否使用质化研究技术（如顾客焦点团体）来确认我们服务的问题？我们的员工是否已训练成为注意的聆听者及观察者以发掘服务的问题？

（3）我们是否系统性地监控我们服务中的潜在失败点？比顾客早先发掘潜在问题是否

是我们公司的一个优先事项？我们已拥有的服务程序内部查核机制是什么？要是没有该项机制，那原因何在？

（4）我们的员工是否已准备好且受激励来解决服务问题？我们是否正式训练员工如何进行服务补救？除了相关的技巧之外，在我们的训练中是否已着重沟通、创意及压力管理技巧？我们的员工是否已被授权以最少的补偿来解决顾客的问题？我们是否标榜及奖励那些提供卓越补救服务的员工？

（5）我们是否对顾客所经历的困扰因素敏感以解决服务问题？我们是否已采取步骤来将顾客困扰降至最低，确保快速响应？我们是否为遭遇服务问题的顾客尽更多力？

（6）我们是否努力找出服务问题的根本原因？我们是否相信顾客所遭遇的大多数问题只是更严重的服务系统失误的表征而已？我们是否已指派某人或某团队调查重复发生的问题的原因？

（7）我们是否依据服务补救经验来修正我们的服务程序监控系统？我们是否对以前未察觉的失败点有所警觉？我们是否调整服务程序监控系统以促进及纳入根本问题分析的观点？

（8）我们是否拥有一个有效的问题追踪系统？如果有，在系统中的资讯是否定期地被分析以发掘新观点来改善服务品质？此系统是否持续更新？我们的顾客服务代表是否有权使用此系统？

三、服务补救的方法

西村秀幸（2004）指出日本东京迪士尼乐园虽然无法针对游客的各种抱怨和不满采取治本的措施，但是，“对于非得立刻解决的问题，一定是诚心诚意地来面对”，可由以下案例来说明。迪士尼的超人气游乐设施太空山在 2003 年 12 月 5 日发生意外。他们在第二年的 1 月 21 日马上由东方乐园通过媒体公布了“太空山意外始末”，当中对于意外的原因、处理方式及重新运作的目标等有详尽的说明。也许有人会对这事件无法谅解甚至因此拒绝再去，但是大多数人都能谅解他们。因为在事件之后，没有再听到任何挞伐的声浪，反而有许多人因为他们的诚实而更信赖他们。

许多游客对迪士尼的长时间排队相当不满且不能谅解。游乐园方面则推出了“迪士尼快速通行”的方法来解决。此方法类似预约制度，只要在事前取得护照券，然后在指定的时间再来排队，就会减少许多等待的时间。另外，也用心做了几项措施，如让队伍中的游客都能看到前面进场的情况，以及在队伍行进的旁边放映影片以免让游客觉得无聊。

另外一项不满是没有办法一天内将全部的游乐设施使用完毕。但是，许多常客虽不喜欢长时间等待和意犹未尽的感觉。但他们并未因不满而引起纠纷，反而成了迪士尼迷。而迪士尼是如何做到的呢？以下两个重点值得借鉴和学习。第一个重点是“员工的热诚”。

员工有耐心，并且努力地解决游客混乱等这些情形和用心游客都看在眼里。员工只要用心努力，游客不满的情绪就会得到舒缓。

第二个重点是，公司的主要理念如果能得到大家认同，而且公司上下都能为实现这个理念而努力的话，那么即使在过程中游客有任何的不满，也都会以较宽大的心胸来看待吧。就拿一天无法玩遍全园这件事来说，只要把它想成是因为愉快的梦想需要靠很多游乐设施才能实现的话，那么下一次再来玩就好了。像这样，不要求游客光是谅解，而是将游客的不满化为下一次再来的力量，这可以说正是迪士尼乐园最高明的地方。

餐饮业的服务补救方式有免费、提供折扣、赠送优惠券、管理者或其他员工介入解决、替换、更正错误、道歉、没反应八项，其中折扣、优惠券、由管理者出面解决较为顾客接受，但大部分会以替换的方式来补救（Hoffman、Kelley & Rotalsky，1995）。林玥秀等（2003）整理出 16 项台湾地区餐饮服务补救措施：①全部消费免费；②提供折扣；③更正错误；④额外补偿；⑤更换餐食；⑥重新烹调；⑦主管主动介入处理；⑧顾客主动提出更正；⑨顾客要求主管出面处理；⑩换人服务；⑪只有道歉；⑫只有口头说明；⑬不满错误更正方式；⑭不做任何处理；⑮错误扩大；⑯欺骗或敷衍顾客。其中以没有补救不做任何处理、更正错误、更换新的或正确的餐食三项服务补救措施最为普遍。服务补救的满意度则以全部免费、提供折扣、额外补偿、主管主动介入处理四项服务补救措施满意度较高，而以错误扩大、重新烹调、不作任何处理三项服务补救措施满意度较低。同时，大多数受访者对于餐饮业者所进行的补救措施、满意度及再购意愿均不高。

郑绍成、黄荣吉、陈钲达（2002）整理出 12 项台湾地区旅游业和航空业的服务补救措施：①人员道歉；②承认错误；③人员态度和善；④说明问题原因；⑤问题当场无法解决但承诺会处理；⑥折扣优惠；⑦高阶主管出面；⑧免费服务；⑨赠送小礼品；⑩致函抱歉；⑪赠送贵宾卡；⑫其他。在旅游业方面，主要的服务补救措施为人员道歉、承认错误和人员态度和善，但更满意的补救措施则以问题当场解决和免费服务为主；而在航空业方面，主要的服务补救措施以人员道歉、人员态度和善和承认错误为主，但更满意的补救措施则以人员道歉、承认错误、免费机票为主。

但是，企业要为某项服务失误做出多少补偿呢？到底要用哪种方式补偿最为合宜且符合成本考量呢？Lovlock 和 Wirtz（2004）提出以下的准则来回答以上的问题：

1. 公司的市场定位为何？如果一家公司以卓越服务著称并以其品质来收取高价，那么顾客将期望服务失误很少发生，所以公司应尽力补救那些确切发生的失误，并且准备具有相当价值的事物当做补偿。但是，在一般普罗大众的市场层级中，顾客可能认为一杯免费咖啡或一份免费点心就可算是公平的补偿了。

2. 服务失误的严重性有多大？一般的原则是“依罪行程度来处罚”。顾客对些微不方便所期望的补偿较少，但是若造成顾客在时间、劳力、烦扰、焦虑等的损失，则顾客会要求较大的补偿。

3. 受影响的顾客是谁？长期顾客和高消费的顾客期望较多，是值得公司付出较大的努力来挽留他们的。首次来店顾客，则要求较少且对公司的经济重要性较低，所以，补偿可较少但仍须符合公平原则。如果首次来店顾客觉得受到公平对待，他们将可能再次造访。服务失误的补偿准则应是“足够的慷慨”。小气的补偿只会将问题变得更糟，以及若能道歉而非提供微不足道的补偿可能对公司更有利。

过度慷慨的补偿不仅昂贵并且可能造成顾客错误的解读。顾客可能怀疑公司的健全性和补偿的动机。另外，过度慷慨不见得会比合理补偿造成较高的重复购买率。也冒了一个风险，那就是过度慷慨可能鼓励不诚实的顾客寻找服务失误。

但是，针对各种不同的服务失误应做何种补救措施能获得顾客较高的评价？Hoffman、Kelley 和 Rotalsky（1995）的研究，可解决餐厅各种服务失误的对应补救措施：

服务失误	常用且可解决问题的补救措施	
	1	2
餐饮瑕疵	更换餐点	免费招待
缓慢/未得的服务	免费招待	口头道歉
设备问题	更换失误	没有反应
政策不清	免费招待	主管出面协调
缺货	免费招待	没有反应
未依要求烹调	更换餐点	更正失误
座位问题	没有反应	主管出面协调
送错餐点	更换餐点	免费招待
遗漏餐点	免费招待	口头道歉
结账错误	更正失误	免费招待

另外，刘宗其、李奇勋、黄吉村和渥顿（2001）进行了类似研究，其相关结果如下：

服务失误	常用且可解决问题的补救措施	
	1	2
餐饮瑕疵	更换餐点	免费招待饮料/餐点
等候时间长	免费招待饮料/餐点	更正失误
设备问题	更正失误	免费招待饮料/餐点
政策不清	免费招待饮料/餐点	折扣优待
缺货	免费招待饮料/餐点	其他补偿措施
后到的先上菜	免费招待饮料/餐点	口头道歉
未依要求烹调	更换餐点	免费招待饮料/餐点
座位问题	更正失误	折扣优待

续表

服务失误	常用且可解决问题的补救措施	
服务态度不佳	主管出面协调	免费招待饮料/餐点
送错餐点	更换餐点	免费招待饮料/餐点
遗漏餐点	更正失误	免费招待饮料/餐点
结账错误	更正失误	免费招待饮料/餐点
打翻餐点/果汁	免费招待饮料/餐点	主管出面协调

Boshoff（1997）测试使用 3 种补偿程度（道歉、道歉加花费补偿、道歉加花费补偿再加一张免费机票）、3 种补救时间（立刻、三天之后、一个月之后）和 3 种处理层级（第一线员工、督导人员、营销经理）个别及 27 种组合的补救措施，对遭受因班机延误而无法顺利转机的顾客所认知的补救满意度的影响。

补偿程度越高，服务补救满意度的提升则越显著。符合“正向不公平”（positive in-equity）提升满意度的主张（Brockner & Adsit，1986），也确认 Goodwin 和 Ross（1990）所陈述的“他们的受访者一致地回答，当获得即使是一个铜板的退款，他们会有更高的满意度和回购意愿”。当其他的补救措施，如立即的更正失误、可接受的解释或一个道歉，缺乏或做得不够好时，补偿将一定影响顾客对服务补救的满意度。

补救时间与服务补救满意度呈现负向关系，亦即补救时间越短，则服务补救满意度越高，但此关系是非线性的（non-linear）。在较短的补救时间（立刻、三天之后）之内，补救速度不是十分重要，但是不能让“失验”（disconfirmation）发酵太久。如果“失验”发酵太久，则服务补救将需要相当程度的补偿以降低不满意的程度。此因消费者有其自认的一个合理等待时间。若超过此合理等待时间，业者将需要做相当程度的补偿，以安抚恼怒的顾客。

由哪种层级的人来做服务补救，并不会显著影响顾客对服务补救的满意度，且当与补救时间组合时，才产生些微的影响。补偿程度并不受到由谁提供补偿的影响。只要服务补救不拖得太久和伴随着可接受的补偿程度，则由谁来做服务补救就不重要了。

另外，在有些服务失误的情况下，不见得做越多补救行动，会得到越大的补救效果。Levesque 和 McDougall（2000）研究四种不同的补救措施（道歉、道歉加补偿、道歉加协助、道歉加协助及补偿）应用于旅馆订房和餐厅订位失误的两种不同严重情况（服务延迟和无预留房间或座位）时，对顾客忠诚度的影响。研究结果显示“道歉”是最基本要做的补救措施，但难以提升顾客忠诚度；“道歉加补偿”则能快速提升顾客忠诚度；“道歉加协助”或“道歉加协助及补偿”于补救服务延迟所造成的较轻微失误时，则无法继续提升顾客忠诚度，但对于补救无预留房间或座位所造成的较严重失误时，则可继续明显提升顾客忠诚度（如图 8-5、图 8-6 所示）。

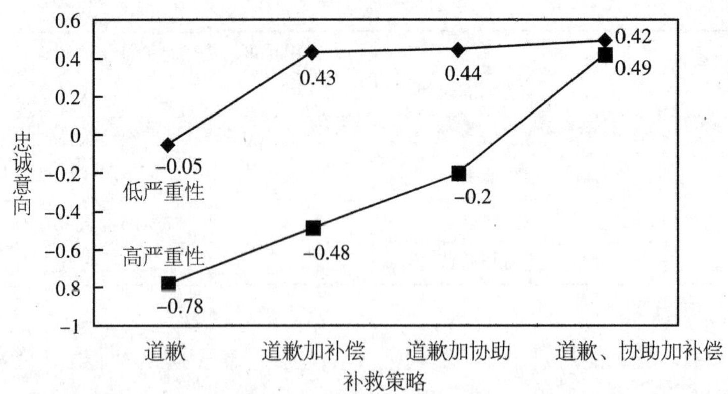

图 8-5　在不同服务失误严重程度下，顾客对旅馆供应者的忠诚意向与补救策略的关系

资料来源：Levesque & McDougall（2000）。

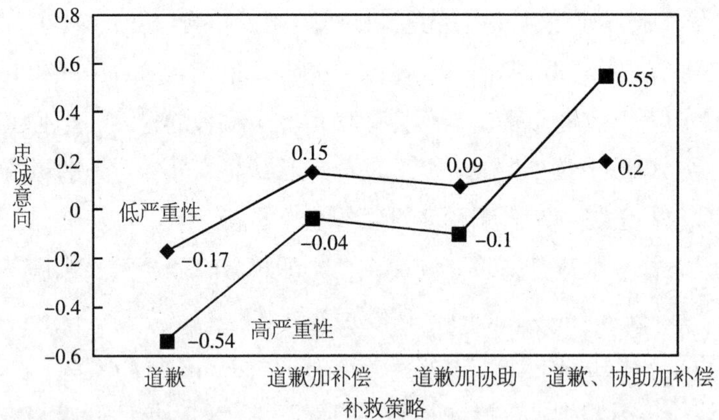

图 8-6　在不同服务失误严重程度下，顾客对餐馆供应者的忠诚度意向与服务补救策略的关系

资料来源：Levesque & McDougall（2000）。

四、服务补救的迷思

许多服务补救研究的结果，说服了许多顾客服务中心的经理人，相信服务补救提供给他们一个机会，将顾客满意度提升至新高点，甚至超越若一开始就给予顾客公司所承诺的产品或服务时，所能获得的满意度。这种现象（顾客经历了一个服务问题，并接受了优质的服务补救，那么他们的满意度将等同或甚至高于未遭遇任何服务失误时的满意度）被称为"补救矛盾"（recovery paradox）。

McCollough、Berry 和 Yadav（2000）指出，虽然顾客服务研究已同时支持和质疑补救矛盾的效度（validity），但是对为何补救矛盾效应是可能存在的，尚无理论上的解释。除此之外，很少研究直接比较顾客的补救后满意度和"在控制可能影响满意度评估的因素状况之下的"体验无失误服务顾客的满意度。

他们选在美国西南部的一个中型机场进行了一项实验研究，选择“航空旅行”的原因是它代表了一种经常出现失误的服务。此实验研究着重在“发生因飞航人员调度不当，而造成航班延迟三小时的失误时”，航空公司的补救表现和顾客的补救期望之上，并以机场旅客为调查对象。将受访旅客分成两组，一组为未经历服务失误，另一组为经历了航班延迟三小时的服务失误。所进行的两项研究的操控实验环境和情况如下。

（一）研究一

（1）高度补救期望。在航空公司必须负责的两小时以上的航班延迟的情况下，承诺给顾客一张价值 150 美元的来回机票折价券。

（2）低度补救期望。宣称为延迟或取消的航班负所有的责任。

（3）高度补救表现。航空公司人员主动查看是否能实时改订另一家航空公司；道歉三次；提供顾客一张价值 150 美元的来回机票折价券、一张餐券、使用当地或长途电话和使用休息室；航空公司人员查看顾客是否还有其他的需要；为顾客订较晚的航班。

（4）低度补救表现。受顾客提醒之后，航空公司人员查看是否能实时改订另一家航空公司；道歉两次；受顾客提醒之后，航空公司提供免费电话和餐券，但拒绝提供顾客一张价值 150 美元的来回机票折价券；为顾客订较晚的航班。

（二）研究二

（1）高度分配公平。提供顾客一张价值 150 美元的来回机票折价券、一张餐券、使用当地或长途电话和使用休息室。

（2）中度分配公平。提供顾客一张餐券和使用当地或长途电话。

（3）低度分配公平。拒绝提供顾客一张餐券和使用当地或长途电话。

（4）高度互动公平。航空公司人员主动查看是否能实时改订另一家航空公司；道歉三次；提供顾客一张价值 150 美元的来回机票折价券、一张餐券、使用当地或长途电话和使用休息室；航空公司人员查看顾客是否还有其他的需要；为顾客订较晚的航班。

（5）中度互动公平。航空公司人员主动查看是否能实时改订另一家航空公司；道歉两次；为顾客订较晚的航班。

（6）低度互动公平。航空公司人员拒绝查看是否能实时改订另一家航空公司，并告知所有之后的航班都客满了；没有道歉；顾客被安排于待位候补的状态；航空公司人员急于服务下一位客人；顾客必须前往顾客服务柜台去拿餐券和使用电话（只适用于高度和中度分配公平的情况）。

（三）研究一和研究二的无失误情况

无失误情况：虚拟的航班并没有问题；航空公司人员礼貌和友善；顾客准时到达目的地。

研究一的主要研究结果如下：

(1) 有高（低）度补救期望的顾客觉得补救表现低（高）于预期。

(2) 认为补救表现高（低）于预期的顾客比较满意（不满意）。

(3) 测试“补救矛盾”的结果是，有低度补救期望的顾客，经历了高度补救表现之后的满意度，仍低于未经历服务失误的顾客。

研究二的主要研究结果如下：

(1) 越高的分配公平，则产生越高的满意度。

(2) 当顾客认知了高度互动公平和低度分配公平时，有可能顾客会质疑航空公司人员道歉的诚意，因连最基本的补偿都没有获得。

(3) 当航空公司人员提供高水准的补偿却缺乏高水准的同理心和了解（高度分配公平和低度互动公平）时，顾客可能感觉他们被收买了。

(4) 测试“补救矛盾”的结果是，认知高度互动公平和高度分配公平的顾客的满意度，仍低于未经历服务失误顾客的满意度。

上述两项研究的结果未支持“补救矛盾”现象的存在。当与来自无失误服务的满意度相比较时，卓越的服务补救并不是一种经济机会。所以，无失误服务是较佳选择的原因有很多，包括顾客对公司可靠度的信心和“补救矛盾”并不存在。在花更多的时间或精力于贵部门或中心的服务补救程序之前，请先再次审视你的程序和做法。在服务过程中消除失误，会比任何服务补救努力带给你更高的满意度。

McDougall 和 Levesque（1999）亦指出在餐旅产业中，若发生“让顾客等待”的核心失误，如顾客已到达，但业者不能依约定时间提供房间或餐位，则无论业者做了何种服务补救措施，顾客仍持有负面的再购意愿。虽然采用协助加补偿的补救措施，对顾客的再购意愿有最强的正面影响，且仍无法使顾客回购，但可减轻负面再购意愿的严重程度。

Brown、Cowles 和 Tuten（1996）以百货零售业的顾客为研究对象，发现虽然服务补救对服务接触满意度（短期效益）具有提升的效果，但对顾客的整体满意度、整体品质、公司形象和未来期望四项的认知（长期效益）不具有显著的影响。反而是，服务一致性或可靠性（service consistency/reliability）对上述四项的认知具有显著的影响。此结果强调了在创造长期顾客关系的过程中，服务一致性的首要性和服务补救价值的有限性。

第四节 服务补救程序

Tax 和 Brown（1998）提出一套包含四个阶段的服务补救程序，如图 8-7 所示，这套程序是要帮助经理人设计出能提高顾客忠诚度、提高员工满意度以及最终能提高公司获利率的一套成功策略。前两个阶段着重于确认及解决顾客的问题；后两个阶段则在探讨应如何分类补救信息、应如何与公司的其他资料整合，进而决定把钱投资到什么地方，才能有效改进现有服务程序，从而为公司赚进更多利润。

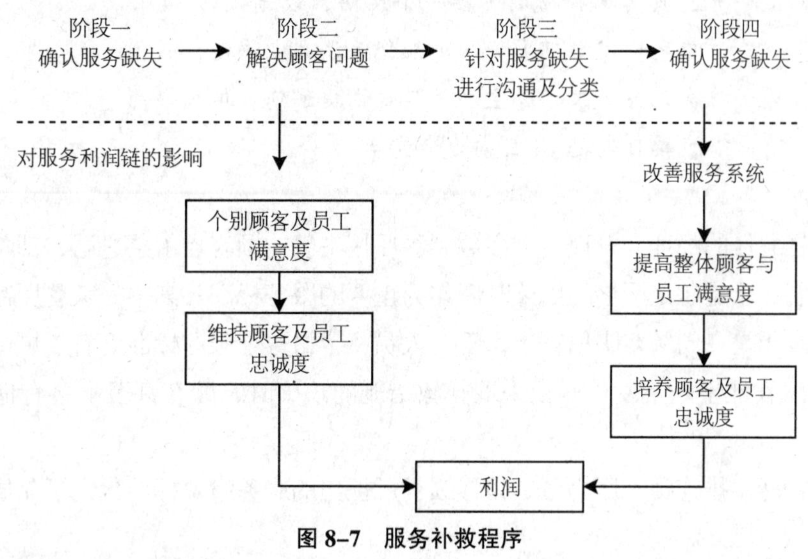

图 8-7　服务补救程序

资料来源：Tax & Brown（1998）。

一、确认服务失误

在确认服务失误的做法中包含设立绩效标准、沟通服务补救的重要性、训练顾客如何抱怨及设立顾客申诉中心，或通过网际网络等最新科技，收集顾客的抱怨，于下逐一说明。

（一）设立绩效标准

因顾客对服务怀有不明确的期望，此事实说明了当顾客不满意时，为什么懒得向公司抱怨的原因。设立服务标准，是消除顾客对服务怀有不明确期望的一条途径，通常是由公司印制一份所谓的服务保证书，向顾客做明确的保证。

以台湾必胜客（Pizza Hut）为例，该公司将自己定位为“最 Hot 的比萨外送专家”，并于 2004 年提出“比萨品质满意保证”如下：

满意保证不满意马上换

必胜客独家推出“比萨品质满意保证”活动。

若您对所点购的比萨品质有任何不满意之处，

我们将立刻为您更换一个新鲜现做的比萨。

为了让您更满意，更换的方式如下：

1. 请于发票所载时间 24 小时内打电话至原订购

> 的门市，让我们知道您不满意的地方，并保留原发票作为更换之证明。
> 2. 您可选择立刻更换一个比萨，或是预约 14 日内之确定日期更换。如果您无法马上决定，我们会记录下来，并主动于 7 日内提醒您，但须在原发票日期之 14 日内更换完毕。

一些连锁餐厅的经理人发现，大多数到餐厅用午餐的顾客点了菜之后，都希望在一刻钟内开始用餐，于是制定严格的出菜时间作为重要的服务标准。其中一家餐厅甚至把闹钟摆在桌上，等于是在向顾客明白宣示，工作人员将严格遵守服务标准。有了可供依循的服务标准，将来作业上一旦发生必须采取补救措施的缺失时，顾客甚至不会有抱怨的事情发生。

以王品台塑牛排连锁餐厅为例，该连锁餐厅提出的服务绩效标准包含了品质、服务及安全三大项。

1. 品质（quality）保证：

（1）一头牛仅供 6 客王品台塑牛排。仅供 6 客/只取最精华的第 6~8 对肋骨；规格统一/符合骨长 17 公分、重 16 盎司的最适标准；高温保鲜/以 120 度磁盘盛装以确保台塑牛排的香嫩。

（2）即使是附餐仍要求完美演出。蔬菜棒沙拉的蔬菜皆为笔直的 17 公分；精选 100% 完美的酸梅汤。

2. 服务（service）保证：

（1）体贴小贵宾，12 岁以下小朋友，免费赠送益智玩具。

（2）独享切牛排与餐点介绍的服务。

（3）赠送“品味生活　王品有约”一册。

（4）特殊节令不加价，并举办庆贺活动。

（5）重视顾客用餐感受，以“顾客满意度分析”作为店铺管理改善的指针。

（6）0800 免费意见专线，亲自登门拜访处理顾客抱怨。

（7）免费停车服务。

3. 安全（security）保证：

（1）投保“明台产物保险公共意外险”与食物中毒险。

（2）每月最后一周的星期六为“消防日”做全体消防演习。

（3）通过安全措施检核标准、建立“店铺安全手册”。

（4）采用国家合格防火建材及普通玻璃，紧急时方便顾客击破。

（二）沟通服务补救的重要性

那些尽一切可能和顾客建立终身关系的企业都知道，想要追求顾客满意及强化顾客关系，服务补救是不可或缺的关键。通过宣扬如“顾客永远是对的!”之类的价值观，这些企业不断向员工强调，承担起犯错责任并采取补救措施，对公司而言是何等的重要。在这些企业中，员工变成了重要的倾听站，他们不仅能发掘顾客问题，更能加速补救措施的采行。

以美国丽池卡尔登（Ritz-Carlton）旅馆为例，该旅馆利用“实体象征”来沟通服务补救的重要性。从最高主管到餐厅收碗盘的小弟，每个人身上都有一张皮夹大小的卡片。卡片内记载着该旅馆的核心价值及 20 条“丽池卡尔登基本信念”。某些信念明白叙述碰到什么场合该采取何种补救措施。

例如，信念八写到“任何接获顾客抱怨的员工，就是处理该抱怨的‘当然人选’”。信念九则是“每一个人都有责任赶紧平息客人的抱怨，并赶快改正错误。20 分钟后，打一通电话给客人，以确认问题已获圆满解决。尽一切可能地留住每一位顾客”。

向员工沟通上述价值观，亦即公司是如此地重视服务补救，将有助于创造出“员工个个主动发掘问题，并立刻采取有效补救措施”的工作环境。

（三）训练顾客如何抱怨

公司除了应欢迎和鼓励顾客抱怨之外，更可明白告诉顾客，若碰到不满意该如何抱怨，及公司可能采取哪些补救措施。以英国航空公司为例，该公司鼓励顾客抱怨。借由提供 12 种不同的“倾听场所”或沟通方法，努力鼓励顾客抱怨及提供资料，包括已付邮资的卡片、顾客讨论会、调查以及“与我们同飞”的方案顾客服务代表和顾客一同飞行，以直接体验和倾听他们的反应（Zeithaml & Bitner，2000）。

观光相关行业可学习加拿大最大的银行之一 Scotia Bank 是如何教导顾客进行抱怨的。在该银行的总行及所有分行的服务柜台的明显位置，均放置一本小册子，教导顾客如何通过五个步骤提出申诉，并让他们知道，银行方面将如何解决他们的问题。顾客因而明了，该银行是如何地重视顾客关系，并应允尽快采取行动，以解决顾客的问题。

该小册子上印有分行副总裁及顾客诉怨部负责人的电话号码。如果顾客对第一次抱怨处理的结果感到不满意时，即可拨这两个号码进一步申诉。该银行印制这本小册子，既能鼓励顾客多多利用各种不同的申诉渠道，又能确保员工迅速响应问题。更重要的是，通过确实执行该小册子的内容，所有员工将明白体认到管理当局重视服务补救的价值观。

（四）设立客户申诉中心

运用新的科技以使顾客较容易接近销售和服务代表。免付费热线电话、网际网络的电子邮件及网站，皆是常运用的科技，以协助、鼓励和追踪抱怨。很多公司的应用软件也能自动分析、归类、响应和追踪抱怨。

装设免付费热线电话，提供顾客咨询服务及处理各类抱怨问题，已成为一股挡不住的趋势。自20世纪60年代晚期，美国引进免付费热线电话以来，通话次数已从每年的700万通，增加到现在的每年超过100亿通。从服务补救的课题来看，与用邮寄信件回复顾客问题的传统方式比起来，设立免付费热线电话服务中心既方便，成本又低。英国航空公司发现，对服务有问题的顾客喜欢亲自向可能解决其问题的顾客服务代表投诉（Zeithaml & Bitner，2000）。

借由建立客服中心得确保公司及顾客之间沟通渠道的顺畅，有效反映顾客意见，确认服务失误以进行服务补救（照片由联合报系提供）。

就应付愤怒的顾客而言，运用能够传递同情和感同身受感觉的口头沟通方式，的确比运用书面文字较为合适。另外，一般顾客大多同意，与其面对面地向服务人员抱怨，打电话还更自在些。假日旅馆（Holiday Inn）的房客认为有服务不周之处时，可以在客房直接打免付费热线电话到"假日旅馆全球贵宾关系办公室"去申诉。

许多公司已开始运用网际网络的电子邮件及网站，协助处理必要的补救服务。观光相关行业可参考思科系统公司（Cisco System）所开发出的一种数据库，顾客进入特定公司的网站，输入或点击某个关键字，即可看到该公司回答其他顾客提出相同或类似问题的答案。如果某个顾客问的是新问题，公司即可把答复该顾客的答案加到数据库中。如果问题涉及层面较为复杂，思科系统公司也有办法应付。

该公司开发出一种搜寻引擎，是一种专门"寻找各种疑难杂症"的专家智能系统，可以有效帮助使用者找出问题的症结，并进一步解决这些问题。通过一批服务专家的协助，思科编写出一系列的问句，可以引导使用者迅速找到自己问题的答案。若是网站无法解决的问题，该问题会自动转到另一电话辅助系统。

该线上服务补救科技，不仅帮助思科系统公司大幅提高了顾客满意度，更节省了该公司不少的成本。可说是"你不必亲自去接触顾客，就会让他们对你提供的服务有好感。"

二、解决顾客问题

解决顾客问题阶段可分成两大工作类别：给顾客公平的待遇和服务补救策略的实践，以下分别说明。

（一）给顾客公平的待遇

那些提出抱怨的顾客一定是自认经历了非常恶劣的服务经验。顾客提出抱怨后，一定非常期待公司能积极响应。更具体地说，这些受了委屈的人希望讨回一个公道，要求受到公平或合理的待遇。一般来说，顾客会从服务补救措施的三个角度，来评估自己是否因此获得公平的对待：结果、程序及互动。以下依据 Tax 和 Brown（1998）的研究结果，来分别说明此三种公平性议题。

1. 结果公平（outcome fairness）。结果公平系指顾客关心他们提出抱怨后会得到什么样的后果，对他们是公平的。举例如下：

公 平	不公平
“女服务生认为三明治确实有问题，于是把它端回厨房，重新做了一份新的给我，同时附赠了一杯饮料。”	“对于他们供应的食物已经冷掉了，而造成我们的不方便，他们不仅拒绝退钱，也不愿意补偿，简直是不可原谅。”
“我提出抱怨后，他们的补救措施做得很彻底，一周后，我接到保养厂寄来的一张免费更换机油的优待券，以及厂长写给我的一封道歉信。”	“他们收了我的钱，等到我有问题有求于他们时，人就不见了，他们一直都是这样干的，真拿他们没办法。”
“他们犯了那个错误，害得我必须跑三趟，为此，那家店不仅让我免费更换机油一次，不停地向我道歉，同时又给了我一张 25 美元的折价券。”	“我们必须隔日再去那家店一趟，才能办妥退钱手续。我才懒得再开 20 分钟的车，根本划不来嘛！”“我只要求那名质疑我说法的售票员道歉而已，他就是不肯这样做。”

遇到差劲的服务，顾客当然希望获得补偿。常见的补偿措施不外乎退款、提供信用、退回差额、提供修理服务或退货；或单独为之，或合并使用。当公司的服务造成顾客不便，或服务人员的态度不好时，如果公司肯道歉的话，对顾客先前所受的委屈多少也有一点补偿作用。对服务补救的结果公平性不满意者，认为错误已经造成，公司却未做好弥补顾客损失的工作；或未体认到，为了让问题得到解决，顾客往往付出很高的成本，如“我前后跑了那家店三趟，只为了拿回两成的退款。”“我们写了一封抱怨信给他们，也打了三通电话。至今连个人影也未见到，更不用说解决问题了。”以此看来，公司必须要多花一些心思，才有可能深入了解服务失误对顾客造成的影响以及顾客对公司到底有什么期待。有了这一层的认识后，公司才能提供及执行适当的补救措施，以弥补顾客的损失。

对服务补救的结果公平性满意者，多半是因为公司对他们造成的不便之处，提供了赔偿、退换或修理等服务。另外，与任由公司单方面改正服务失误比起来，提供顾客选择的机会，也比较能引起他们的好感，如“他们提供我自由选择全额退款，或升级到更高级客房的权利”。

2. 程序公平（procedural fairness）。程序公平指的是诉怨程序的政策、规定及当事人可能花费的时间，对提出抱怨的顾客是公平的。举例如下：

公　平	不公平
“旅馆经理说，他一定会责成犯错的那个人赶紧采取补救措施，但不会因此做出什么处分。”	“他们应该帮我解决问题，而不是仅丢一个电话号码，叫我自己打电话去问东问西的，一直没有人回我的电话。更气人的是，在电话里，我一直找不到一个能够听我说话的真人。”
“那位业务代表很快地帮我解决了问题，脸上还带着微笑。”	“我必须跟很多人陈述我的问题，最后发了一顿脾气，才引起经理的注意，而他似乎是唯一能解决问题的人。”
“一周后销售经理打电话给我，询问我对他们处理问题的过程是否感到满意。”	“那家旅馆不仅坏了我们那趟旅游的全部兴致，我还被当成麻烦制造者！明明是他们的错，他们当然要负起责任。”

程序公平始于公司勇于承担起错误的责任，处理客户的抱怨一定要快，最好是由顾客最先接触的那名员工全权负责。其他有关程序公平的课题，尚包括一套很有弹性的机制，能将顾客个人的特殊情况，及顾客对善后处理结果的期待等因素考虑进去。认为程序是公平的顾客，主要是觉得公司认错的态度很明确，而且毫不犹疑地立刻改正错误，如“他们只请我叙述事情发生的经过，他们有我的地址和相关资料。三天后我就收到他们寄来的支票”。

而认为程序是不公平的顾客，主要是觉得公司一再拖延，让人感到十分不方便。对自己必须向好几位认为事不关己的业务代表一再重复抱怨的内容，感到相当大的挫折感，仿佛公司好像在实行“顾客永远是错的”经营哲学。

员工之所以会有那种漠不关心的行为，主要是因为公司方面未表现出肯负责的态度，也不准备主动解决问题，如“他告诉我说，我事先就应了解他们公司‘货物出门、概不退换’的销售政策。他还说，公司不会为了我一个人改变既定的政策”。

3. 互动公平（interactive fairness）。互动公平也与诉怨程序有关，不过重点则在当事人和公司员工的人际互动关系，顾客期望受到礼貌、关心和诚实的对待。举例如下：

公　平	不公平
“贷款部门的那名行员既有礼貌，又很懂业务，更懂得体贴客户，他主动告诉我们如何提出诉怨。”	“我的空调设备出了问题，我向出售给我的商店抱怨，那个人连动都懒得动一下，似乎一点也不关心。”
“那名经理的态度非常好，我走的时候，她不断问我是否满意，才觉得放心。”	“他们骗我说百事可乐是不要钱的，也说不清楚为什么比萨这么晚才到。”
“那名行员向我解释道，是因为早上停电的缘故，所以所有的事情都延误了。他花了很多时间查阅我的档案，为的是让我明天不必再来一趟。”	“那名接待员的态度非常粗鲁，似乎在告诉我说，医生的时间比我的时间更宝贵。”

公平的互动方式行为包括表现出有礼貌、关怀及诚实的态度；清楚解释为什么作业上出现失误；并真正付出努力设法解决问题，如“售票员非常关切弄错客人订位的问题。她向上级反映此一问题，并重新安排了我的位子，让我感到很满意”。反之，公司对顾客所做不公平的交互式对待，其员工将出现各种负面行为，如“在她眼中，我这个人好像不存在似的，还继续和旁边的朋友聊天。对于我可能会赶不上下一个行程，她根本不在乎”。

公司必须认识到，员工确实不容易做到有礼貌，并积极解决顾客的问题，除非，首先让员工接受特别的训练，知道该运用何种技巧以平息顾客的怨气，同时又能找到问题的症结；其次，则是授权员工可以当场处理问题，以免除员工面对顾客要求立即处理问题的尴尬场面。那些没有权力的员工所受的挫折，其实并不比顾客少。任何一个层面表现不好，在顾客心目中，公司的整体分数就高不起来。香港的国泰航空公司（Cathay Pacific）发现，在处理遗失行李或其他投诉事件时，使用特定的言语，让顾客感受到互动公平，一种关怀、尊重、同理心的感受，可以决定乘客是否还会搭乘国泰的飞机，比快速、确实或是赔偿都还来得重要。

周毓哲（2002）在“服务补救、知觉公平对顾客满意度与再购买意愿效果之研究——以旅馆业为例”的研究中，发现补偿将影响分配公平的满意度，补救速度将影响程序公平的满意度，道歉和主动补救将影响互动公平的满意度。在知觉公平与顾客满意度及再购买意愿方面，分配公平（补偿）、程序公平（补救速度）与互动公平（道歉）是造成顾客满意度的主要原因。而且服务补救基于不同知觉公平后，对顾客满意度与再购买意愿均有正向的效果。在顾客满意度与再购买意愿方面，不同的服务补救属性将造成不同的再购买意愿，而且顾客满意度越高，再购买意愿越高。企业进行服务补救时，必须使得顾客在分配公平、程序公平与互动公平上获得满足。但是资源有限，因此必须有先后的选择，该研究结果建议先注重补救速度的程序公平，接着是补偿的分配公平，最后才是道歉的互动公平的提升。

（二）服务补救策略的实践

公司提高服务补救绩效的做法可归纳为四种：①雇用新人、训练及授权；②建立服务补救指南和标准；③提供方便及高效率的响应服务；④随时更新顾客与产品的数据库。四管齐下的话，将能有效提高公司的服务补救绩效。

1. 雇用新人、训练及授权。每天和顾客面对面接触以及必须聆听顾客抱怨的第一线员工，对公司能否成功地执行服务补救措施有绝对的影响。在顾客抱怨的案例当中，65%是由第一线员工所引起的。人力资源管理部门在订定雇用标准和设计训练方案时，如果能考量员工在提供服务补救时应扮演的角色，将直接影响顾客对公平性的评价，如“与客人接触最频繁的第一线员工，是 Marriot 旅馆唯一能就近发现问题、判断问题是否严重、当场处理问题让顾客满意，并能留住顾客的一群重要人员。在各种训练场合，我们不断地向学员们灌输这个观念”。

观光相关行业可学习“福特汽车”的做法。到该公司应征工作的新进人员，一律要通过“评估中心”的九项技能检定。该中心特别注重服务补救方面的技能，包括文字和口头沟通能力、倾听技巧、问题分析、组织及执行能力、身段柔软程度及压力管理等。

另外，提供服务补救的“顾客协助中心”，则提供新进人员有关服务补救方面的训练。

训练主题包括公司政策、产品保证、倾听技巧、平息怒气及人际关系技巧等。

为了让新进人员亲身感受实际工作的情境，福特汽车公司特别利用仿真方式，训练他们学习应付怒气冲冲的顾客，与经销商打交道以及撰写一份参加经销商会议的书面报告。其他的训练还包括学习如何运用人际关系技巧，及深入了解顾客诉怨程序，以确保日后能确实执行公平的补救计划。

管理当局有无充分授权第一线员工当场处理服务失误，对下述三个层面有直接的影响。第一，如果员工有权当场解决问题，他们的态度和解决问题的能力将明显提升。第二，当第一线员工无须事事请示上级，或经常询问其他部门，而能自行处理绝大多数的问题的时候，处理问题的速度将加快，整个流程也会更加顺畅。第三，当服务人员能够依据个别顾客的情况及需求，当场判断该如何补救时，其结果一定会让顾客觉得比较公平。

此外，授权和服务保证将发挥相辅相成的效果。旅馆管理当局除应充分授权第一线员工之外，更要他们确实履行服务保证，并在发生服务失误时立刻采取补救措施，如包括订位人员、门房及清洁人员在内的所有员工，都有督促其他人履行服务保证的责任，也有权决定全额赔偿顾客的损失。

充分授权第一线员工，也需加以控管，以免衍生出不必要的问题。以旅馆为例，若第一线员工同意客人晚一点退房，就可能造成清洁人员的困扰：无法在较短的时间内完成房间的清扫工作，新客人就不能早一点进去使用。另外，如果餐厅带位人员让第一轮客人晚来晚走，对等一下还要应付下一轮客人的侍应生及收碗盘小弟，一定会造成不少困扰。事先规定一个上限，是解决这类问题的方法之一。

旅馆经理人可明确规范出一个“安全区”，规定员工只能在该范围内做决策。经理人邀集员工前来，请他们花一天的时间研读“安全区守则”，同时讨论各种不同的情境，及碰到这些情境时的处理原则。依据问题性质及顾客的价值，安全区守则既可运用于行动（如允许客人提前进入房间），亦可用于金钱花费的上限（如 Ritz-Carlton 旅馆允许补救顾客损失的金额的上限为 2000 美元）。

2. 建立服务补救指南和标准。以追求公平和提高顾客满意度为目的所建立的服务补救指南和标准，对服务绩效绝对有直接而且正面的效益。美国西南部的 Samarian 健康俱乐部，发展出一种“AAAA”服务补救行动计划的架构，目的是要同时提高三个公平层面的分数。四个 A 分别代表预期（anticipation）问题的发生并设法解决它；确认（acknowledge）犯错的地方，不怪罪他人，也不找借口推拖；为所犯的错误道歉（apologize），即便不是你的错也要表示歉意；借着改正错误并追踪，确保问题获得解决，以弥补（amend）先前所犯的错误。

Ritz-Carlton 旅馆的基本信念守则——卡片上的文字声明，亦明确指引员工服务补救的方向。旅馆当局规定员工一定要有礼貌（互动公平）、快速采取行动（程序公平）及解决问题（结果公平）。观光相关行业可学习“福特汽车公司”针对服务补救策略，所发展的一套关乎响应及畅通性两个课题的标准。前者要求服务人员接到抱怨信函的五天内一定要回复；后者要求来电接通率不得低于95%，及请来电者稍候的时间不得超过30秒。

3. 提供方便及高效率的响应服务。成立“响应中心”不仅能鼓励顾客申诉不满，亦有助于提高三个公平层面。观光相关行业可学习“奇异电器公司”的做法。奇异电器公司全年无休、随时更新产品和顾客资料的响应中心，既方便且快速，的确提高了程序公平。该中心寄给每一位打电话来的诉怨者一封道歉信函，对提高程序公平、结果公平及互动公平都有帮助。

奇异电器公司视不同情况提供不同的补救措施：提供商誉保证、提供免费到府修理服务或金钱赔偿等。这些动作有助于顾客对结果公平的认知。该公司服务人员必须接受密集训练课程，学习提供补救服务措施，则有助于提高互动公平的得分。该公司的顾客研究结果证实，有效解决顾客抱怨，有助于提高顾客再度购买同一家公司产品的意愿，从而使公司投注于补救服务的努力，获得丰硕的财务回报。

4. 随时更新顾客与产品的数据库。把数据库和响应中心或网站连接起来，可以帮助公司达成结果公平的目的。观光相关行业可学习“PCS医院”的做法，该医院喊出“全焦点”（entire focus）口号的目的，就是要员工“在顾客打第一通电话来的时候，当场就解决其问题”。这的确是一个很大的挑战，因为第一线员工的权责受到一定的限制：医院本身乃至于健保组织，对医疗给付均有严格的规定。该医院乃是以顾客知识数据库作为立即解决问题的利器。此数据库紧紧掌握客户（健保组织、医疗计划等）和病患过去的资料，分析它们的趋势，从而研拟出制式的处方和应付之道。在严密保护病患私人资料之余，该医院宣称，通过该资料库的运作，未来将创造出客户、病患及该医院三赢的结果。

借着在数据库中记录服务失误，思科系统公司不仅能更有系统地诊断出顾客问题的症结，改进网站的专家智能系统，更能提高搜寻引擎找问题的效率。凡此种种，均有助于提高该公司的服务补救效能。思科的这套数据库系统，确实能有效增加顾客对解决问题的控制和弹性，及提高服务的公平性。

奇异电器公司也建立了顾客购物和接受服务的记录。这些记录亦有助于拟定服务补救措施。例如该公司发现，某些顾客对保证期限已过期特别有挫折感，于是该公司开始把此一资料输入顾客的数据库中，服务人员即可依据实际情况调整赔偿金额，如不收顾客的叫修费等。

三、服务失误的沟通与分类

J. Willard Marriot Jr.对服务补救的建议：“尽一切可能地关怀顾客，同时在第一次服务顾客后，就要开始追踪、衡量服务绩效，好在下一次能服务得更好。”美国“国家品质奖”

给服务补救打分数的标准是“在解决顾客抱怨的同时，亦能提高服务品质”。该奖项同时要求组织学习，亦即“组织具备的能力或程序，可以从过去经验来维持及改进服务绩效”。

然而，大多数公司均未积极搜集顾客抱怨资料，更不用说有系统地分类了。原因有以下四种：

(1) 某些员工对倾听顾客抱怨的详细内容不感兴趣，总认为那是孤立事件，解决这些问题，但无须向上级报告。

(2) 许多经理人和员工都忙着逃避问题，习惯把责任怪罪到顾客头上，当然就不会花心思去记录问题内容。

(3) 不少问题从未获得解决。顾客在电话录音机里留言，向好几名员工抱怨，也写了信函，公司却一直未采取行动。

(4) 许多公司似乎未建立有系统的资料收集方法，也不知道该如何把信息传递给造成服务失误的那个人。

公司应如何做，才能确保员工正确地记录、传送及分类顾客抱怨资料呢？前述用于阶段一及阶段二的做法，到了阶段三仍然有效。例如，响应中心记录的每一笔顾客抱怨资料，即应该做到让这些资料将来易于取用，同时应传送给该负责的主管及员工。在训练第一线员工时，若能一再强调服务补救的重要，及“从失败中学习教训”的服务态度，员工将会主动收集抱怨资料并做成记录。

迪士尼公司要求全体新进人员不分职位高低，一律参加新生训练课程，教导他们关怀顾客的询问及抱怨。就如何做好服务补救措施而言，讲师要求学员一定要向上级报告他们发现的服务失误。迪士尼公司积极追踪从“关键时刻”收集来的服务失误资料，企图根本解决顾客可能遭遇的问题。

除了训练员工报告服务失误之外，公司也要想办法设计出顺畅的服务补救流程。以Ritz-Carlton旅馆为例，接到抱怨的那名员工，就是该抱怨的“负责人”。他必须把问题告诉该负责解决的单位，填写一份表格交给上司，同时还要当场做出响应。

该流程的设计，就是要正式报告服务失误。至于员工能否正确应用服务保证的各项条款，包括详细记录服务失误及履行保证书的内容，同样需要公司事先提供他们适当的训练。另外，公司应妥善设计供内部使用的抱怨表格，精确评估第一线员工记录的抱怨内容，并将抱怨的顾客分类，这些动作均有助于分类顾客抱怨的资料。

（一）设计内部抱怨表格

顾客抱怨表格是一种记录服务失误的内部文件（不建议由顾客自行填写抱怨内容），包括服务保证书涵盖的范围。制作这类表格的目的，是要促进组织学习，并确保顾客抱怨得到公平的结果。

Xerox公司设计的“顾客行动申请表”，即要求员工详细记录顾客抱怨的内容。顾客抱怨的内容不外乎13个范畴（如设备性能、服务、邮购/送货/安装、顾客要求、销售等）每一个范畴下，还有更详细的代码。例如，顾客服务项目下即包含12个代码（如取得服务很困难、服务人员修不好、服务费用、修理时间等）。

另外三组额外的代码，是要找出问题的根本原因。第一组代码帮助经理人了解，顾客到底是在抱怨程序、人、产品，还是公司政策？第二组代码包含7个要素：态度、沟通、训练、道德、人为疏失、技术和发票。第三组代码与作业范畴有关，包含销售、服务、供应及后勤支持。

Xerox公司更进一步追踪问题解决的结果，包括何人处理该问题、用了多少经费以及和顾客接触的详细过程。填妥各项内容后，员工即将该表格送交顾客关系部门核对。这些完整且非常宝贵的资料，对提升服务品质有直接和正面的助益。

（二）评估现场抱怨

顾客通常会就近找人抱怨。在迪士尼乐园和迪士尼世界，收到抱怨次数最多的，是那些专门收垃圾的服务人员。“员工为什么要向上级反映顾客的抱怨？”不少人有这样的质疑，导致公司很难要求员工这样做。以奖励代替惩罚以及要求第一线员工参与品质管理和顾客满意的训练课程，有助于改善员工传统的想法。

在Motolora或Marriot旅馆，第一线员工被授权寻找提升服务品质的机会，因此员工会积极去收集顾客的抱怨。以Marriot旅馆为例，管理当局本来想要在浴室装一台小尺寸的电视机，最后决定改为一个烫衣板，即是听从了清洁人员的建议。这是因为一些客人偶尔会向清洁人员要求借一个烫衣板，甚至会抱怨为什么要了这么久还不来。那是因为整座旅馆只有极少的烫衣板。所幸他们记录下来且向上级报告了这些抱怨，促成了管理当局把钱花在刀刃上。

另外，Norton百货公司的经营使命就是“提供卓越的顾客服务”，因此管理当局经常公开表扬在解决顾客难题上面有杰出表现的员工。该公司唯一的服务守则是“不管是什么场合，你认为正确的事就放手去做”。在Norton，解决及报告服务失误，是履行保证顾客满意政策的重要环节。若是在重要会议或表扬大会上，主持人一定会一再叙述服务人员的英雄事迹，包括他们如何超越常理提供令顾客称心的服务以及如何不按常规地弥补顾客的损失。

上述实例证明，当管理当局注重顾客满意与服务品质，也全力支援及奖励肯努力这样做的员工时，等于是在鼓励员工向上级反映顾客的抱怨。

（三）顾客分类

找出是谁在抱怨有两个好处。首先，做好补救服务，当然能有效提高顾客满意度。但如果继续犯同样错误的话，前面的努力将变成泡影。为了避免一再得罪顾客，J. Peterman公司把曾经向该公司抱怨的顾客视为贵宾。当他们再度光顾时，店员将亲自帮他们挑选、检查及测试产品。其次，有一种顾客经常在抱怨，或是公司再怎么做他们也不满意；这种人可能是“不对的顾客”。

C. H. Lovelock 曾发展出一套方法，可以帮助我们找出不对的顾客：他们寻求的可能是别的利益，或想要占公司的便宜，或根本就是坏人。对那些提供百分之百无条件保证的公司而言，不对的顾客简直就是一场梦魇。

为了消弭这类问题，Hampton 旅馆特别建立了一个房客数据库，记录曾要求该公司赔偿损失的顾客姓名和详细内容。如果发现特定顾客不值得信任，该旅馆即拒绝接受其订房，但会介绍其他旅馆。

四、整合资料及改善整体服务

既然我们知道，顾客认为是严重的问题才会抱怨，这些情报一定很有市场价值。但是因为顾客很少抱怨，公司势必要寻求其他的情报来源，才能有效提高未来的服务品质。在本阶段的数据管理工作，其目的是要确保组织搜集到相关的、可靠的、实时的信息，并传送给有关人员，供他们做出能有效提高服务品质的决策。

（一）收集服务品质资料

一项市场导向的服务研究，除了确认及响应顾客抱怨之外，尚包含很多不同的工具。Berry 和 Parasuraman 曾发展出一套叫作“服务品质资讯系统”的工具箱，可应用于服务改善规划及资源分配。该系统包含顾客、员工及竞争者的调查研究；乔装购物；消费实验小组；顾客与员工咨询会议；服务作业绩效资料等。

为了找出更多改善服务品质的机会，许多公司均使用一到三种以上的工具，去收集顾客抱怨的资料，并做有系统的整合。以 Delta 旅馆为例，从顾客意见卡和意见调查、员工意见调查、乔装购物到品质自我评估等，都是经理人经常运用的工具。使用多重渠道和工具的公司，自然能从全方位的角度去看服务品质的问题。

从响应中心及顾客数据库搜集来的资料，同样很有价值。奇异电器公司长期监视公司和每一名顾客互动关系的品质。在设计产品及服务项目时，经理人会将过去整合过的各种资料（包括顾客提出的服务申请、顾客对产品的赞美或抱怨、顾客对电话接听过程的反应以及他们对产品的询问等）纳入考虑。

建立和维持一个顾客数据库，其价值是毋庸置疑的；尤其是当某些顾客碰到服务疏失就不再光顾时，这类数据库的资料即显得特别重要。例如，健身俱乐部可每月均利用信息系统搜集来的资料，打印出一份不再续约的会员名单，并责成业务代表打电话去询问原因，以试图挽回他们的心。

（二）传送资料

从不同来源收集来的资料，还得传送给负责执行改善服务品质的人，Delta 旅馆即利用多重渠道执行此项任务，以确保正确的人在正确的时间得到正确的资料。例如，该旅馆每月至少开一次部门会议，主要目的为分享改善服务的情报、构想和计划。

管理当局的最优先目标，乃是希望员工具备必要的工具，获得足够的训练及资源，好提供让顾客“吓一跳”的卓越服务。另外，该旅馆成立一个“员工代表小组”，由各部门派一名代表和一位总经理所组成，负责检视各部门的服务程序。让第一线员工和经理人齐聚一堂，一方面促成信息的分享，另一方面也希望与会者了解其他人的观察所得。某些公司亦利用电子邮件把收集来的顾客抱怨资料，直接传送给与服务品质相关的个人或部门。

（三）投资品质改善

想要投资改善服务品质的公司，事先应评估不同替选方案的效果（如加速旅馆第一线员工办理客人登记手续，或增加客房服务手册内的服务项目），包含能否增加顾客满意度、能否提高顾客重复购买的意愿、需投入多少成本及对市场占有率的影响为何等。

评估不同方案的主要目的，是在确认何种改善措施最能提高公司的获利率，何种措施最能增加顾客对公司的贡献度。以联合航空公司为例，管理当局发现商务乘客人次仅占总载客人次的40%，却贡献了72%的营收。至于那些享受“累积里程优惠”的60%乘客，仅贡献了28%的营收。商务乘客中还有一类出差次数频繁，被称为“道路战士”的人，虽然搭乘人次仅占7%，却贡献了37%的营收。

从顾客意见调查及抱怨内容来看，联合航空发现，“道路战士”是最不满意、对搭乘飞机最有挫折感的一群人。为此该公司决定斥资4亿美元，用于改善商务乘客的座位、餐饮、休息躺椅；安排专用的报到柜台，以缩短他们的等候时间；提供他们更优惠的里程累积优待；以及在航空站贵宾休息室内提供淋浴设施等。该公司总裁John Edwardson宣称“我们正在努力善待那些付最多钱给我们的人”。

五、服务补救创造利润

从服务利润链（service-profit chain）即可清楚看出，服务补救措施和公司获利率之间有密切的关联。利润链的观念告诉我们高顾客忠诚度可以创造高利润；而顾客对服务流程的满意度，则有助于增加其忠诚度。简言之，满意、忠诚的顾客以及高效率的员工，将创造出高满意度的顾客，从而为公司创造很高的价值。

至于服务补救对获利率的影响，应追溯至服务系统的改善（阶段四），乃至于帮顾客解决问题（阶段二）后，顾客满意度到底有无增加。Tax和Brown（1998）指出他们所做的研究结果显示，有效解决顾客抱怨问题，可以大幅提高他们的满意度和忠诚度以及有研究指出，和从未发生过服务失误比起来，某些顾客获得公司提供妥善补救措施后，反而更加满意。

由于补救服务的好坏直接影响了顾客满意度，对公司营收及获利率当然有很紧密的关联。从零售、银行到汽车销售，一些针对补救服务所做的研究结果均指出，公司投资于处理顾客抱怨所得到的回收，30%~155%不等，可说是一种相当划得来的投资。

差劲的补救服务，将让顾客经历一次可怕的梦魇，也将创造出所谓的“恐怖分子”：对某个业者太不满意了，一有机会就到处负面宣传。研究结果显示，那些对公司最忠诚的顾客，一旦遭受到差劲的补救服务，最容易变成“恐怖分子”。忠诚顾客期待公司快速处理其抱怨的问题；未这样做的公司，当然会让他们失望。因此，有效执行补救服务即成为保持顾客忠诚的关键。

妥善解决个别顾客的问题，不仅有助于维持该顾客的忠诚度；此一过程所累积的经验，亦有助于整个服务流程的改善，对其他的顾客乃至于潜在顾客，都会有正面的助益。那些长期付出努力维持顾客忠诚的公司，将和顾客建立起良好的互信关系；而忠诚顾客越多，对公司获利率的提升就越有帮助。

参与补救服务的员工，对提升获利率亦大有关联。那些受访者对补救服务的描述，其中涉及员工的两个问题都很有趣。认为公平的受访者指出，员工很关心他们的抱怨、积极提供协助，而当问题获得圆满解决时，员工都很高兴。反观那些认为不公平的受访者，则将员工描述为粗鲁、防卫性过重、对提供协助漠不关心，到后来脾气越来越差。

个别服务补救事件不仅会影响顾客的满意度，也会影响员工的情绪。面对大量诉怨案件，却无法有效及快速处理的第一线员工，对工作特别感到不满意。鉴于此，管理当局投入努力改善服务补救计划及整个服务流程，其好处是多方面的：强化服务品质；增加员工满意度和忠诚度；提高顾客对公司的价值，从而提升公司的整体获利率。

学习成果检验

1. 说明服务补救在市场营销上所扮演角色的变迁。
2. 说明服务补救的重要性，并举例说明常犯的服务补救错误。
3. 以顾客的观点并举例说明影响你自己对服务补救满意度的因素。
4. 以员工的观点并举例说明影响你自己对服务补救满意度的因素。
5. 以顾客的观点并举例说明影响你自己对服务补救的期望。
6. 举例说明欲建立服务补救能力的公司所必须做到的七件事。
7. 举例说明在进行服务补救时可使用的各种方法且符合成本考量。
8. 举例说明服务补救的迷思。
9. 举例说明某一观光旅游公司的服务补救程序，并评论其优缺点和提出改善建议。

第九章　服务品质机能展开

学习目标

研读本章内容之后，学习者应能达成下列目标：

1. 了解品质机能展开的定义与模型。
2. 了解品质机能展开的原理、作用、意义与效益。
3. 了解服务业应用品质机能展开的效益及注意事项。
4. 了解品质屋的技术。

锁定特定消费族群，提供让目标顾客满意的服务商品，较易保证服务品质的一致。照片中为百货公司的 Hello Kitty 馆，提供一系列符合儿童需求的产品（照片由联合报系提供）。

本章导读

品质终须落实在产品或服务之上，才能真正获得消费者的青睐而成为忠诚的顾客，以使机构能获得长久的利益。品质机能展开是业界常用的一种方法，可将消费者的需求转化成消费者所真正需要的产品或服务，并能完成品质保证。品质机能展开的过程中需要前述各章所说明的各种理论和方法之外，也需机构本身的创意和制造或生产能力。然而，更需要的是，机构每一位员工都秉持着追求卓越的心态，并在自己的工作岗位上全力以赴。如此，才能创造出顾客、员工和顾客皆赢的三赢结果。本章首先说明品质机能展开的定义与模型；其次，阐述品质机能展开的原理、作用、意义与效益；再次，来解释服务业应用品质机能展开的效益及注意事项；最后，以旅馆为例来说明品质屋的程序和相关技术以及可产出的成果。

第一节　品质机能展开的定义与模型

一、品质机能展开的定义

品质机能展开（quality function deployment，QFD）的来由，是由赤尾洋二于 1972 年在其发表的《新产品开发与品质保证——品质展开的系统》一文中，首先使用了“品质展开”（quality deployment，QD）一词，再通过后续的发展与“价值工程”（value engineering）和“质量屋”（house of quality）相结合，而形成了“品质机能展开”。在品质机能展开中，首先，从市场要求品质开始到计划品质、设计品质和制造品质为止，对品质自身的连锁体系进行明确的构建。然后，通过把这些各自的品质和品质保证活动相连接，构筑新的品质保证系统。这样，品质自身的系统和品质保证业务系统就各自分明，同时，把两者作为品质保证系统进行一体化（熊伟，2005）。

品质机能展开是品质展开与狭义的品质机能展开（品质职能展开）的总称。品质展开（QD）由赤尾洋二定义为“将顾客的需求转换成代用品质特性，进而确定产品的设计品质（标准），再将这些设计品质系统地（关联地）展开到各个功能部件的品质、零件的品质或服务项目的品质上，以及制造程序各要素或服务过程各要素的相互关系上”，使产品或服务事前就完成品质保证，符合顾客的需求。它是一种系统化的技术方法。狭义的品质机能展开（品质职能展开）由水野滋定义为“将形成品质保证的职能或业务，按照目的、手段系统地进行详细展开”。通过企业管理职能的展开实施品质保证活动，确保顾客的需求得到满足。它是一种体系化的管理方法。

所以，品质机能展开是将消费者的需求通过一连串的转换过程，使品质得以展开至产品或服务的各种属性的技术。而在转换过程中，必须特别强调以消费者导向为依据的概念，如此才能确保产品或服务的设计与制造能够满足消费者的需求（王士元，1998）。“品质机能展开”是以消费者对产品的期望为原动力，来驱动设计过程的一种有效管理工具，其可以避免工作上的误解与沟通，可以判定市场上销售重点，最重要的是，执行品质机能展开是为了能够满足消费者的需求（简聪海、许聪鑫、蔡志弘，1999）。

此外，庄宝雕（1995）在品质机能展开的多层面分析中也指出，品质机能展开也是一种确保消费者的需求，通过产品开发过程的各个阶段，确实转化为技术需求的手法，同时在每一产品开发与制造阶段，将消费者需求转换成适当的技术需求。而品质机能展开也是一种全面品质管理的过程，通过此过程，可将消费者内心的声音，由产品发展的研发、制造、生产等阶段加以展开（卢渊源、张存金，1995）。

Fisher 和 Schutta（2003）指出品质机能展开这一工具，有助于建立更加主动的服务开发过程。QFD 成为了顾客驱动的品质管理系统，该系统从设计过程的各阶段到实际执行及其控制中，都将顾客的声音融入恰当的技术规范中。QFD 过程提供了设计品质（designed in quality），而不是检验品质（inspected in quality）。顾客声音与品质机能展开的成 功应用，减少了服务过程的开发时间、降低了变动成本、促进了团队工作、降低了上市后的被动性变更。

全面品质控制（TQC）的提倡者 A. V. Feigenbaum 将品质系统（quality system）定义为“按既定品质标准生产，以及为了交付产品所需的管理、程序的集合”。另外，J. M. Juran 将品质机能定义为“形成品质的职能”。

品质展开（QD）和品质机能展开（QFD）的概念如图 9-1 所示，它下侧的“规划”、“设计”等，都可表示为形成右侧箭头所指的品质职能，那么 Feigenbaum 的上述品质系统就是指职能的明确化，也就是指对确保品质的组织、程序、过程进行体系化，即为满足组织内部管理的需要而设计的品质保证体系。但是，品质系统不仅是组织程序的集合，明确品质本身的集合也是必要的，也就是说图 9-1 的上侧部分也很重要。因为产品整体的品质保证，是建立在产品各个零部件品质都得到保证的基础之上。所以，图 9-1 的上侧部分称为“品质展开”，而下侧部分称为“职能展开”。

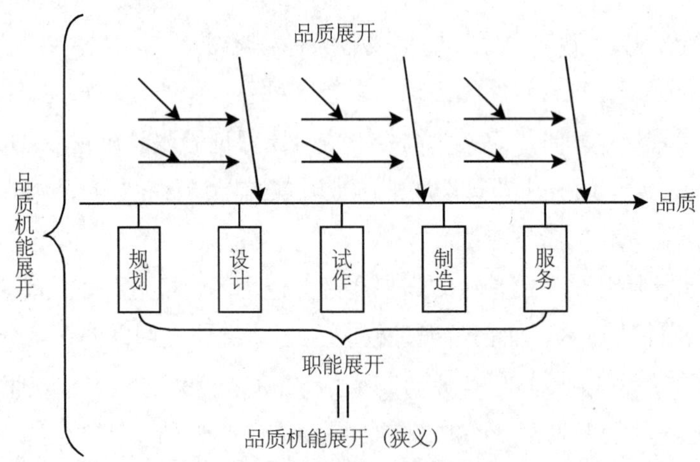

图 9-1 品质展开与品质机能展开

资料来源：熊伟（2005）。

广义的品质机能展开包括品质展开和狭义的品质机能展开（职能展开）。广义的品质机能展开也就是广义的品质职能展开。广义的品质职能是指企业为使产品、流程或服务满足规定的要求或顾客的需要而进行的全部活动的总称。在整个品质工作中，企业各部门应该发挥什么作用、承担什么职责、展开哪些活动，都是广义的品质职能所要研究的内容。例如，在餐饮企业的研发设计部门要依据目标顾客的品质需求，来决定餐饮产品的规格、口味和原材料的标准等，并设计出符合顾客品质需求的餐饮产品；厨房（生产制造部门）要实现快速有效的生产，厨师则要经过严格训练，熟练掌握餐饮产品的品质标准要求和保证品质的操作方法及控制方法，以便生产出符合设计品质的餐饮产品；品管部门要按餐饮产品的服务流程和品质标准进行检查和评鉴；销售部门在推销餐饮产品的同时要确实地进行市场调查，收集顾客意见，进行品质分析等。上述各部门的工作及活动直接影响餐饮产品的品质，是"直接"的"品质职能"。此外，企业还有一些部门的工作及活动是间接地影响餐饮产品品质的，如人力资源部门严格进行员工的教育训练，提升员工的素质，从而保证企业的产品品质。财务部门做好各类资金的管理，加强日常核算和监督，促进劳动生产率和产品品质的提高，降低产品成本，为企业获得更好的经济效益。这些都是"间接"的"品质职能"。

二、品质机能展开的概念模型

依据机械制图原理，将品质机能展开的概念模型化，如图 9-2 所示。从品质需求和品质特性等不同的侧面对产品进行描述，然后用二维表的形式展开及其相互关系，并且从品质保证的角度分析、设计品质，同时平衡它与技术、成本、可靠性的关系。

用品质机能展开的概念模型，来形象化地解释品质机能展开的根本原理。把将要开发的产品/服务作为无限维的超立方体进行模型化，如图 9-2(a) 所示。从品质保证的观点出发，必须首先注重顾客的需求，这些需求可以整理、归纳到超立方体的一个侧面上。此外，还可以考量品质特性、技术、成本、可靠性等各式各样的侧面。一般情况下，这些因素会在超立方体的内部复杂地绞合在一起，使得产品/服务难以理解。因此，用展开图（二维表）的形式来整理、归纳产品/服务侧面的信息及相互关系，超立方体的展开如图 9-2(b) 所示。但展开的形式并不是固定的，应该取什么样的侧面，采用何种形式，要根据不同的目的选择最容易理解的形式。以这些展开图（二维表）为基础，对各侧面的信息及它们之间

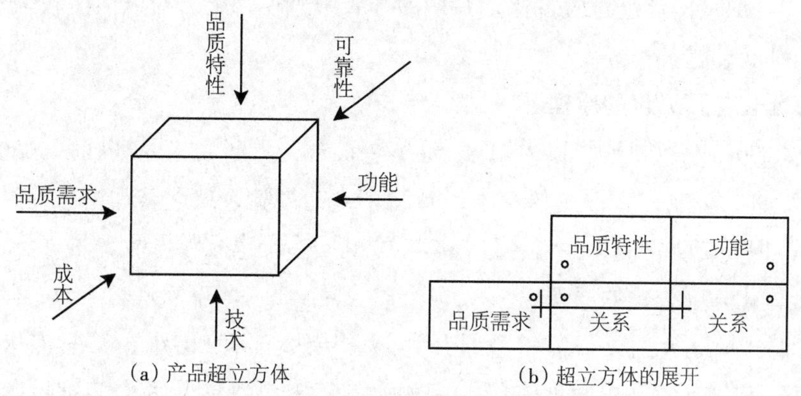

图 9-2　品质机能展开的概念模型

资料来源：熊伟（2005）。

的关系进行探讨，再组合成一个整体，这样就合成为一个具有欲求品质的产品或服务。

再者，品质机能展开中所取得的各侧面，不一定如机械制图一般是相互正交的，而且各侧面的信息是多样的，有时是非定量的。这种差异依设计对象是否具有物理形状而定，如餐饮服务流程即无可见的物理形状。因此，品质机能展开可以看成是一种用于设计不可见对象的工具，把对象一般化为系统。

第二节 品质机能展开的原理、作用、意义与效益

一、品质机能展开的原理

大滕正将品质机能展开的原理，归纳为“展开的原理”、“细分化与统合化的原理”、“多元化与可见化的原理”、“全体化与部分化的原理”，赤尾洋二又追加了“变换的原理”和“面向重点的原理”。

（一）展开的原理

品质机能展开中的展开形式，有在各种展开表中可以见到的树状展开以及从顾客需求到生产现场的全体性展开。前者是在品质需求展开表、品质要素展开表及功能展开表中，系统地展开成第一层级、第二层级、第三层级等，越是层级低的抽象度越高，随着展开深入而变得具体化。后者是从把握顾客品质需求开始，向规划品质、设计品质、功能品质、零部件品质、生产/服务流程管理点方向，从上游向下游依序展开。

（二）细分化与统合化的原理

整体的品质由各个品质要素所构成，各自的消费者要求强度不同，品质若不进行细分化，则其实际状态就不明确。但仅靠细分化，品质整体形象就不清楚。因此像第三层级、第二层级、第一层级一样进行统合化，并用展开表来进行归纳。对以前比较模糊的服务品质等可以进行同样的评价。

（三）多元化与可见化的原理

品质机能展开由各种展开表所构成，这些可被视为“多元的”。以前，品质要素并未在企业中高度进行体系化，而是依存于设计者个人的经验，缺乏客观性。通过“可见化”不仅可以进行相互交流，而且经营者进行客观的品质决策也成为可能。

（四）全体化与部分化的原理

品质的集合是庞大的，通过将其展开为第一层级、第二层级、第三层级等，“全体化”和“部分化”就可以自由地进行。例如，到第二层级展开为止能把握整体的概要，利用计算机计算器能将其中一部分进一步展开至第三层级、第四层级，并平衡部分最佳

与整体最佳之间的关系。

（五）变换的原理

能使庞大的品质集合得以展开，就是这个原理。品质表是一种从顾客的世界向技术的世界变换，并进一步向子系统、零部件、生产和品质信息等不同侧面的变换过程。在两种侧面的变换中，关系矩阵起了重要的作用。

（六）面向重点的原理

正因为展开容易变得庞大，这个原理才显得更加重要。品质需求展开表注重网罗性，重点事项并不明确，为此，通过了解顾客的关心度及比较本公司与他公司，选定策略性重点项目。利用各种展开表将重要度向下游进行变换。也就是说，不是笼统地，而是将品质信息的重点经过庞大的品质体系，系统地向生产阶段传达。

二、品质机能展开的作用与意义

综观国内外品质机能展开的应用与实践，品质机能展开的作用与意义可以归纳成如下几点（熊伟，2005）。

（一）品质机能展开是一种顾客驱动的产品开发方法

品质机能展开是从品质保证的角度出发，通过一定的市场调查方法以获得顾客的需求，并采用矩阵图解法将对顾客的实现过程分解到产品开发的各个过程和各职能部门中去，通过协调各部门的工作以保证最终产品品质，使得设计和制造的产品能真正地满足顾客的需求。品质机能展开的整个开发过程是以满足顾客的需求为出发点的，各阶段的品质屋（house of quality，HOQ）投入和产出都是市场顾客的需求所直接驱动的，以此保证最大限度地满足市场顾客的需求。

因此，品质机能展开最为显著的特点，是要求企业不断地倾听顾客的意见与明白顾客的需求，然后通过合适的方法和措施，在开发的产品中体现这些需求，并用一种逻辑的体系，去确定如何最佳地借由可能的渠道来实现这些需求，从而大大提高顾客对产品的满意度。

（二）品质机能展开是一种目标明确的工作协调方法

品质机能展开是在实现顾客需求的过程中，帮助产品开发的各个职能部门制定出各自的相关技术要求和措施，并使各职能部门能协调地工作的方法。在品质机能展开系统化过程的各阶段，都是将市场顾客需求转化为管理者和工程人员能明确理解的工程信息，减少或避免了产品规划到产出各环节的盲目性。它有目的地引导参与者，而不限制他们的创造性。

品质机能展开是一个组合的组织者，它保证每个在其组合下的工作人员共同合作，尽他们的所能给予顾客帮助。同样地，品质机能展开给予在企业组织中的每一成员一张路线图，显示从设计到传递相互关联的每一步来完成顾客的需求。它可以促进与顾客的联系以及部门中最重要的思维和行动，并提高全体员工对产品开发应直接面向顾客需求的意识。它不是一种“投入多而产出少”的“摆设”，而是一种有组织的、建设性的交流。

应用品质机能展开最大的好处，是可把市场和顾客对产品的要求，在产品设计时，通过品质策划转变成企业可实施的行动，并使这些行动有着非常明确的目的性，即保证产品完全满足顾客的要求。这样，就会使“满足市场和顾客对产品的要求”成为企业每个部门、每个员工看得见、摸得着的具体活动。通过品质机能展开的实施与进行，可以促进团队的发展，加强合作，动员团队成员共同思考和行动。它能帮助企业冲破部门间的壁垒，使公司上下成为团结合作的集体，因为开展品质机能展开绝不是品质部门、开发部门或制造部门中某一个部门能独立完成的，它需要集体的智慧和团队精神。因此，品质机能展开对企业的发展有着不可估量的作用。

（三）品质机能展开是一种新产品开发的品质保证方法

品质机能展开是一种只在开发设计阶段，就对产品适用性实施全过程、全方位品质保证的系统方法。更重要的是，它改变了传统的品质管理思想，即从后期的反应式品质控制转向早期的预防式品质控制。品质机能展开可以把“产品品质保证”这件企业首要大事，真正做到预防，而且每项预防活动都有着强烈的针对性。

（四）品质机能展开是一种有效的资源优化方法

品质机能展开方法的基本思想是“需求什么”和“怎样来满足”，在这种对应形式下市场顾客的需求不会被曲解，产品的品质功能不会有疏漏和冗余。这实质上是一种人力和物力资源的优化配置。

（五）品质机能展开是一种先进的设计技术方法

品质机能展开是先进制造技术之一，在整个产品全方位决策、管理、设计及制造等各阶段过程都能加以运用。从现代设计法的角度来看，品质机能展开技术在计算器技术和信息技术的支持下，能继承和延伸传统的设计技术和方法，使传统的理论方法在一个新的层次上应用和发展，同时还可以和其他先进技术方法如仿真设计、并行设计等相互嵌套结合应用，以解决各式各样的工程设计和制造问题。这种纵向的继承和横向的互补特点，使QFD 技术能较灵活地应用于开发性设计、适应性设计及变形设计之中。

（六）品质机能展开是一种集成的系统工程方法

从系统工程的观点来看，品质机能展开是系统工程理论与方法在产品设计开发过程中的具体应用。它是一个具有投入、过程和产出的复杂系统。原则上，它是一系列的问与答，包括两个最基本的问题：“什么?”（顾客需要什么?）、“如何?”（如何满足顾客的期望?），将各阶段的品质屋按投入和产出关系相连接就构成一个完整的产品开发 QFD 系统，如图 9-3 所示。

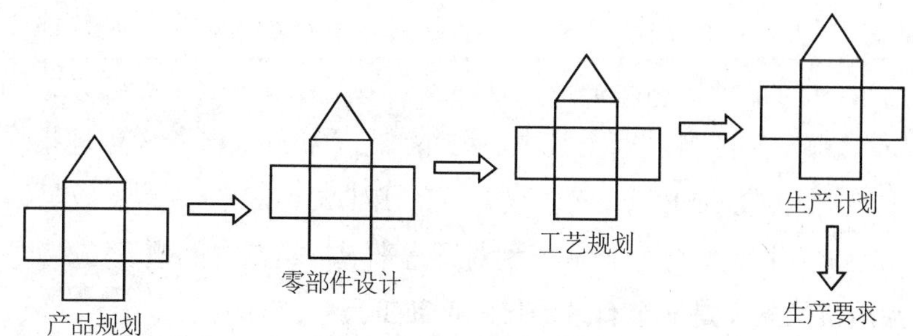

图 9–3　产品开发 QFD 系统

资料来源：熊伟（2005）。

产品开发各阶段品质屋建立的目的是进行需求变换。来自市场顾客的原始需求，由产品规划阶段品质屋转换成为工程特征要求（工程设计目标要求），工程特征要求经零部件设计阶段，品质屋转换成零部件特征要求，零部件特征要求由工艺规划阶段品质屋转换成对制造工艺的要求，制造工艺的要求最后由生产计划阶段品质屋转换成具体的生产要求。经此，市场顾客需求通过一系列的转换最终由生产要求来满足。这一系列的需求转换过程就是系统的 QFD 技术过程。

（七）品质机能展开是一种科学的现代管理方法

品质机能展开技术中的面向市场顾客需求的内容和方法，也可应用于现代管理技术之中，使管理人员无论从决策阶段，还是设计制造阶段，都能对产品的品质、性能、成本和寿命等方面有全面性的认识和把握，从而使管理更具科学性。

（八）品质机能展开是一个强而有力的竞争决策手段

企业的竞争追根究底是产品的竞争。品质机能展开正是在实现顾客期望的基础上，进行系统化的产品设计和生产的一套严谨的科学方法，并提供了深度的产品评估。品质机能展开中通过对市场上同类产品的竞争性评估，有利于发现其他同类产品的品质和竞争能力。另外，顾客的期望驱动着产品开发的全部过程，大大降低了开发新产品的失败风险，使得企业更具有竞争力。品质机能展开的根本目的是使产品以最快的速度、最低的成本和最优的品质占领市场。

（九）品质机能展开是一个有效降低成本的手段

从工程设计的角度来看，品质机能展开这种有目标、有计划的产品开发生产模式，会降低工程设计费用，缩短开发期。由于在产品设计阶段考虑制造问题，产品设计和工艺设计交叉进行，因此可使工程设计变更减少 40%~60%，产品开发周期缩短 30%~60%。品质机能展开更强调在产品早期概念设计阶段的有效规划，因此可使产品变动成本降低 20%~40%。

（十）品质机能展开是一个实践全面品质管理的重要工具

品质机能展开的目的是从全面品质管理的视野出发，品质要素中包括理化特性和外观要素、机械要素、人的要素、时间要素、经济要素、生产要素和市场及环境要素。将这些要素组合成一个有机的系统，将产品从设计开发到最终报废的全部过程，明确各个步骤的品质功能，并使各品质功能得以确实完成。另外，品质机能展开能有效地指导其他品质保证方法，如统计过程控制（SPC）、实验设计（DOE/TAGUCHI）方法、故障模式和效应分析（FMEA）方法的应用，即把它们应用到对顾客来说最重要的问题上。

（十一）品质机能展开是一个有效的技术创新工具

一般认为，技术创新可以分为产品创新和工艺创新，产品创新和工艺创新在本质上都是市场导向即为满足顾客需要服务，而工艺须为产品服务，因此产品创新必然与一定的工艺创新相联系，必然要引发工艺创新。正是按照这个逻辑，品质机能展开把顾客需要依次转化为产品特性、零部件要求、工艺要求和生产甚至服务要求，从而把产品创新和工艺创新之间的本质联系呈现出来，完成技术创新的整体功能。品质机能展开中的品质展开，是以一系列类似"房屋"的衍生矩阵来表达的图表，由于这一系列"品质屋"明确标明了每一个阶段的内容、目标，因此实际上起了企业创新活动路径图的作用。品质机能展开把创新活动的每一步有机地联系起来，实现从顾客需要到技术需求的正确转换，达到技术向市场的回归。正是通过品质机能展开才真正实现了技术和市场的归一，保证企业技术创新的成功。产品创新和工艺创新应该是并行的、一体化的技术创新，品质机能展开是企业技术创新的有效工具。

（十二）品质机能展开是强而有力的综合企划技术

品质机能展开是一个总体的概念，它提供一种将顾客的需求，转化为对应于产品开发和生产的每一个阶段（市场策略、策划、产品设计和工程设计、原形生产、生产工艺开发、生产和销售）的适当技术要求的途径。它从市场的情报出发，将其转化为设计语言，继而纵向经过部件、零件展开至工序展开；横向进行品质展开、技术展开、成本展开的可靠性展开。形式上以大量的系统展开表和矩阵图为特征，尽量将生产中可能出现的问题提前揭示，以达到多元设计、多元改善和多元保证的目的。

（十三）品质机能展开是并行工程的支撑技术

并行工程（concurrent engineering，CE）是对产品及其相关过程（包括制造过程和支持过程），进行集成设计的一种系统工作模式。这种工作模式使产品开发人员从一开始就考虑到产品全生命周期中的所有因素，包括品质、成本、进度和顾客需求。要实现并行工程，就需要建立适应并行工程的管理体制和支持并行工程的工作环境，并采用一套支持并行工程的技术和方法。并行工程以正确地定义顾客需求为起点，依据顾客需要，形成产品的需求模型是并行工程的基础。品质机能展开是一种顾客驱动的产品开发方法，它提供了系统、层次化的顾客需求分析手段，把顾客的声音转变为顾客需要的品质特征，是支持并行工程的重要技术和方法，为企业实施并行工程提供了有力的支持。

（十四）品质机能展开是品质工程的重要组成部分

从品质工程的角度出发，品质机能展开和其他品质保证方法构成了一个完整的品质工程概念。品质机能展开、故障模式和效应分析（FMEA）、田口（TAGUCHI）方法属于设计品质工程的范畴，即产品设计阶段的品质保证方法；而统计品质控制（SQC）、统计过程控制（SPC）等属于制造品质工程的范畴，即制造过程的品质保证方法。另外，就设计品质工程而言，QFD 和 FMEA、TAGUCHI 方法也是互补的。QFD 的目的是使产品开发面向顾客的需求，极大地满足顾客需求，而 FMEA 方法是在产品和过程的开发阶段，降低风险及提高可靠性的一种方法，也就是说 FMEA 方法保证产品可靠地满足顾客需求；TAGUCHI 方法采用统计方法设计实验，以帮助设计者找到一些可控制因素的参数设定，这些设定可使产品的重要特性，不管是否出现噪声干扰都始终十分接近理想值，从而最大限度地满足顾客需求。

三、品质机能展开的效益

在第 25 届美国品质管理协会年会上，乔治·R.佩瑞对 QFD 的有效性做了以下总结。

（一）有形的效益

（1）大大减少研制时间。

（2）有效地减少后期的设计更改。

（3）在开发设计阶段就开始降低成本（产品成本的 70%在开发设计阶段就已经决定了）。

（4）提高设计可靠性。

（5）降低企业的管理成本。

（二）无形的效益

（1）使顾客更加满意。

（2）QFD 数据库。

（3）健全企业品质保证活动。

a. 可应用于同一系列或类似的其他产品上。

b. 开发设计和生产工序中各种技能、技术诀窍的累积。

（4）改进产品规划的基础。

（三）累积的价值

1. 强化了当前的研制过程：

（1）在市场和经营需求的基础上，尽早明确目标。

（2）同时注意产品和工艺技法。

（3）使主要问题一目了然，以便优化资源分配。

（4）改进部门间的协调与联系。

（5）提高了企业开发设计人员的水准。

2. 有效地获得顾客真正所需的产品：

（1）更好地满足顾客的需求。

（2）产品更具竞争优势。

第三节 服务业应用 QFD 的效益及注意事项

一、服务业应用 QFD 的效益

熊伟（2005）综合品质机能展开（QFD）在服务业中的应用效益，归纳成以下几点。

（一）服务品质更加明确

通过经历品质机能展开的应用过程，人们不得不认真考虑服务品质的定义，认真对待品质要素的抽出、测定和管理的重要性。另外，通过与其他产业品质表的比较，会更加清楚地认识到本公司提供的服务品质以及把握这些品质的重要性。

（二）通过品质表了解 TQM 的全貌

对品质认识不充分和品质管理活动不习惯的服务业人士来说，要充分理解 TQM 的活动内容不是很容易。很多服务企业说是要引入 TQM，但具体要做什么，怎样去做并不十分清楚。

观察日本戴明奖获奖企业报告，TQM 的内容大体是明确本公司 TQM 活动的目的和经过，实施方针管理的标准化，培育人才，开展新产品开发，进行品质保证和职能管理等。但这些品质管理术语对服务业来讲，不仅是不习惯，有些人甚至连意思也不明白，以致一些服务企业的 TQM 活动与公司经营联系不上。

由于具有一览性的关系矩阵（品质表）使用顾客语言，使人很容易理解品质表的目的。如果将 TQM 理解成把品质表开展到全公司，逐步实现品质需求的过程，那么很多人就能够理解 TQM 的流程。

（三）服务的新商品开发与品质保证

服务行业中，市场需求变化和竞争日趋激烈，但与制造业相比，则服务业中品质管理的实施相对落后。服务的新商品开发与品质保证联系不上，或者不太考虑服务的品质保证问题，是服务业中常见的现象。也就是说，在许多企业中，服务的品质保证的重要性还没有被充分认识。

考虑服务的品质保证时，首先遇到的问题是达到怎样的状态才算是服务的品质得到了保证。很多情况下提供完全相同的服务却因顾客不同或情况不一样，有时非常满意，有时却有意见。为此，对于服务的提供方来说，容易造成服务品质保证基准的混乱，形成服务的好坏不明了。还有，提供服务后，在进行询问和面谈调查时，会出现各式各样的评价，其中有些甚至是对立的或相反的意见。对于提供服务的企业来说，要使所有的顾客都完全满意，理论上也许可以探讨但实际上是不可能的。特别是物质丰富之后带来了需求的多样化，经常可以看到为了追求所有顾客层都满意的完美的服务商品，结果反而导致很多顾客层都不满意。因此，限定顾客对象，提供让目标顾客层肯定满意的服务，这样就可以让服务的品质得到了保证。

房地产开发公司针对特定的购屋消费族群的属性与需求，提供符合其需求的产品，以确保服务品质的供给。照片为针对新婚小家庭推出的方案（照片由联合报系提供）。

服务品质保证的工作步骤如图 9-4 所示。首先把握市场中服务的需求，决定顾客层。然后，掌握目标顾客的实际要求事项，进行新商品的规划。从要求事项中抽出品质需求，进行品质设计。为了满足品质设计尽力提出想法，通过反复实验和试做，确定服务提供的过程。在这个阶段将顾客的心声变换成品质特性，尽量客观地评价品质以及确定保证基准，制作提供服务的标准作业程序（standard operation procedure，SOP）。此后，建立营销计划，通过试卖，抽出不良点进行修正。在销售之后，如果能检测到目标顾客层已经满意，那么可以认为品质得到了保证。

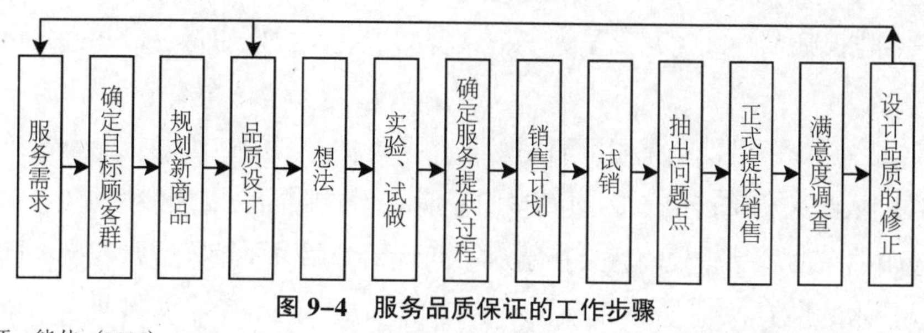

图 9-4　服务品质保证的工作步骤

资料来源：熊伟（2005）。

这一连串的步骤中最重要的是品质设计，把握要求事项，变换成品质特性，尽量客观地进行品质评价，如果不充分理解品质机能展开，进行这些工作是很困难的。

二、服务业应用 QFD 的注意事项

服务业中导入品质机能展开时，应注意以下四点事项。

1. 管理高层负责引入、推进。品质机能展开的应用效益是显著的，但需要的努力、时间等也是巨大的。管理高层应该亲自学习品质机能展开，并推进、组织和准备计划，在必定成功的决心基础上进行实践。

2. 学习其他公司的经验。品质机能展开可以从其他公司实施的案例中学到很多东西，与理论交叉学习能加深理解，最好是同行业其他公司的实例，也可以参考非制造业的实例。

3. 从小题目开始。如果一开始就选择涉及全公司的大题目并进行品质机能展开的应用，那么，遇到大的障碍就会产生挫折感。因此，权且当作是确认品质机能展开的程序和探究服务品质的练习，限定于一个部门的特定服务商品，从小题目开始实施是一项经验。

4. 导入初期应请 QFD 专家指导。在导入初期阶段，经常可以看到品质机能展开推进小组，因各式各样的疑问和困惑不能前进。接受专家指导可以有效地利用宝贵时间，同时以小题目体验品质机能的展开实施过程，逐渐独立进行。

第四节 品质屋的技术

一、品质屋的基本概念

（一）品质表与品质屋

品质机能展开过程是通过一系列图表和矩阵来完成的，其中起重要作用的是品质表。赤尾洋二定义品质表为“品质表是将顾客要求的真正品质，用语言表现，并进行体系化，同时表示它们与品质特性的关系，是为了把顾客需求变换成代用特性，并进一步进行品质设计的表”。

品质表如图 9–5 所示，它是由品质需求与品质特性构成的二维表。品质需求是顾客的语言，但难以依此来构筑产品，必须将它们变换成品质特性。品质特性是生产者的语言，是技术领域中的东西。品质表的意义在于对不同的领域用关系矩阵进行变换，即从顾客的世界转换成技术的世界。

日本的品质表流入美国后，由于它的形状很像一幢房屋，所以被形象地称为“品质屋”（house of quality，HOQ），后来也将品质机能展开中一系列图表和矩阵统称为“品质屋”。品质屋是建立品质机能展开系统的基础工具，是品质机能展开方法的精髓。典型的品质屋构成的框架形式和分析求解方法不仅可用于新产品的开发过程，也可灵活运用于工

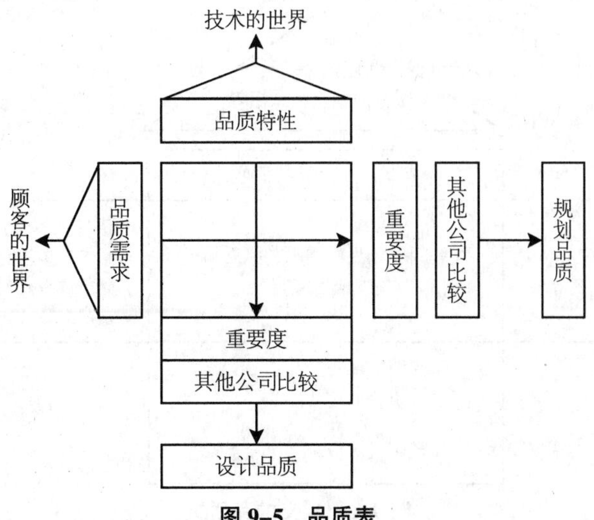

图 9–5　品质表

资料来源：熊伟（2005）。

程实际的局部过程，如可以单独运用于产品的规划设计或生产工艺设计等过程之中。

（二）品质屋的形式

品质机能展开是一种思想，一种产品开发和品质保证的方法论，它要求我们在产品开发中直接面对顾客需求，在产品设计阶段就考虑工艺和制造问题。品质机能展开的核心内容是需求转换，品质屋（HOQ）是一种直观的矩阵框架表达形式，它提供了在产品开发中具体实现这种需求转换的工具。品质屋将顾客需求转换成产品和零部件特征并配置到制造过程，是品质机能展开方法的工具。

通常，狭义的品质屋，如图 9–6 所示，乃作为品质机能展开过程的第一个品质屋，在产品规划阶段中使用，而广义的品质屋，如图 9–7 所示，是指品质机能展开过程中的一系列矩阵，它的一般形式由以下几个广义矩阵部分组成

1. 左墙——WHATS 投入项矩阵。它表示需要什么，包含顾客的需求及其重要度（权重），是品质屋的“什么”。

顾客需求：由顾客确定的产品或服务的特性。

重要度（权重）值：顾客对其各项需求进行的定量评分，以表明各项需求对顾客到底有多重要。

2. 天花板——HOWS 矩阵。它表示针对需求如何去做，是技术需求（产品特征或工程措施），是品质屋的“如何”。

技术需求（产品特征或工程措施）：由顾客需求转换得到的可执行、可度量的技术要求或方法。

3. 房间——相关关系矩阵。它表示顾客需求和技术需求之间的关系。关系矩阵：描述顾客需求与实现这一需求的技术需求（产品特征或工程措施）之间的关系程度，将顾客需

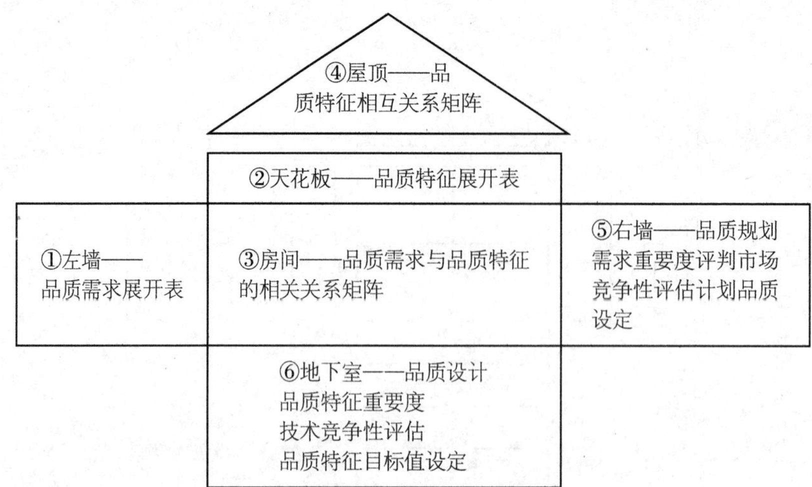

图 9–6　狭义的品质屋

资料来源：熊伟（2005）。

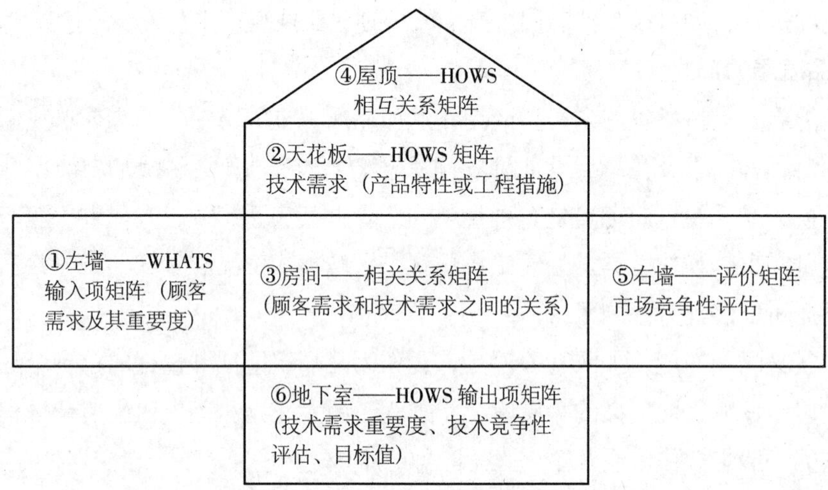

图 9–7　广义的品质屋

资料来源：熊伟（2005）。

求转化为技术需求（产品特征或工程措施）并表明它们之间的关系。

4. 屋顶——HOWS 的相互关系矩阵。它表示 HOWS（技术需求）矩阵内各项目的关联关系。

相关矩阵：表明各项技术需求（产品特征或工程措施）间的相互关系。

5. 右墙——评价矩阵。评价矩阵指竞争性、可竞争力或可行性分析比较，是顾客竞争性评估，从顾客的角度评估产品在市场上的竞争力。

市场竞争性评估：对应顾客需求所进行的评价，用来判断市场竞争力。

企业产品评价：顾客对企业当前的产品或服务的满意程度。

竞争者产品评价：顾客对企业竞争者产品或服务的满意程度。

改进后产品评价：企业产品改进后希望达到的顾客满意程度。

6. 地下室——HOWS 产出项矩阵。它表示 HOWS 项的技术成本评价等情况，包括技术需求重要度、目标值的确定和技术竞争性评估等，用来确定应优先配置的项目。通过定性和定量分析得到产出项——HOWS 项，即完成“需求什么”到“怎样去做”的转换。

技术需求重要度：表示技术需求（产品特征或工程措施）的重要程度。

目标值：为了具有市场竞争力，企业所需达到的技术需求（产品特征或工程措施）的最低标准。

技术竞争性评估：企业内部的人员对此项技术需求（产品特征或工程措施）的技术水准的先进程度所做的评价。

同市场竞争性评价一样，它包括对本企业技术的评价和竞争企业技术的评价及改进后技术的评价。它们所不同的是，市场竞争性评估是由顾客做出的，是对产品特性的评价；而技术竞争性评估是由企业内部人员做出的，是对技术水准的评价。

通过上述组成建立品质屋的基本框架，给予投入信息，通过分析评价得到产出信息，从而实现一种需求转换。

二、品质屋的构造过程

一般来说，产品品质屋的构造过程如图 9-8 的步骤进行。依品质需求展开、品质特性展开和品质屋的构造三大部分，说明如下。

（一）品质需求展开

顾客需求的获取是品质机能展开过程中最为关键也是最难的一步。对象商品无论是既存改良型还是全新开发型，都必须充分地把握市场顾客需求。将顾客关于商品的信息（要求），以文字形式进行的表述称为原始数据。而属性数据是指提供原始数据的顾客特征（如年龄、性别等）。对于既存改良型产品，原始数据和属性数据是通过对顾客关于对象商品的要求，实施访问调查、面谈调查或通过收集来自顾客的投诉信息而得到。对于全新开发型产品，因为直接从顾客获得需求比较困难，必须建立市场需求的数据库进行解析，或利用市场营销的方法，来把握市场潜在的需要。

Fisher 和 Schutta（2003）指出获得顾客声音的两种主要方式是通过进行访谈（interview）或焦点群体（focus group）。在这两种方式下，都会询问顾客在选择服务时什么对他们最为重要。在大多数情况下，消费者所提供的答案是服务属性，如快速的服务，然而所要寻找的是顾客的结果。因此，要多问“为什么”，或者探查与消费者回答问题时所给任一属性相联系的隐含顾客结果。希望通过推理来识别出尽可能多的顾客结果。

相关研究结果表示为获得 90%的顾客结果需要进行 30 次顾客访谈或 5 次焦点群体访谈。额外的访谈和焦点群体访谈会获取更多的顾客结果，但这些额外努力的回报将递减。

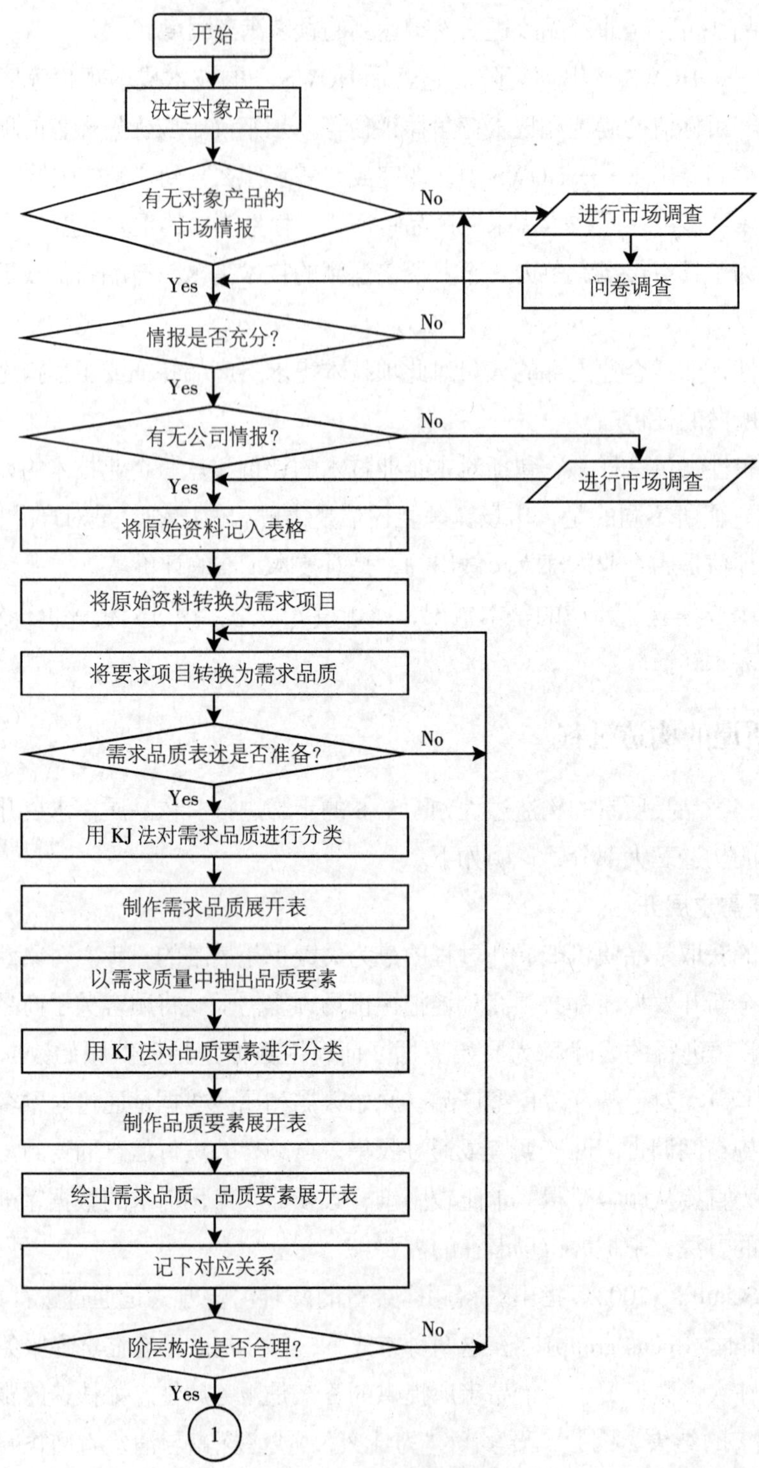
开始
决定对象产品
有无对象产品的市场情报
No
进行市场调查
问卷调查
Yes
情报是否充分?
No
Yes
有无公司情报?
No
进行市场调查
Yes
将原始资料记入表格
将原始资料转换为需求项目
将要求项目转换为需求品质
需求品质表述是否准备?
No
Yes
用KJ法对需求品质进行分类
制作需求品质展开表
以需求质量中抽出品质要素
用KJ法对品质要素进行分类
制作品质要素展开表
绘出需求品质、品质要素展开表
记下对应关系
阶层构造是否合理?
No
Yes
1

图 9-8　品质屋构造流程

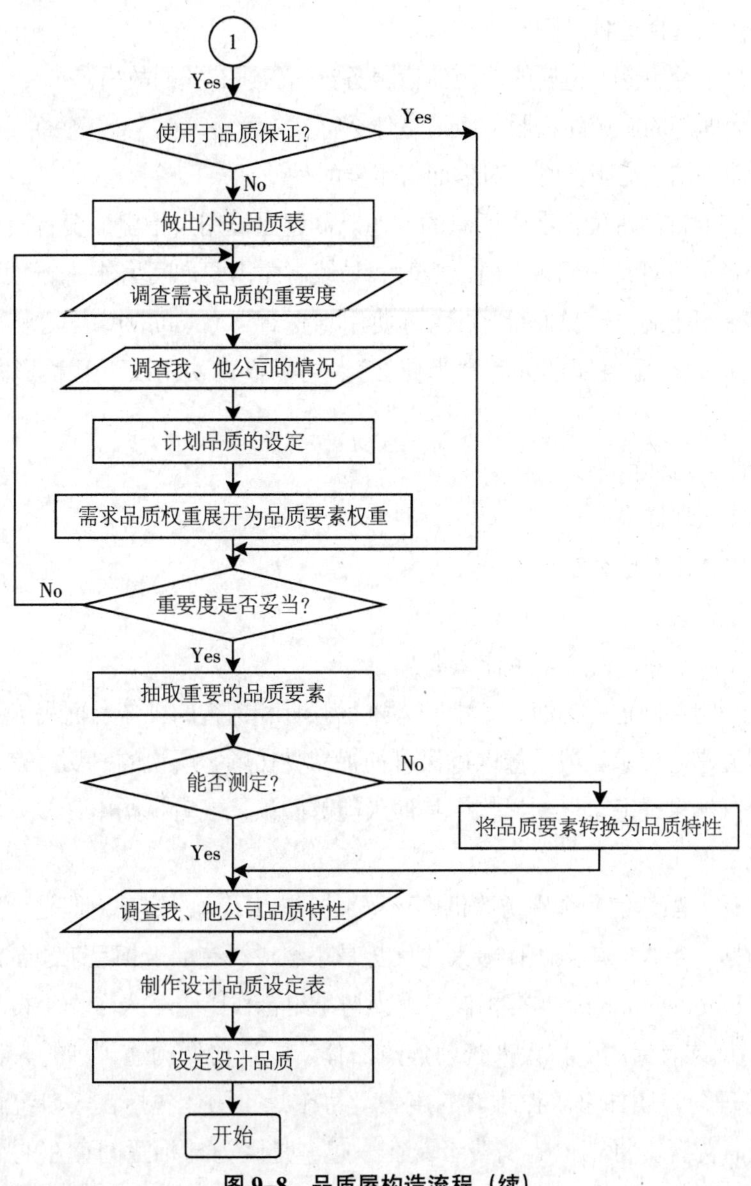

图 9-8　品质屋构造流程（续）

资料来源：熊伟（2005）。

在大多数情况下，获得 90%的顾客结果就可以满足对顾客需求了解的需要。

1. 访谈。访谈是一对一的交谈，访谈者保持交谈的焦点集中。访谈者借由先前准备好的问题引导讨论以获得期望的信息。举例来说，为获得旅馆住宿服务的顾客结果，访谈中使用的典型问题包括：

（1）当你考虑旅馆住宿服务时什么将出现在你的脑海中？

（2）你能列出哪些品牌的旅馆住宿服务？

（3）你一般选择哪一种品牌？

（4）你为什么选择这种品牌？

（5）你是否曾经历令人遗憾的旅馆住宿服务？请叙述有关的故事。

（6）你认为理想的旅馆住宿服务应该是什么样？

（7）在选择旅馆住宿服务时，对你而言重要的是什么？

访谈并不需要询问每位消费者所有的问题。问题是被用来指引消费者谈话的方向。当被访谈的消费者不再对某一问题有所反应时，访谈者才需要询问另外一个问题。

为从消费者访谈引导出顾客结果，可使用“探查”（probing）的技术。访谈者就该消费者提到的每一个服务属性询问“为什么”。可以借由使用以下几种形式来改变提问的用词：

（1）那为什么对你重要？

（2）你为什么那样说？

（3）那对你意味着什么？

（4）你为什么想要？

（5）如果你得不到，将会发生什么事？

可以两人一组共同进行访谈，其中一人进行倾听和探查的工作，而另一人记录下受访者的反应，但通常需要录音或录像以确保可捕捉到受访顾客所说的一切。有人事后对录音带或录像带进行转录或笔录以便机构中其他人能够阅读，或者机构中许多人可轮流听或看这些录音带或录像带。

2. 焦点团体。虽然使用个别访谈也可获得来自焦点团体的信息，但是，进行一次焦点团体访谈会包括一组人。焦点团体最大的优势是小组成员有助于相互刺激创意，这一点与脑力激荡法（brain storming）非常相似。因为与小组合作比与个人合作来得更加困难，因此，通常需要训练有素的主持人来管理焦点团体。受过协调沟通训练的人，可能具备必要的技能来管理焦点团体以获得顾客的声音。每个焦点团体包括在人口统计特征方面相似的 7~12 位消费者。将相似的消费者聚在一起，是因为与相互间存在的显著差异的人群相比，他们更加容易沟通。此外，他们所期望结果的相似性有助于团体其他成员激发出更多的创意。

在会谈准备期间，焦点团体主持人设计了一系列的问题。这些问题与访谈中所要提问的问题相同，而主要的差异在于焦点团体的所有参与者都有机会回答每一个问题。主持人也是问一个问题，然后每一位参与者都被给予充分回答该问题的机会。探查方式在焦点团体中的使用也与个别访谈过程中非常相似。当焦点团体回答完该问题及探查性问题后，主持人提出另外一个问题。

就像访谈者一样，主持人不能既管理团体活动、倾听并探查，又记录下团体做出的所有反应。在焦点团体会议期间，最常见的方式是由另外一个人记录下团体所做出的所有反应。可对焦点团体会议进行录音，但更常见的是对其进行录像。也可对一些焦点团体使用带有单向透明玻璃镜的特殊房间，对这些消费者言谈感兴趣的人可以从镜子的另一面倾听、观察。

焦点团体的最大挑战之一，就是将一组人在相同的时间与地点聚集在一起。为使参与者聚集起来，经常需要给他们一定的报酬。依据在焦点团体中人员类型的不同，这一成本可能会大不相同。专家要求的报酬非常高，这是因为他们的时间具有机会成本。因此，在大多数情形下，进行 30 次个人访谈比进行 5 次 7~10 人的焦点团体更加容易、更加省钱。

旅游业者借由观光旅游展提高商品的能见度，并与顾客互动以获取意见、投诉、评价、希望等信息作为后续服务改善的依据（照片由联合报系提供）。

3. 其他获得顾客信息的方法。除了上述访谈和焦点团体两种重要且必要的获取顾客信息的方法之外，可使用（旅游）产业文献回顾、（旅游）产业博览会、机构自己内部专家的知识、顾客电话访谈、顾客邮寄问卷调查、员工意见调查等方法。亦可借由观察法来了解顾客如何使用我们的服务，或者邀请神秘购物者匿名享用我们的服务并报告他们的服务体验。将各种方法收集来的顾客信息，分析并整理在顾客结果列表中。

（二）品质需求的变换

通过以上调查从顾客那里获取的资料，具有意见、投诉、评价、希望等各式各样的形式。其内容方面也是多样的，需求中有对品质的需求，也有对价格、功能的需求，而且许多需求项目的概念范畴也不相同。所以，每次调查结束后，调查人员应实时对原始资料进行翻译、变换、整理。由于把原始资料直接变换成品质需求有一定的困难，因此，使用需求项目的概念，先从原始资料抽出需求项目，然后再将需求项目变换成品质需求。具体操作有以下各步骤。

1. 考察原始资料。对原始资料，以 5W1H（Who、Where、When、Why、What、How）考察下列项目：

（1）什么顾客提及这个问题。

（2）想象情境实例。

（3）功能需求项目。

2. 抽出需求项目。以原始资料为基础，抽出需求项目，它的实施要领如下：

（1）否定形式的表现也可以。

（2）不问其抽象程度。

（3）不拘于表现形式。

（4）想到的就行。

（5）不管什么都可以。

（6）用自己的语言写下就可。

3. 需求变换。从需求项目变换成品质需求，变换操作须注意以下几点：

（1）首先一个人思考并用自己的语言定义。

（2）对需求项目持怀疑态度。

（3）对抽出的品质需求不评价其好坏。

（4）抽出品质需求的立场和观点越是接近顾客越好。

（5）尽量从一个需求项目中抽出多个品质需求。

（6）对其他人抽出的品质需求进行改良、组合，从而创造出新的品质需求项目。

（7）检查品质需求中有无矛盾。

（8）检查品质需求是否被现有的产品所束缚。

（9）从需求项目及其背景推测、类推，进行抽出操作。

（10）针对品质需求与他人进行讨论。

4. 品质需求的表述。在品质需求的表述上应注意以下几点：

（1）采用不包含两个以上意思的简洁表述。

（2）加入品质特性表述。品质需求的表述避开"能做什么"、"想做什么"，尽量以"是什么"进行表述。

（3）不能包含品质特性（特性质）等，也就是不能用"什么性"、"什么率"之类的表述。

（4）不能包含方针、对策。

（5）避免否定形式的表述，尽量用肯定形式。

（6）对象必须明确。

（7）对抽象的描述尽量具体化。

（8）追求顾客真正的需求，考察品质并分解成理所当然的品质、期望的品质、魅力性品质，并把这些品质融入品质需求项目中。

（9）表达状态，而不是希望形式的表现。

（10）不要多做说明，要用简朴的表现方式。

（三）品质需求分析

可以使用两种不同的方法来分析顾客对品质的需求（熊伟，2005；Fisher 和 Schutta，2003）。第一种方法是亲和图（KJ）法（affinity diagram），团队成员按照该方法将顾客渴望的结果进行分类。第二种方法是顾客分类法（customer sort），在该方法中，使用一个顾客样本来进行顾客结果分类。

1. 亲和图（KJ）法。熊伟（2005）指出在顾客需求细分化之后再进行统合时，亲和图法是一种有效的分组手段。首先将品质需求各项目分别记在卡片上，朗读卡片上的品质需求，在确认其内容的基础上，废弃内容重复的卡片，并将卡片排列成能够一览的形式。对于从市场收集到的实际信息，不仅仅是废弃，必须记录它们重复的频率。然后，将觉得其内容相近的卡片集中在一起，找出能代表这一群卡片（品质需求项目）意思的表述语句，将代表性语句记入新的卡片。此时，不要受卡片上的表述所限制，将意思相近的进行集中。要注意的是，不要在大脑中先构想一个项目，再将卡片向项目凑合。对上层卡片也同样地进行归类分组。亲和图法分组要领（层次化作业程序）如下：

步骤 1：为避免重复，将意思内容相近的废弃，卡片排列成能够一览的形式。

步骤 2：将内容意思相近的卡片集中 4~5 张，整理成几个组。

步骤 3：命名能代表各组的名称，记入蓝色卡片。

步骤 4：再将步骤 3 蓝色卡片上的意思内容相近的卡片集中成一组。

步骤 5：命名能代表步骤 4 中各组内容的名称，记入红色卡片。这样，步骤 5 中红色卡片的名称为第一层级，步骤 3 中蓝色卡片的名称为第二层级，步骤 2 中原来卡片的内容就是第三层级的品质需求。

最后，将层次结构的品质需求整理成品质需求展开表。

另外，Fisher 和 Schutta（2003）也说明了他们操作亲和图法的方式如下。在团队成员聚集起来开始这一过程之前，先将顾客渴望的每一个结果写在一张可粘贴的便条上。提供一个面积较大的平面，在进行结果分类时将便条粘贴在该平面上。

随后，机构团队进行此过程。团队成员来自更大的服务开发团队，成员人数不超过 6 人。向团队成员解释过程。强调在整个分类过程中，为鼓励创造性，团队成员必须保持安静，而且要建议他们应对顾客结果进行快速移动，而不要对任何可能的配对或分组考虑太长的时间。就像脑力激荡法一样，速度避免了对创意进行审查，有助于创造。

团队将顾客渴望的结果分成几组。每一位团队成员寻找顾客结果间以任何一种方式存在的联系，并在大平面上将它们相互邻近放置。使用可以想到的任何配对。如果有人不喜欢某一结果所处的位置，他可以移动该结果到其他位置。这一过程持续到该团队将所有顾客结果都归类分组，而且团队成员停止将顾客结果移来移去为止。这一过程可能花费很长时间，这取决于具体的团队及顾客结果。

一旦分类完成，团队成员从每组中选择一个顾客结果作为这类顾客结果的标题置于该组的顶部。试着用标题卡片代表这一类顾客结果的本质。标题卡片最能代表该组中的所有卡片。

2. 顾客分类法。不同于由机构本身人员进行的亲和图法，Fisher 和 Schutta（2003）介绍了由顾客自己进行分类的顾客分类法，说明如下。给每位顾客一打卡片，每张卡片上写着一个顾客结果。顾客将这些卡片分为几堆，每一堆代表的是相似的结果，而不同堆都与其他堆存在某种差异。要求顾客从每一堆中选择出一个结果，该结果最能代表该堆中的顾客渴望结果。这一结果被称为典范（exemplar），成为了这类顾客结果的标题，并能维持该标题结果仍然是顾客的声音。

记录下该顾客放置在每一堆中的结果以及每一堆的典范。计算出每一个结果与其他结果配对的次数。然后，可以用手工对顾客分类法的最终数据进行分析，或者使用计算机统计软件进行群落分析（cluster analysis）。手工进行分析时，创建了一个以相同的顺序将顾客渴望的结果排列在各行、各列的矩阵。在该矩阵中各结果与自己相交的单元格上画对角线。现在仅仅使用对角线右上方的单元格。在每一个单元格中填写该行所在的结果与该列所在的结果被置于同一堆的次数。被最频繁配对在一起的那些结果，就是最终的结果分组。

一般来说，尝试了两种顾客结果分组的人会认为与亲和图法相比，顾客分类法更加清晰、更加容易操作地提供了对顾客认知的表示。但是，使用顾客分类法花费的时间也长得多。不管是使用亲和图法或顾客分类法，一旦完成了顾客结果分组，就要做出一个顾客结果的分类列表。将第一类的标题放置在靠左对齐。随后，在标题下面的各独立行缩进放置该类中的其他顾客结果。然后是第二类的标题，依相同的程序进行。表 9-1 中以旅馆的品质需求展开作为范例。

表 9-1　旅馆品质需求量表（部分）

第一层	第二层	第三层
服务优秀	对应好	待客态度好
		接待工作适当
		电话对应好
住宿舒适	设备齐全	停车场好
		钟表好
		电气设备好
		旅馆内能购物
		家具等适当
		空气调节好
	赏心悦目	安静
		光线适中

资料来源：熊伟（2005）。

（四）品质特性展开

通过将以顾客语言表达的品质需求转换成技术语言的品质特性，可以使抽象的顾客需求进行具体的产品化。品质特性是指成为品质评价对象的特性、性能，是关于顾客真正需求的代用特性。品质要素是评价品质的尺度，当这种尺度可以度量时就称为品质特性。在从顾客需求中抽出品质要素时，考察、测定品质需求是否满足的尺度是什么，在这个阶段，没有必要考虑构成产品的零部件的品质特性，只需要比较抽象的表现。

品质是评价商品/服务是否满足使用目的性质、性能的集合，商品的品质由品质特性构成。抽出品质特性就是将品质细分化成品质特性，分解成构成品质的性质、性能。品质要素是大概念，品质要素中能够度量的要素称为品质特性，即明确测定方法、计量方法，通过度量进行量化，且明确单位的才是品质特性。表 9–2 中以旅馆的品质要素展开作为范例。

表 9–2　旅馆品质要素量表（部分）

第一层	第二层	第三层
待客性	对应度	微笑度
		亲近感
		亲切度
		用词妥当性
	熟练度	操作速度
		正确度
		谈吐亲切
		商品知识
		应用能力
舒适性	设计	形态
		材质
		硬度
		配色

资料来源：熊伟（2005）。

在品质要素展开表中包含有品质特性，在后面为了设定设计品质，必须抽出可测量的品质特性。对于只能抽出品质要素的情况，要确定其为重要品质要素并把它作为品质特性考虑。品质要素的抽出一般由技术部和制造部一起参与实施。品质要素抽出的要领如下：

1. 考察品质需求。影响品质需求的因素有：

（1）能够度量的（速度、尺寸、重量、精度等）。

（2）不能度量的（设计性、话题性等）。

2. 抽出品质要素。将品质需求先变换成功能表现后，再抽出品质要素。而抽出时的参照条件如下：

（1）针对性。即品质特性是针对相应的品质需求而确定的。

（2）可测量性。即为了对品质特性进行控制，它们应是可度量的产品特征。

（3）整体性。即品质特性不能涉及具体的设计案。

另外，抽出时的注意事项如下：

（1）将顾客市场的世界变换成技术的世界。

（2）不拘于测定可能性，抽出影响因素。

（3）尽可能抽出能测量的品质特性。

3. 考察品质要素。当度量可能时就作为品质特性。

品质要素抽出完成后，用亲和图法整理抽出的品质特性（品质要素），构建品质特性（品质要素）展开表。

（五）品质屋的构造

1. 品质屋的构造步骤。品质表即品质屋，是把市场上的抽象语言资讯变换成公司内部，为了设计产品/服务的具体信息（品质特性）的一种表。它是由品质需求展开表与品质特性展开表相组合而构成的矩阵形状的二维表。品质屋（品质表）的名称也用于广义的，即广义的品质屋（品质表）是为了传达顾客需求的全部图表的总称。这里以狭义的品质屋（品质表）为中心，叙述品质屋的构造方法。

（1）品质屋的构造步骤：

a. 品质需求展开表的构造。

b. 品质特性展开表的构造。

c. 将两者组合成二维表（矩阵）。

d. 探讨对应关系，以◎、○、△符号记入。

（2）记入对应关系时的注意事项：

a. 对每一对进行独立判断。

b. ◎、○、△符号的意思是◎为强相关；○为相关；△为弱相关。

c. 对于各项品质需求，至少有一个◎。

d. ◎不能集中于某一地方。

e. 没有过多地记入◎、○、△项目。

f. 不能尽在对角线上记入◎、○、△。

表 9–3 以旅馆为例，展现部分的旅馆品质屋的格式架构。

表 9–3 A 旅馆品质表（部分）

品质表		品质要素	第一层		待客性									舒适性			
			第二层		对应度				熟练度					设计			
品质需求		重要度	第三层		微笑度	亲近度	亲切度	用词妥当性	操作速度	正确度	谈吐亲切	商品知识	应用能力	形态	材质	硬度	配色
第一层	第二层	第三层	全体	A 旅馆													
服务优秀	对应好	待客态度好															
		接待工任适当															
		电话对应好															

续表

品质表		品质要素	第一层		待客情									舒适性			
			第二层		对应度				熟练度					设计			
品质需求		重要度	第三层		微笑度	亲近度	亲切度	用词妥当性	操作速度	正确度	谈吐亲切	商品知识	应用能力	形态	材质	硬度	配色
第一层	第二层	第三层	全体	A 旅馆													
住宿舒适	设备齐全	停车场好															
		钟表好															
		电气设备好															
		旅馆内能购物															
		家具等适当															
		空气调节好															
	赏心悦目	安静															
		光线适中															

资料来源：熊伟（2005）。

2. 品质屋的分析与改良。在品质需求展开表或品质特性展开表的构造时，虽然经过抽出具体项目、分类成组，并进行了层级化，但各层级水准是否与实际相符却很难把握。因此，必须在品质屋构造完成，记入对应关系之后，调整层级结构的水准，进行各种检查分析与改良。

（1）检查对应符号是否仅在对角线上。观察构建完成的品质屋，检查对应关系符号是否仅仅在对角线上。这种情况下，品质需求中可能混有品质要素项目。在特定的生产或服务中，如订蛋糕或住宿服务，顾客有时将产品/服务的规格和品质特性作为要求，如果直接将顾客的这种要求作为品质需求，构建品质需求展开表，那么就有可能出现对应关系符号仅仅在对角线上的现象。这时应修正品质需求项目，考虑顾客要求的特性为什么是需要的，顾客为什么要提出这个特性，从而探求真正的品质需求，修正品质需求展开表。

（2）检查一行（或一列）的对应关系符号是否过多。检查各品质需求项目的横向对应关系符号，看有没有符号过多的现象。如果有，则有可能在品质需求项目中混杂着层级水准较高的品质需求。极端地说，如果有“产品品质高”这样的品质需求存在，那么所有的品质要素（品质特性）都与之有关。这种现象是品质需求的水准不相符的一例，必须对品质需求的层级结构进行修正。同样观察品质要素（品质特性）纵向的对应关系符号，如果有符号过多的现象，说明品质要素（品质特性）的水准不相符，必须对品质要素（品质特性）的层级结构进行修正。

（3）检查强相关符号是否集中于某一块。检查品质屋中是否有强相关项目集中于某一地方形成块状的现象。如果有此现象，则有可能是高层水准的品质需求中混杂着低层水准的品质需求项目，同时在高层水准的品质特性项目同样混杂有低层水准的品质特性。在实务中，有些项目只能展开至3个层级，而有些项目却能展开至4个层级，这时应把第4个层级作为辅助信息，统一用3个层级水准来建构品质屋。

三、品质规划与设计

（一）需求重要度评估

品质需求重要度是品质机能展开（QFD）中极其重要的量化指针，它通常是顾客对其各项需求进行的定量评分，以表明各项需求对顾客到底有多重要。品质需求重要度是市场顾客对各项品质需求程度的表示尺度。因此，它必须反映顾客的原声。为了把握这些需求程度，一般有直接从顾客获取的方法和间接从顾客获取的方法。这里介绍几种需求重要度的评估方法。

1. 用询问调查的重要度评估法。市场调查是一种直接向顾客获取重要度的方法。品质需求展开表构建完成之后，可以将品质需求作为依据，对品质需求实施重要度的询问调查，以决定品质需求的重要度。从反映顾客的声音意义上来说，这个方法比用重复频率的方法和AHP（阶层程序分析）法更为妥当。调查项目是依据品质需求展开表确定的，调查对象是本公司产品/服务的顾客和竞争者产品/服务的顾客。但通常是针对第二或第一层级项目进行，因为如果项目数目庞大，回答的人可能会厌烦，而且对其结果的妥适性也有疑问。因此，此方法对下层水准（第三、第四层级）品质需求的重要度评估显得较不适用，关于下层水准的品质需求项目的重要度评估需要借助其他方法。

Fisher和Schutta（2003）介绍了四种不同的量表来度量相对重要度：等级顺序、分项评分、常量和、端位（anchored）。

（1）等级顺序量表。它提供一列顾客结果，要求消费者按照其重要度对它们进行从1到所列结果总数目的排序，如表9-4所示。消费者很容易理解如何回答等级顺序量表的问题，除非结果的数目非常大，特别是大于10之后。另外，如果消费者认为两个结果同等重要，他们没有办法让这两个结果排在同一等级上。等级顺序量表进行的是顺序尺度（ordinal scale）。平均水准的恰当指针是中位数（median）。因为等级顺序量表的这一性质，学

表9-4 等级顺序量表

对以下的旅馆住宿舒适品质需求结果，依据个别重要度从1~8排序。最重要的结果的序号是8。然后，为其他结果指定序号，以表明该结果对你而言的重要性程度。 ——钟表好 ——电气设备好 ——旅馆内能购物 ——家具等适当 ——空气调节好 ——安静 ——光线适中

术界对是否不应该使用其度量结果与品牌评分相乘，仍有所争议。

（2）分项评分量表。它要求消费者在一个特定的重要性量表上为每一个结果评分，如表 9-5 所示。消费者很容易理解并回答这种量表。但是，量表项目名称的选择对最终度量结果有很大的影响。这一离散的评分量表进行的是顺序度量。平均水准的恰当指针是中位数（median）。由于等级顺序量表的这一性质，学术界对是否不应该使用其度量结果与品牌评分相乘，仍有所争议。

值得注意的是，在计算重要度时，通常求其得分的平均值，同时应计算出标准偏差（standard deviation），注意它们的分布状态。如果将评分结果平均，中心值 3 出现的概率较大是可以预见的。即使同样评分为 3，偏差分布大与偏差分布小是不一样的。因此，有时也可以用出现频率最高的值作为重要度。当询问调查问卷较少的情况下，可以将最大值和最小值除去后进行平均（熊伟，2005）。

表 9-5　分项评分量表

使用所提供的量表为每一个旅馆住宿舒适品质需求结果评分。在最能代表你对该结果重要性感觉的数字上画圈圈。					
结果	不太重要	有点重要	重要	非常重要	极端重要
停车场好	1	2	3	4	5
钟表好	1	2	3	4	5
电气设备好	1	2	3	4	5
旅馆内能购物	1	2	3	4	5
家具等适当	1	2	3	4	5
空气调节好	1	2	3	4	5
安静	1	2	3	4	5
光线适中	1	2	3	4	5

（3）常点和量表。此表给定一个总和点数，要求消费者在所有结果中分配这些点数，以表明这些结果的相对重要性，如表 9-6 所示。在总和点数上，通常使用 100 点或者 100 美元。与等级顺序量表相比，这种量表的一个优点是消费者可以为多个结果分配相同的点数，也可以为一个或多个结果分配零值。但是，这种量表对于消费者而言使用起来非常复杂，尤其是当结果的数目不能被 100 整除时。消费者经常会以 100 为基数来给每个结果评分，这使他们所填写的问卷无效。常点和量表进行的是区间尺度（interval scale）度量，因此，可以使用均值来度量平均水准，也可以将其度量结果与品牌评分相乘。

（4）端位量表。此表首先要求消费者从结果列表中选择最重要的结果，并为该结果分配 10 点，如表 9-7 所示。然后要求消费者在从 0~10 的量表上，依据所有其他结果与所选出的最重要结果的对比关系为其他结果的重要性评分。如果不同结果的重要性相同，消费者可以给多个结果相同的评分。对于这种类型的量表，操作说明非常重要，以便每位消费者至少给其中一个结果的评分为 10，也就是创建重要性端位（importance anchor）。使用这

表 9-6　常点和量表

将 100 点分配到旅馆住宿舒适品质需求的结果上，以显示每一个结果对你的重要性程度。你可以为每一个结果分配从 0~100 的任何一个值，并确保为所有结果分配值的总和为 100。 ——停车场好 ——钟表好 ——电气设备好 ——旅馆内能购物 ——家具等适当 ——空气调节好 ——安静 ——光线适中

表 9-7　端位量表

找出下面列表中对你最重要的旅馆住宿舒适品质需求结果，并为该结果分配 10 点。然后为其他结果分配 0~10 的某一点数，以表明这些结果与对你最重要的结果相比所具有的重要性。你可以给多个结果分配相同的点数。 ——停车场好 ——钟表好 ——电气设备好 ——旅馆内能购物 ——家具等适当 ——空气调节好 ——安静 ——光线适中

种量表时，人们常常会担心消费者给所有结果的重要性评分都很高，但是这种现象很少发生。端位量表进行的是区间尺度（interval scale）度量，因此，可以使用均值来度量平均水准，也可以将其度量结果与品牌评分相乘。

表 9-8 对度量重要性的这四种量表进行了比较。Fisher 和 Schutta（2003）希望量表的度量值可以与品牌评分相乘，而且满足公制统计方法的标准。常量和量表与端位量表满足这些要求。他们偏好端位量表，这是因为消费者很容易就可以使用该量表来为很长的一列结果评分（在服务情形下，顾客渴望的结果列表常常会很长），而且因为该量表不需要消费者进行分配，也不会像常量和量表那样令人迷惑。

表 9-8　四种量表的比较

量表	度量的类型	优点	缺点	平均水准	相等	零值	相乘
等级顺序	顺序尺度	容易理解	仅适用于短量表	中位数	不可以	不可以	不可以
分项评分	顺序尺度	容易回答	措辞很关键	中位数	可以	不可以	不可以
常点和量表	区间尺度	生动形象	令人迷惑	平均值	可以	可以	可以
端位	区间尺度	长列表有效	端位很关键	平均值	可以	可以	可以

资料来源：Fisher & Schutta（2003）。

2. 用重复频率的重要度评估法。利用从原始资料向品质需求变换过程中的重复频率来算出重要度的方法是一种间接地从顾客获取重要度的方法。这种方法的结果也许与顾客原声有一定的误差，但它能算出下层水准品质需求的重要度，譬如第三层级、第四层级等。由于第三层级以后的品质需求项目太多，直接要求顾客评分是不太实际的，且容易引起顾客的反感。因此，对于获取下层水准品质需求项目的重要度，从重复频率算出的方法是有效的。

要注意的是最初的原始资料来自何方，如果出处有偏差就不能得到正确的重要度。为此，必须依据市场调查法预先考虑怎样选定顾客对象。这些顾客对象是随机样本，还是分层确定的样本。如果不这样进行，就很难确定得到的重要度没有偏差。当然最好还是按照品质需求展开表重新进行询问调查。

以下是调查问卷的例子，调查问卷的问题有两部分，要同时回答。

问题 1：购买旅馆住宿服务时，可能成为选购某品牌的判断基准的项目，如表中所记，请您选择该项目对您判断的影响程度（用○符号画圈）。

问题 2：您现在住的旅馆是哪一家，请您将旅馆名称记入（　）内

X 公司——旅馆名称（　）

Y 公司——旅馆名称（　）

Z 公司——旅馆名称（　）

对于各家公司，针对影响选购的各因素，请回答使用状况的好坏程度（用○符号画圈）。

3. 用 AHP（阶层程序分析）的重要度评估法。用询问调查和用重复频率的重要度评估法往往容易产生偏差和丧失客观性，还有，对于全新开发型产品/服务，直接向顾客进行调查并不适当。对此，可以通过成对比较来设计问卷，用阶层程序分析法（analytic hierarchical process，AHP）将需求项目的重要度进行量化。在两两比较顾客品质需求相对重要性、评判两者间重要度比率的基础上，确定各个品质需求的绝对重要度。不过，阶层程序分析法需要操作者有相当的专业知识。

用阶层程序分析法的重要度评判，一般用于全新开发型产品/服务中品质需求重要度的算出和求功能重要度。阶层程序分析法中，对具有层次结构的项目，通过对每一层中的各项目进行两两比较，进而算出下位品质需求重要度。依据品质需求展开表的大小，实施品质需求第一层级项目的 AHP，或对第一层级项目内的第二层级项目实施 AHP，有时需要对第三层级项目实施 AHP。用 AHP 法求算重要度时，要求各层的项目数基本上一定，因为项目数太多时，重要度有可能受项目数目的影响。不管用什么方法求算重要度，一般希望各层的项目数在 4~5 项，特别是用 AHP 法的情况下，比较项目数到 7 项为好，最多也只能到 9 项。

AHP 法实施步骤如下：

（1）准备 AHP 用纸，将品质需求展开表的第一层级项目转记入横向与纵向各字段中。

（2）依据表 9–9 的基准，对品质需求各项目进行两两对比。

（3）针对品质需求的各项目，计算几何平均及权重，如表 9–10 所示的例子。

（4）对于第一层级项目的第二层级项目，用同样的步骤计算权重。

（5）对于第三层级项目，针对分类的每一组，用同样的步骤计算权重。

（6）第三层级项目的重要度用第一、第二、第三层级权重的乘积算出。

另外，也可以在调查顾客的重要度评分之外，从公司内部和市场将来的需要性分别实施重要度评分，并以此对顾客评判的重要度加以修正和补充。

表 9–9　AHP 法中两两比较值及意义

两两比较值	意义
1	双方同样重要
3	前项比后项稍微重要
5	前项比后项重要
7	前项比后项非常重要
9	前项比后项绝对重要
2，4，6，8	用于补充
以上数值的倒数	用于后项看前项的情况

资料来源：熊伟（2005）。

表 9–10　几何平均与权重的计算

对	操作	耐久	性能	携带	几何平均	权　重
操作	1	5	3	7	$\sqrt[4]{1\times5\times3\times7}=3.20$	3.20/5.54 = 0.578
耐久	1/5	1	5	3	$\sqrt[4]{1/5\times1\times5\times3}=1.32$	1.32/5.54 = 0.238
性能	1/3	1/5	1	3	$\sqrt[4]{1/3\times1/5\times1\times3}=0.67$	0.67/5.54 = 0.121
携带	1/7	1/3	1/3	1	$\sqrt[4]{1/7\times1/3\times1/3\times1}=0.35$	0.35/5.54 = 0.063

资料来源：熊伟（2005）。

（二）品质规划

依据顾客需求程度的重要度和与其他公司比较分析结果，来设定营销重点（产品特性点）及计划品质。对于重要度高且本公司比他公司达成水准较高的品质需求，可以直接作为产品特性点用于营销策略。对于重要度高且本公司比他公司达成水准较低的品质需求项目，至少要将计划品质目标设定为与其他公司同等，这类项目不能成为产品特性点。对于重要度高且本公司与他公司达成水准都低的品质需求项目，通过将计划品质设定为比他公司还高，这样该项目可成为产品特性点。以这些想法为基础设定计划品质。这时如果能区别需求项目的类型是魅力性品质、期望的品质还是理所当然的品质，那么对营销重点的设定是有帮助的。

计划品质设定时的注意事项如下：

(1)这对于公司现状水准比他公司低的品质需求，至少设定成与他公司同等水准。

(2) 对于公司现状水准比他公司高的品质需求，维持现状并作为营销重点（产品特性点）。

并不是不管什么项目都瞄准高水平，必须考虑面向重点。计划品质设定完成后，就可计算其水准上升率，它是表示本公司现状水准在品质规划中提高程度的尺度，用本公司水准作为分母，计划品质作为分子来算出。对营销重点（产品特性点）给予数值（量化），并乘以重要度及水准上升率，这样就算出了绝对重要度（绝对权重）。

绝对重要度 =（重要度）×（水准上升率）×（产品特性点）

一般以◎为 1.5，○为 1.2，空白为 1，对营销重点（产品特性点）进行量化，将绝对重要度合计，各项目所占的百分比（%）就是品质需求的权重。

品质规划包括市场竞争性评估、品质计划和权重计算。

1. 市场竞争性评估。针对每项品质需求项目实施市场竞争性评估，它是为对应顾客需求所进行的对本公司产品/服务和竞争者产品/服务在满足顾客需求方面的评估，用来判断市场竞争能力。市场竞争性评估主要有两个部分：

(1) 本公司产品的评价，即顾客对本公司目前产品的满意程度。

(2) 竞争者产品的评价，即顾客对竞争者目前产品的满意程度。

竞争性评估反映了市场上现有产品的优势和弱点以及产品需要改进之处。竞争性评估资料是通过市场调查得到的。一般用数字 1~5 来表示顾客对产品的某项品质需求的满意度。其中 5 表示“非常满意”，1 则表示“非常不满意”。

2. 品质计划。开展品质计划包含了目标计划品质评估、水准上升率设定和产品特性点评估。目标计划品质评估是本公司产品改进后（上市后）希望达到的顾客满意程度。品质水准上升率是目标品质评估值相对于本公司产品评估价值的上升比率。产品特性点评估是从市场营销策略角度，评估该需求项目能否成为产品特性点（营销重点），评估该项目能否让顾客更多地认知与竞争者的差异，为客户创造更高的附加价值。

3. 权重计算。计算重要度权重，它包含品质绝对重要度和品质相对权重计算。绝对重要度 =（品质需求重要度）×（品质水准上升率）×（产品特性点系数）。将绝对重要度合计并转换成百分比即品质相对权重，这些数值代表产品的品质规划目标，并给予品质需求的重点方向。

（三）重要度变换

利用品质屋（品质表）的对应关系，将市场要求的品质需求重要度，变换成技术特性的品质要素（品质特性）重要度。品质展开中展开一词的意思，有需求项目的层级化和将品质需求重要度变换成品质要素（品质特性）重要度、功能重要度两种意思。前者的展开是品质需求展开表和品质要素（品质特性）展开表中使用的层次展开，后者的展开是广义的重要度展开（变换）。重要度变换是指品质需求权重变换成品质要素（品质特性）权重，品质要素（品质特性）权重变换成功能权重，功能权重变换成机构权重、机构权重变换成零部件权重等。也就是市场的重要度被依序地展开至零部件的重要度。这种将市场要求程度变换成企业内能够管理的水准的过程称为重要度变换。重要度变换的方法一般有比例分配法和独立配点法。

1. 比例分配法。在品质屋（品质表）中，对◎○△进行数值化，求行（品质需求项）的重要度总和，将总和依据◎○△的数值大小，按比例进行分配，然后将纵向合计作为品质要素（品质特性）重要度的方法，称为比例分配法。比例分配法的优点是求得的数值结果直接就是百分比的形式。

旅馆住宿服务两层级水准品质需求重要度的变换，如表 9-11 所示。例如，将“待客态度好”的重要度 5 对◎○△符号按 3∶2∶1 的比例进行分配，那么◎为 1.5，○为 1.0，△为 0.5，行合计为 1.5 + 0.5 + 1.0 + 1.0 + 1.0 = 5。

表 9-11　用比例分配法的重要度变换

品质需求	品质特性重要度	操作速度	正确度	言语亲切	商品知识	应用能力
待客态度好	5	◎/1.5	△/0.5	○/1.0	○/1.0	○/1.0
接待工作适当	4	○/1.0	◎/1.5	○/1.0		△/0.5
电话对应好	4	○/1.0	○/1.0	○/1.0	△/0.5	△/0.5
	比例分配法	3.5	3.0	3.0	1.5	2.0

说明：◎为强相关；○为相关；△为弱相关。

2. 独立配点法。比例分配法中品质需求项目的◎○△数目和分布会影响品质要素（品质特性）重要度的求算结果，由于将品质需求重要度按对应关系的比例进行分配，如果横向的◎○△数目多，那么，纵向的重要度就会产生过小评价。相反地，如果当◎○△符号只有一个时，品质需求就会直接变换给某一个品质要素（品质特性）。因此，品质要素（品质特性）重要度计算时应考虑这些因素的影响。独立配点法能改善这种过大或过小的评价问题。它是将品质需求重要度直接与◎○△的数值相乘，再纵向合计的方法。◎○△符号的数值一般用◎∶○∶△ = 5∶3∶1，有时也用 4∶2∶1 或 3∶2∶1。

独立配点法的映像算法如下：

其中，CIRi 为第 i 个品质需求重要度，Rij 为第 i 个品质需求和第 j 个品质特性之间关系符号所对应数值（5，3，1），TIRj 为第 j 个品质特性的重要度，则

TIRj = CIRi × Rij，j = 1，2，…，m

用独立配点法对旅馆住宿服务两层级水准品质需求重要度的变换结果如表 9-12 所示。

从旅馆顾客调查的结果，抽取品质需求和从旅馆本身技术品质需求调查的结果抽取品质要素，来构建品质表，如表 9-13。

表 9-12　用独立配点法的重要度变换

品质需求	品质特性整体重要度	微笑度	亲切感	亲切度	用词妥适性
待客态度好	3.0	◎/15	△/15	○/15	○/9
接待工作适当	0.7	○/2.1	○/2.1	△/0.7	△/0.7
电话对应好	0.7	△/0.7	△/0.7	○/2.1	◎/3.5
	独立配点法	17.8	17.8	17.8	13.2

说明：◎为 5；○为 3；△为 1；空白为不相关。

表 9-13　旅馆品质表（部分）

品质表		品质要素	第一层		待客性									舒适性			
			第二层		对应度				熟练度					设计			
质量需求		重要度	第三层		微笑度	亲近度	亲切度	用词妥当性	操作速度	正确度	谈吐亲切	商品知识	应用能力	形态	材质	硬度	配色
第一层	第二层	第三层	全体	A 旅馆	17.8	17.8	19.6	13.2	13.8	16.6	10.2	12.6	21.9	24.3	91.7	23.2	47.1
服务优秀	对应好	待客态度好	3.0		◎15	◎15	◎15	○9	△3			△3	○9				
		接待工作适当	0.7	1.4	○2.1	○2.1	△0.7	△0.7		◎3.5	△0.7	◎3.5					
		电话对应好	0.7		△0.7	△0.7	○2.1	◎3.5		○2.1	◎3.5	○2.1	○2.1				
住宿舒适	设备齐全	停车场好	10.4	1.4													
		钟表好	4.8	1.4						△4.8				△4.8	△4.8		
		电气设备好	3.3	1.4										△3.3	△3.3	△3.3	
		宾馆内能购物	3.3	11.4													
		家具等适当	2.6	1.4										△2.6	△2.6	△2.6	
		空气调节好	3.1	10.0													
	赏心悦目	安静	6.1	2.9											○18.3		
		光线适中	6.1	20.2										○13.3			○11.3

说明：◎为 5；○为 3；△为 1；空白为不相关。
资料来源：熊伟（2005）。

（四）品质设计

对象商品无论是产品还是服务，都需要有测定品质需求是否得到满足的尺度，以及用此尺度达到什么样的目标值，这个目标值就是设计品质。在设定这个设计品质时，像市场竞争性评估中对品质需求项目比较分析一样，对品质要素（品质特性）也必须进行比较分析。通过试验、查阅有关文献等方式，评估本公司产品和竞争者产品的品质特性指标。技术竞争性评估是企业内部人员对此项品质特性技术水准的先进程度所做的评价。例如，A 旅馆人员对市内竞争旅馆进行客房技术竞争性评估调查，其结果如表 9-14 所示。

以 A 旅馆评分 C 作为基础，进行 5 阶段相对评价（评价对象的客房，以各旅馆的标准单人房为例），A：好；B：较好；C：一般；D：较差；E：差。

同市场竞争性评价一样，它包括对本企业技术的评价和竞争企业的技术评价。它们所不同的是，市场竞争性评估是以顾客为主做出的，是对产品特性的评价，而技术竞争性评

表 9-14　旅馆客房评价表

项目	A 旅馆	旅馆(1)	旅馆(2)	旅馆(3)	旅馆(4)	旅馆(5)	旅馆(6)
地段	C	D	D	D	C	C	E
价格/日元	C 5500	A 4700	B 5400	C 5500	C 5500	C 5500	B 5470
用餐	C	A	C	D	D	B	—

资料来源：熊伟（2005）。

估是由企业内部人员做出的，是对技术水准的评价。依据品质需求权重变换得到的品质要素（品质特性）权重和对各品质要素（品质特性）的竞争对手现状的调查结果以及本公司与竞争对手的比较情况，来设定设计品质。

一般来说，市场竞争性评估同技术竞争性评估结果是一致的。但是，在某些情况下，两者也可能互相矛盾。通常造成两种评估相互矛盾，主要有以下几个原因。

企业对本身和竞争者进行市场竞争评价，若自身商品比竞争对手更具优良品质时，将是产品营销的利器（照片由联合报系提供）。

1. 品质特性测试并未真正反映品质需求。

2. 除了已选择的品质特性外，还有某些尚未列入的品质特性对该品质需求存在“强”关系。此时，应补充新的品质特性。

3. 顾客使用产品的方式可能和测试不一致。因此，需要增加其他品质特性和技术测试。

很多情况下，公司内部没有竞争对手公司的品质特性资料，但至少应该对品质要素（品质特性）重要度的上层 5 项进行调查和比较分析。在品质要素（品质特性）项目数很多的情况下，要对重要度下层水准的品质要素（品质特性）项目都实施品质特性值调查是困难的。一般来说，针对品质需求重要度变换得到的品质要素（品质特性）重要度（权重），选择上层项目作为重要品质要素（重要品质特性），也可以适当考虑与品质需求重要度（权重）高的品质需求项目相关联的品质要素（品质特性）项目。

品质设计的设定过程可以整理成设计品质设定表。依据品质特性的重要度来确定品质保证的重点方向，以便将公司的时间、资源集中用于真正重要的地方。综合考量品质特性重要度、技术竞争性评估结果、技术实施难度和成本、品质需求与品质特性的关系矩阵和当前产品的优势和弱点，设定具体的品质特性目标值，使其成为使产品具有市场竞争力而所需达到的规格值等最低标准。它是品质设计中最复杂也最关键的决策过程。品质设计完成后，为了确保这些设计品质目标值，需要将其向下游传达。

以旅馆客房改装为例，从品质表（见表 9–13）的重要度得知顾客期待的品质是“舒适性”和“便利性”。因此，以这些品质为中心来构建品质规划表，并确定设计品质和改进标准，以构建品质设计表。在与竞争对手旅馆比较的基础上，确定改装后旅馆的品质保证基准，并以此为主轴进行品质设计。A 旅馆品质设计表如表 9–15 所示。

表 9–15　A 旅馆品质设计表

题目	品质设计表	做成部门	A 旅馆	做成者	做成日	承认
规划品质			设计质量			提供品质
第一层	第二层	第三层	品质特性	现状	改善	实施项目
舒适	能够安睡	很宽的床 合适的硬度 通气性好 吸湿性好 触感好 清洁的房间	床尺寸 牢固性 材质	单人床 1000mm×1950mm×450mm 40 台	单人床 A 型 10 台 两张单人床改为双人床 48 台	改装时由×公司送至某地 新购入双人床 36 台
				（窄）双人床 1200mm×1950mm×450mm　10 台	加宽双人床 11 台	加宽双人床 11 台
				毛毯	换为羽绒被， 单人用 15 床， 双人用 70 床	单人 16 双人 62 新购
				枕头（纤维）	羽毛枕头 140↑	100↑新购
室内环境	浴室	浴室使用方便空间适当	容积照明			

资料来源：熊伟（2005）。

对顾客反应使用起来不舒畅的双人房间，面向目标顾客层彻底改装成豪华单人房。图 9–9 是客房改装示意图。在探讨居住性向上的基础上，先做一个样品屋，对照品质设计表，副总经理以下主要人员在样品屋面前充分讨论，对窗帘、办公桌等进行了修改。

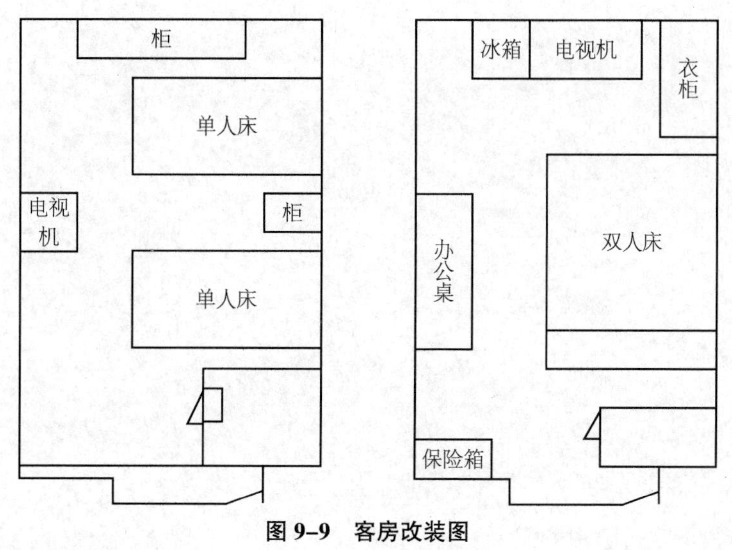

图 9–9　客房改装图

资料来源：熊伟（2005）。

学习成果检验

1. 说明品质机能展开的定义与模型。

2. 说明品质机能展开的原理。

3. 说明品质机能展开的作用与意义。

4. 说明品质机能展开的效益。

5. 说明服务业应用品质机能展开的效益及注意事项。

6. 选择某一家观光旅游公司，并针对全公司、任一部门或任一计划，进行品质屋的构建和操作以及评估是否达到预期的品质效益。

参考文献

中文

［1］王淮真. 游客对导览解说满意度的研究——以台北故宫博物院为例［D］. 中国文化大学观光事业研究所硕士论文，2001.

［2］王志刚，谢文雀. 消费者行为［M］. 台北：华泰书局，1995.

［3］江宜珍. 运用重要——表现程度分析法探讨台湾科学工艺博物馆解说媒体成效［D］. 中国台中师范学院环境教育研究所硕士论文，2001.

［4］江建良. 服务品质与顾客满意的探讨［J］. 企业季刊，1995，21（2）：36–48.

［5］江建良. 服务品质与顾客满意的探讨［J］. 企业季刊，1998，2（2）：45–77.

［6］江建良. 服务业服务品质观念与策略做法的探讨［J］. 台湾空中大学商学学报，1998，6：1–22.

［7］江建良. 服务业服务品质管理模式的建构——顾客满意观点［J］. 台湾空中大学商学学报，2000，8：1–38.

［8］西村秀幸. 坚持与惊奇：迪士尼的成功魔法［M］. 廖佳燕译. 晶冠有限出版公司，2005.

［9］李一民. 自员工角度以定性法探讨服务品质——以中国台北远东大饭店为例［J］. 高雄餐旅学报，1998，1：23–38.

［10］何昶鸳. 旅游网站服务品质评估构面的建立［J］. 观光研究学报，2003，9（1）：19–38.

［11］何雍庆，苏云华. 服务营销领域顾客满意模式及服务品质模式的比较研究［J］. 辅仁管理评论，1995，2（2）：37–64.

［12］林玥秀，黄文翰，黄毓伶. 服务失误及服务补救的类型分析——以台湾地区的餐厅为例［J］. 观光研究学报，2003，9（1）：39–58.

［13］林伟修. 产品品质、服务品质与顾客购后行为关系的研究——以办公家具个案公司为例［D］. 中国台湾大学国际企业学研究所硕士论文，2003.

［14］吴长生，高惠秋. 服务品质、关系品质与服务价值的关系探讨［J］. 台湾空中大学商学学报，2003，11：1–22.

[15] 吴长生. 重要事件法在服务失误与服务补救分类上的应用 [C]. 2006 年管理创新与新愿景研讨会营销管理论文集，2006.

[16] 吴长生. 服务失误与补救后再惠顾率的决定因素研究 [C]. 2006 年管理创新与新愿景研讨会营销管理论文集，2006.

[17] 吴金源，游达荣，林玥秀. 从员工角度探讨餐饮服务的顾客抱怨事件——以台湾省内某知名连锁饭店为例 [C]. 观光休闲暨餐旅产业永续经营学术研讨会第三辑，2003.

[18] 吴忠宏，黄宗成. 玉山公园管理处服务品质的研究——以游客满意度为例 [J]. 玉山公园学报，2001，11（2）：117-135.

[19] 吴武忠，陈惠美. 产业界与教育界对于餐旅专业能力认知差异的研究 [C]. 再创观光新巅峰（观光 Double）学术研讨会论文集，2002.

[20] 吴武忠，丘中岳. SERVQUAL 服务品质应用的研究——以王品台塑牛排为例 [C]. 第八届餐饮管理学术研讨会——健康惜福餐暨两岸餐饮发展趋势论文集，2003.

[21] 周泰华，黄俊英，郭德宾. 服务业顾客满意评量的重新检测与验证 [J]. 中山管理评论，2000，8（1）：160.

[22] 洪华伟. 比较性广告对品牌态度及购买意愿的影响 [D]. 省立成功大学企业管理研究所硕士论文，1997.

[23] 孙路弘. 餐饮服务品质管理 [J]. 观光研究学报，1996，2（1）：79-91.

[24] 高仪文. 主题游乐园服务品质与游客购后行为关系的研究 [D]. 中国文化大学观光事业研究所硕士论文，1998.

[25] 唐丽英，胡安华. 满意度模式建立与满意层面确认的研究 [J]. 交大管理学报，1996，16（1）：55-74.

[26] 许惠美，陈思伦. 旅行业者对国际观光旅馆企业形象整体评价的研究 [J]. 观光研究学报，2002，8（2）.

[27] 郭德宾. 餐饮业顾客满意、服务失误、服务补救与行为倾向的研究 [C]. 观光休闲暨餐旅产业永续经营学术研讨会第三辑，2003.

[28] 徐怡盈. 品牌知名度，参考价格来源，产品特征与产品知识对消费者购买意愿及产品品牌评估的影响 [D]. 省立成功大学企业管理研究所硕士论文，2000.

[29] 黄文翰. 服务补救不一致，服务补救后满意度与消费者后续行为意图的关系研究 [D]. 省立东华大学观光暨游憩管理研究所硕士论文，2002.

[30] 黄良振. 观光旅馆业（餐旅服务业）人力资源管理 [M]. 中国文化大学出版部，2001.

[31] 黄宗成，黄跃雯，余幸娟. 宗教观光客旅游动机、期望、满意度关系的研究 [J]. 户外游憩研究，2000，13（3）：23-48.

[32] 黄章展，李素馨，侯锦雄. 应用重要——表现程度分析法探讨青少年观光游憩活动需求特性 [C]. 1999 休闲、游憩、观光研究成果研讨会论文集：游憩需求与效益评估，1999.

[33] 黄荣吉. 服务疏失类型与服务补救满意因素的研究——以台湾地区旅游业与航空业为例 [J]. 光武学报，2003.

[34] 华英杰. 服务品质顾客满意度与购买倾向关系的研究——保险业的实证 [D]. 台湾政治大学硕士论文，1996.

[35] 傅屏华. 观光区域规划 [M]. 中国台北：豪峰出版社，2002.

[36] 陈安哲. Human Error and Customer Servicein Travel Agent Services [C]. 2001 年人因工程年会暨研讨会论文集，2002.

[37] 陈毓婷. 消费者人格特质与餐厅服务失误反应行为及期望挽回措施的相关研究 [D]. 中国文化大学观光事业研究所硕士论文，2000.

[38] 张重昭，韩维中，张心馨. 服务缺失、顾客归因与补救回复措施的顾客满意度模式 [J]. 企业管理学报，2003：129-162.

[39] 杨东震. 公平理论、归因理论与非营利组织品牌对于顾客满意度影响的研究 [J]. 产业管理学报，2002，3 (2)：247-263.

[40] 杨锦洲. 顾客服务创新价值：如何做好服务品质 [M]. 中国台北：中卫发展中心，2001.

[41] 叶展彰. 电视广告、折价券的发放与儿童对快餐餐厅品牌态度及消费意愿的相关研究 [D]. 私立世新大学观光学系硕士论文，2001.

[42] 叶凯莉，乔友庆. 影响顾客满意的关键性时刻 [J]. 中卫简讯，2000，148：82-89.

[43] 欧圣荣，许君铭. 以自然资源为导向的游憩区服务品质的研究 [J]. 户外游憩研究，1994，7 (1)：81-104.

[44] 郑绍成. 服务失误类型的探索性研究——零售服务业顾客观点 [J]. 管理评论，1998，17 (2)：25-43.

[45] 郑绍成. 服务业顾客维持的研究——以金融业顾客观点为例 [J]. 文大商管学报，1999：37-51.

[46] 郑绍成. 二次服务不满意层面的研究：由服务补救不满意事件探索 [J]. 中山管理评论，2002，10 (3)：397-419.

[47] 郑绍成. 团体套装旅游服务失误和服务补救期望的探索研究——兼以航空业和餐饮业验证之 [J]. 户外游憩研究，2006，19 (2)：33-61.

[48] 郑绍成，吴家杰. 旅行社的服务失误严重性、服务补救期望与顾客信任度关系的

研究［C］. 观光休闲暨餐旅产业永续经营学术研讨会论文集，2003.

［49］郑绍成，陈嘉隆. 服务业顾客维系因素的研究——以餐饮业为例［J］. 观光研究学报，1996，2（1）：63-78.

［50］郑凯湘. 马尼拉全包套装团体旅游产品，使用者期望、体验满意度与旅游知觉风险间的关系的研究［D］. 世新大学观光学系硕士论文，2004.

［51］赖其勋. 消费者抱怨行为、抱怨后行为及其影响因素的研究［D］. 中国台湾大学商学系研究所博士论文，1997.

［52］翁崇雄. 评量服务品质策略的研究［J］. 中国台大管理论丛，1991：41-48.

［53］翁崇雄. 影响消费者评量服务品质与服务价值的研究［J］. 品质学报，1993，4（2）：67-101.

［54］翁崇雄. 评量服务整体性品质的观念模式建构［J］. 品质学报，1996，3（1）：19-38.

［55］翁崇雄. 服务品质评量模式的比较研究［J］. 中山管理评论，2000，8（1）：105-122.

［56］蔡桂妙. 旅行业及航空业对航空公司服务品质认知的比较分析［J］. 观光研究学报，2001，7（2）：15-32.

［57］刘志忠. 服务业服务品质与消费者行为意图关系的研究——以高雄市六家百货公司为例［D］. 省立中山大学企业管理研究所硕士论文，1997.

［58］刘宗其，李奇勋，黄吉村，渥顿. 服务失误类型、补偿措施与再惠顾率的探索性研究——以 CIT 法应用于餐饮业为例［J］. 管理评论，2001，20（1）：65-97.

［59］熊伟. 质量机能展开［M］. 北京：化学工业出版社，2005.

［60］魏石勇. 个案产品的电视广告效果分析［D］. 淡江大学管理科学学系硕士论文，1999.

［61］萧元哲，张国谦. 温泉观光休闲事业的服务品质研究——以乌来温泉区之某温泉旅馆为例［J］. 旅游管理研究，2003，3（1）：97-118.

英文

［1］Albrecht K.. At America's Service［M］. Dow Jones-Irwin，Homewood，IL，1988.

［2］Albrecht K.，R. Zemke. Service America［M］. Homewood，Ill.：Dow Jones-Irwin，1985.

［3］Alexander，Elizabeth C.. Comparing Objective Service Failures and Subjective Complaints：An Investigation of Domino and Halo Effects［J］. Journal of Business Ethics，2002，36（3）：223-237.

[4] Andreassen, Tor Wallin. E-Complaints: Lessons to Be Learned from the Service Recovery Literature [J]. Journal of Service Research, 2001, 4 (1): 39-49.

[5] Andreassen, Tor Wallin. Antecedents to Satisfaction with Service Recovery [J]. European Journal of Marketing, 2000, 34 (1/2): 156-175.

[6] Babakus, Emin, Yavas, Ugur; Karatepe, Osman M., Avci, Turgay. Service Recovery and Fairness Perceptions in Collectivist and Individualist Contexts [J]. Journal of the Academy of Marketing Science, 2003, 31 (3): 272-286.

[7] Baker, Tim; Collier, David A.. The Economic Payout Model for Service Guarantees [J]. Decision Sciences, 2005, 36 (2): 197-220.

[8] Bejou, David, Edwardson, Bo. A Critical Incident Approach to Examining The Effects of Service Failures on Customer [J]. Journal of Travel Research, 1996, 35 (1): 35-40.

[9] Bejou, David, Palmer, Adrian. Service Failure and Loyalty: An Exploratory Empirical Study of Airline Customers [J]. Journal of Services Marketing, 1998, 12 (1): 7-22.

[10] Bell, Chip R.; Ridge, Kathy. Service Recovery for Trainers [J]. Training & Development, 1992, 46 (5): 58-62.

[11] Bitner, Mary Jr.. Evaluating Service Encounters: The Effects of Physical Surroundings and Employee Responses [J]. Journal of Marketing, 1990, 54 (2): 69.

[12] Bitner, Mary Jr., Brown, Stephen W, Meuter, Matthew L.. Service Failures Away from Home: Benefits in Intercultural Service Encounters [J]. Journal of the Academy of Marketing Science, 2000, 28 (1): 138-149.

[13] Bolton, Ruth N, Drew, James H.. From Disgust to Delight: Do Customers Hold a Grudge? [J]. Marketing Letters, 1992, 3 (1): 57-70.

[14] Boshoff, Christo. An Experimental Study of Service Recovery Options [J]. International Journal of Service Industry Management, 1997, 8 (2).

[15] Boshoff, Christo. The Impact of Service Failure Severity on Service Recovery Evalua tions and Post-Recovery Relationships [J]. Journal of Service Research, 1999, 1 (3): 236-249.

[16] Boshor C., Staude G.. Satisfaction with Service Recovery: Its Measurement and Its Outcomes [J]. South African. Journal of Business Management, 2003, 34 (3): 9-16.

[17] Bougie Roger, Pieters Rik, Zeelenberg Marcel. Angry Customers Don't Come Back, They Get Back: The Experience and Behavioral Implications of Anger and Dissatisfaction in Services [J]. Journal of the Academy of Marketing Science, 2003, 31 (4): 377-393.

[18] Bove, Liliana L., Robertson, Nichola L.. Customer Evaluations of Tour Operators' Responses to Their Complaints [J]. Journal of Retailing & Consumer Services, 2005, 12 (2):

83-97.

[19] Bowen, D. E., E. E. Lawyer. The Empowerment of Service Workers: What, Why, How and When [J]. Sloan Management Review, 1992, 33 (3): 31-39.

[20] Brockner J., L. Adsit. The Moderating Impact of Sex on the Equity-satisfaction Relationship: a Field Study [J]. Journal of Applied Psychology, 1986, 71 (4).

[21] Brown, Margaret. Resolving Patient Complaints: A Step-by-Step Guide to Effective Service Recovery [J]. Healthcare Financial Management, 2004, 58 (9): 140.

[22] Bruder, Paul, Carson, Paula Phillips, Carson, Kerry David, Pence, Patricia Lanier. Supervisory Power and Its Influence on Staff Members and Their Customers [J]. Hospital Topics, 2002, 80 (3): 11-15.

[23] Buttle, Francis, Burton, Jamie. Does Service Failure Influence Customer Loyalty? [J]. Journal of Consumer Behaviour, 2002, 1 (3): 217-227.

[24] Cai, Liping A., Woods, Robert H.. Can Service Recovery Help When Service Failures Occur? [J]. Cornell Hotel & Restaurant Administration Quarterly, 1993, 34 (4): 30-39.

[25] Carson, Kerry D., Carson, Paula Phillips, Roe, C. William, Birkenmeier, Betty J., Phillips, Joyce S.. Four Commitment Profiles and Their Relationships to Empowerment, Service Recovery and Work Attitudes [J]. Public Personnel Management, 1999, 28 (21): 1-13.

[26] Carson, Paula Phillips, Carson, Kerry Davidson. Does Empowerment Translate into Action? An Examination of Service Recovery Initiatives [J]. Journal of Quality Management, 1998, 3 (1): 133-148.

[27] Chee-Chuong Sum, Yang-Sang Lee, Hays, Julie M., Hill, Arthur V.. Increasing the Persuasiveness of A Service Guarantee: The Role of Service Process Evidence [J]. Decision Sciences, 2002, 33 (3): 347-383.

[28] Chung, Beth, Hoffman, K. Douglas. Conservative Choice, Service Failure and Customer Loyalty: Testing The Limits of Informed Choice [J]. Cornell Hotel & Restaurant Administration Quarterly, 1998, 39 (3): 66-71.

[29] Chung-Herrera, Beth G., Goldschmidt, Nadav, Doug Hoffman K.. Consumer Frustration in The Customer-Server Exchange: The Role of Attitudes Toward Complaining and Information in Adequacy Related To Service Failure [J]. Journal of Services Marketing, 2004, 18 (4): 241-254.

[30] Clarke, Greg, Tedeschi, Bob. Spy on Your Customers (They Want You To) [J].

Ziff Davis Smart Business, 2001, 14 (8): 58-62.

[31] Colenutt, Christina E., McCarville, Ronald E.. The Impact of Staff Empowerment and Communication Style on Customer Evaluations: The Special Case of Service Failure [J]. Journal of Hospitality & Leisure Marketing, 1994, 2 (3): 23-35.

[32] Colgate, Mark, Norris, Melissa. Developing A Comprehensive Picture of Service Failure [J]. Journal of Service Industry Management, 2001, 12 (3): 215-233.

[33] Colgate, Mark, Norris, Melissa. Customer and Employee Views of Critical Service Incidents [J]. International Journal of Service Industry Management, 2001, 12 (3): 215-233.

[34] Cowell D.. The Marketing of Services [M]. London: Heineman, 1984.

[35] Craighead, Christopher W., Karwan, Kirk R., Miller, Janis L.. The Effects of Severity of Failure and Customer Loyalty on Service Recovery Strategies [J]. Production & Operations Management, 2004, 13 (4): 307-321.

[36] Cranage, David. The Role of Service Guarantees in Service Development [J]. Journal of Foodservice Business Research, 2003, 6 (3): 3-14.

[37] Cranage, David A. The Relationship between Service Customers' Quality Assurance Behaviors, Satisfaction and Effort: A Cost of Quality Perspective [J]. Journal of Hospitality & Tourism Research, 2004, 28 (3): 327-345.

[38] Cranage, David, Sujan, Harish. The Relationship of Differential Loci with Perceived Quality and Behavioral Intentions [J]. Journal of Hospitality & Tourism Research, 2004, 28(1): 3-20.

[39] David E. Bowen, Robert Johnston. Internal Service Recovery: Developing a New Construct [J]. International Journal of Service Industry Management, 1999, 10 (2): 118-131.

[40] Davidow, Moshe. The Impact of Customer Participation and Service Expectation on Locus Attributions Following Service Failure [J]. AMA Winter Educators' Conference: Proceedings, 2002, 13: 160-161.

[41] de Coverly, Edd, Holme, Niclas O., Keller, Amanda G., Mattison Thompson, Frauke H., Toyoki, Sammy. Service Recovery in the Airline Industry: Is it as Simple as Failed, Recovered, Satisfied? [J]. Marketing Review, 2002, 3 (1): 21-37.

[42] De Witt, Tom, Brady, Michael K.. Mitigating the Effect of Service Encounters [J]. Journal of Service Research, 2003, 6 (2): 193-207.

[43] Elsey, Barry, Leung, Sai-Kwong. The Role of the International Manager in Facilitating Organizational Change through Workplace Learning with Chinese Employees [J]. Journal of General Management, 2004, 29 (3): 53-75.

[44] Edvardsson B., J. Olsson. 'Kvaliteti Tjansteutveckling inom Televerket', Report from a preliminary study [R]. Televerkets enheten for Koncernkvalitet-MQ, Rapport MQ 69/92 115 (in Swedish), 1996.

[45] Fargo, Jason. The Customer Service Challenge [J]. Credit Card Management, 2000, 12 (10): 36-44.

[46] FeigenbaunA. V.. Total Quality Control, 3rd eds [M]. London: McGraw-Hill, 1991.

[47] Fisher, Caroline, James Shutta. Developng New Services: Incorporating the Voice of the Customer into Strategic Service Development [R]. American Society for Quality, 2003.

[48] Forrester, William R., Maute, Manfred F.. The Impact of Relationship Satisfaction on Attributions, Emotions, And Behaviors Following Service Failure [J]. Journal of Applied Business Research, 2001, 17 (1): 1-14.

[49] Friedman, Nancy. Seven Steps to Service Recovery [J]. Office Pro, 2002, 62 (8): 4.

[50] Garvin, D. A.. Managing Quality: the Strategic and Competitive Edge [M]. New York: Free Press, 1988.

[51] Gershoff, Andrew D.. You Done Me Wrong (And That Ain't Right): The Role of Betrayal in Consumer Behavior [J]. Advances in Consumer Research, 2004, 31 (1): 339-342.

[52] Goldstein, Susan Meyer, Johnston, Robert, Duffy, JoAnn, Rao, Jay. The Effect of Verbalized Emotions on Loyalty in Written Complaints [J]. Journal of Operations Management, 2002, 20 (2): 121-134.

[53] Goodwin C., I. Ross. Consumer Evaluations of Responses to Complaints: What's Fair and Why [J]. The Journal of Consumer Marketing, 1990, 7 (2).

[54] Gordon, H.G. McDougall, Terrence J. Levesque. Waiting for Service: The Effectiveness of Recovery Strategies [J]. International Journal of Contemporary Hospitality Management, 1999, 11 (1): 6-15.

[55] Gronroos C.. Strategic Management and Marketing in the Service Sector [D]. Swedish School of Economics and Business Administration, 1982.

[56] Gronroos C.. Service Management and Marketing: Managing the Moments of Truth in Service Competition [M]. Massachusetts: Lexington Books, 1990.

[57] Gronroos C.. Service Management: a Management Focus for Service Competition[J]. International Journal of Service Industry Management, 1990, 1: 6-14.

[58] Gronroos C.. Relationship Approach to Marketing in Service Content: the Marketing and Organizational Behavior Interface [J]. Journal of Business Research, 1990, 20: 3-11.

[59] Gronroos. From Marketing Mix to Relationship Marketing: Toward a Paradigm Shift in Marketing [R]. Swedish School of Economics and Business Administration Working Paper, 1993.

[60] Gronroos C.. From Scientific Management to Service Management: a Management Perspectives for the Age of Service Competition [J]. International Journal of Service Industry Management, 1994, 3: 5-20.

[61] Gronroos C., Gummesson E.. The Nordic School of Service Marketing-an Introduction Service Firm in Service Marketing-Nordic School Perspectives [D]. University of Stockholm, 1985.

[62] Gummesson E.. Quality The Ericsson Approach. Stockholm [M]. Sweden: Ericsson, 1987.

[63] Gummesson E.. Nine Lessons on Service Quality [J]. Total Quality Management, 1989, 2: 83-87.

[64] Gummesson E.. Marketing-Orientation Revisited: The Crucial Role of The Part-Time Marketer [J]. European Journal of Marketing, 1991, 25 (2): 60-75.

[65] Gummesson E.. Quality Management in Service Organizations [R]. New York: International Service Quality Association, 1993.

[66] Gummesson E., Gronroos C.. Quality of Services: Lessons from the Product Sector [M]. Chicago: American Marketing Association, 1988.

[67] Gummesson Evert. Quality Dimensions: What to Measure in Service Organizations [J]. Advances in Services Marketing and Management, 1992, 1.

[68] Hallowell, Roger. Service Failure and Recovery: Evidence from The Hotel Industry [J]. Harvard Business School Cases, 2001, 3 (1): 1-7.

[69] Halstead, Diane, Morash, Edward A., Ozment, John. China's Tourism-Service Failure [J]. Journal of Business Research, 1996, 36 (2): 107-115.

[70] Hart, Christopher W. L., Heskett, James L., Sasser, Jr., W. Earl. The Profitable Art of Service Recovery [J]. Harvard Business Review, 1990, 68 (4): 148-156.

[71] Heskett, J. L.. Managing in the Service Economy [M]. Boston: Harvard Business School Press, 1986.

[72] Heskett, J. L.. Lessons in the Service Sector [J]. Harvard Business Review, 1987, 65 (3-4): 118-126.

[73] Heskett, J. L., W. E. Sasser, C. W. L. Hart. Service Breakthroughs: Changing the Rules of the Game [M]. New York: Free Press, 1991.

[74] Hess Jr., Ronald L., Ganesan, Shankar, Klein, Noreen M.. On The Relative Im-

portance of Customer Satisfaction and Trust as Determinants of Customer Retention and Positive Word of Mouth [J]. Journal of the Academy of Marketing Science, 2003, 31 (2): 127–145.

[75] Hocutt, Mary Ann, Charkraborty, Goutam. The Impact of Perceived Justice on Customer Satisfaction and Intention to Complain in A Service [J]. Advances in Consumer Research, 1997, 24 (1): 457–463.

[76] Hoffman, K. Douglas. Tracking Service Failures and Employee Recovery Efforts [J]. Journal of Services Marketing, 1995, 9 (2/3): 49–61.

[77] Hoffman, K. Douglas, Kelley, Scott W.. Perceived Justice Needs and Recovery Evaluation: A Contingency Approach [J]. European Journal of Marketing, 2000, 34 (3/4): 418–432.

[78] Hoffman, K. Douglas, Kelley, Scott W., Chung, Beth C.. A CIT Investigation of Servicescape Failures and Associated Recovery Strategies [J]. Journal of Services Marketing, 2003, 17 (4): 322–340.

[79] Howard Marmorstein, Dan Sarel, Walfried M. Lassar. Fatal Service Failures Across Cultures [J]. Journal of Services Marketing, 2001, 15 (2/3): 147–159.

[80] Hudson, Simon, Paul Hudson, Graham Miller. The Measurement of Service Quality in the Tour Operator Sector: A Methodological Comparison [J]. Journal of Travel Research, 2004, 42: 305–312.

[81] ISO 9004–2. Quality Management and Quality Systems Element Part 2: Guidelines for Services [R]. 1991.

[82] Johanson J., L. G. Mattsson. Marketing Investments and Market Investments in Industrial Networks [J]. International Journal of Research in Marketing, 1985, 2 (3): 185–195.

[83] Johnson, Lauren Keller. Fixing Service Failures [J]. MIT Sloan Management Review, 2005, 46 (2): 15.

[84] Johnston, Robert, Fern, Adrian. Service Recovery Strategies for Single and Double Deviation Scenarios [J]. Service Industries Journal, 1999, 19 (2): 69–82.

[85] Johnston, Timothy C., Hewa, Molly A.. Developing a Comprehensive Picture of Service Failure [J]. Industrial Marketing Management, 1997, 26 (5): 467–473.

[86] Keaveney, Susan M.. Customer Switching Behavior in Service Industries: An Exploratory Study [J]. Journal of Marketing, 1995, 59 (2): 71–82.

[87] Kyungro Chang, Chelladurai, Packianathan. System–Based Quality Dimensions in Fitness Services: Development of the Scale of Quality [J]. Service Industries Journal, 2003, 23 (5): 65–83.

[88] Langeard E., P. Eiglier. Servuction. Le Marketing des Services [M]. Paris: Wiley, 1987.

[89] Lee, Charles Changuk, Hu, Clark. Analyzing Hotel Customers' E-Complaints from an Internet Complaint Forum [J]. Journal of Travel & Tourism Marketing, 2004, 17 (2/3): 167-181.

[90] Leong, Jerrold K., Woo Gon Kim, Ham, Sunny. Service Recovery Efforts in Fast Food Restaurants to Enhance Repeat Patronage [J]. Journal of Quality Assurance in Hospitality & Tourism, 2002, 3 (1/2): 69-94.

[91] Leong, J. K., Kim, W. G.. Service Consumption Criticality in Failure Recovery [J]. Journal of Travel & Tourism Marketing, 2002, 12 (2/3): 65.

[92] Levesque, Terrence J., McDougall, Gordon H. G.. Service Problems and Recovery Strategies: An Experiment [J]. Canadian Journal of Administrative Sciences, 2000, 17 (1): 20-37.

[93] Lewis, Barbara R., McCann, Pamela. Moving from Fire-Fighting to Fire Prevention: What Service Organizations Need to Know [J]. International Journal of Contemporary Hospitality Management, 2004, 16 (1): 6-17.

[94] Liden, Sara Bjorlin, Skalen, Per. Service Recovery Attributions and Word-of-Mouth Intentions [J]. International Journal of Service Industry Management, 2003, 14 (1): 36-58.

[95] Liden, Sara Bjorlin, Sanden, Bodil. The Effect of Service Guarantees on Service Recovery [J]. Service Industries Journal, 2004, 24 (4): 1-20.

[96] Liu, Tsung-Chi, Warden, Clyde A., Lee, Chi-Hsun, Huang, Chi-Tsun. The Service Concept: The Missing Link in Service Design Research? [J]. Journal of Hospitality & Leisure Marketing, 2001, 8 (1&2): 93-112.

[97] Lockwood, Andrew, Deng, Ni. Can Service Recovery Help When Service Failures Occur? [J]. Journal of Hospitality & Tourism Management, 2004, 11 (2): 149-156.

[98] Lockwood, Andrew, Deng, Ni. The Interplay of Gender and Affective Tone in Service Encounter Satisfaction [J]. Journal of Hospitality & Tourism Management, 2004, 11 (2): 149-156.

[99] Lovelock, C. H.. Managing Services: Marketing, Operations and Human Resources Prentice Hall [R]. Englewood Cliffs, 1988.

[100] Markowitz, Michael. Customer Service or Lip Service? [J]. EDN Europe, 2000, 45 (3): 25-26.

[101] Mattila, Anna S.. The Impact of Relationship Type on Customer Loyalty in a Context of Service Failures [J]. Journal of Service Research, 2001, 4 (2): 91–101.

[102] Mattila, Anna S.. Service Recovery: A Framework and Empirical Investigation[J]. International Journal of Service Industry Management, 2004, 15 (2): 134–149.

[103] Mattila, Anna S., Grandey, Alicia A., Fisk, Glenda M.. Technology Infusion in Service Encounters [J]. Journal of Service Research, 2003, 6 (2): 136–143.

[104] Mattila, Anna S., Patterson, Paul G.. Relationship Marketing Can Mitigate Product and Service Failures [J]. Journal of Service Research, 2004, 6 (4): 336–346.

[105] Mattsson, Jan, Lemmink, Jos, McColl, Rod. Service Recovery Compensation: Do We Really Know What We Think We Know? [J]. Total Quality Management & Business Excellence, 2004, 15 (7): 941–958.

[106] Maute, Manfred F., Dube, Laurette. Patterns of Emotional Responses and Behavioural Consequences of Dissatisfaction [J]. Applied Psychology: An International Review, 1999, 48 (3): 349–367.

[107] Maxham Ⅲ, James G.. Service Failure Recovery Efforts In Restaurant Dining: The Role of Criticality of Service Consumption [J]. Journal of Business Research, 2001, 54 (1): 11–24.

[108] Maxham Ⅲ, James G., Netemeyer, Richard G.. I Told You So! Restaurant Customers' Word–of–mouth Communication Patterns [J]. Journal of Retailing, 2002, 78 (4): 239–252.

[109] Maxham Ⅲ, James G., Netemeyer, Richard G.. A Longitudinal Study of Com plaining Customers' Evaluations of Multiple Service Failures and Recovery Efforts [J]. Journal of Marketing, 2002, 66 (4): 57–71.

[110] Maxham Ⅲ, James G., Netemeyer, Richard G.. Firms Reap What They Saw: The Effects of Shared Values and Perceived Organizational Justice on Customers' Evaluations of Complaint Handling [J]. Journal of Marketing, 2003, 67 (1): 46–62.

[111] McCole, Patrick. Towards a Re–Conceptualisation of Service Failure and Service Recovery: A Consumer–Business Perspective [J]. Irish Journal of Management, 2003, 24 (2): 11–19.

[112] McCole, Patrick. Critical Incidents [J]. International Journal of Contemporary Hospitality Management, 2004, 16 (6): 345–354.

[113] McColl–Kennedy, Janet R., Daus, Catherine S., Sparks, Beverley A.. The Effect of Management Commitment to Service Quality on Employees' Affective and Performance Out–

comes [J]. Journal of Service Research, 2003, 6 (1): 66-82.

[114] McColl-Kennedy, Janet R., Sparks, Beverley A.. Application of Fairness Theory to Service Failures and Service Recovery [J]. Journal of Service Research, 2003, 5 (3): 251-266.

[115] McCollough, Michael A., Berry, Leonard L., Yadav, Manjit S.. An Empirical Investigation of Customer Satisfaction After Service Failure and Recovery [J]. Journal of Service Research, 2000, 3 (2): 121-137.

[116] McKenna, Terry. Managing Your Moments of Truth [J]. National Petroleum News, 2002, 94 (9): 16-17.

[117] Michael A. McCollough, Dwayne D. Gremler. A Conceptual Model and Empirical Examination of the Effect of Service Guarantees on Post-Purchase Consumption Evaluations [J]. Managing Service Quality, 2004, 14 (1): 58-74.

[118] Michel, Stefan. Analyzing Service Failures and Recoveries: A Process Approach [J]. International Journal of Service Industry Management, 2001, 12 (1): 20-33.

[119] Michel, Stefan. Consequences of Perceived Acceptability of A Bank's Service Failures [J]. Journal of Financial Services Marketing, 2004, 8 (4): 367-377.

[120] Miller, Janis L., Craighead, Christopher W., Karwan, Kirk R.. Service Failure and Recovery: The Impact of Relationship Factors on Customer Satisfaction [J]. Journal of Operations Management, 2000, 18 (4): 387-400.

[121] Natalia Lorenzoni, Barbara R. Lewis. Service Failure and Recovery in UK Theme Parks: The Employees' Perspective [J]. Managing Service Quality, 2004, 14 (1): 11-25.

[122] Nordin, James. Reexamining Recovery Paradox Effects and Impact Ranges of Service Failure And Recovery [J]. Public Manager, 1993, 22 (3): 75-76.

[123] Norman R.. Service Management [M]. Liber, Malmo, Swedem, 1982.

[124] Nozar, Robert. Subjective Surveys Can Deliver Important Messages [J]. Hotel & Motel Management, 2001, 216 (15): 8.

[125] Nyquist, J. D., M. J. Bitner, B. H. Booms. Identifying Communication Difficulties in the Service Encounter: a Critical Incident Approach [M]. Mass: Lexington Books, 1985.

[126] Oh, Haemoon. The Role of Gender in Reactions to Service Failure and Recovery [J]. Journal of Hospitality & Tourism Research, 2003, 27 (4): 402-418.

[127] Palmer, Adrian, Beggs, Rosalind, Keown-McMullan, Caroline. Equity and Repurchase Intention Following Service Failure [J]. Journal of Services Marketing, 2000, 14 (6/7): 513-526.

[128] Parr, William C.. The Effects of Service Recovery on Repeat Patronage [J]. Quality Progress, 2003, 36 (8): 34-37.

[129] Pickworth, J. P.. Minding the Ps and Qs: Linking Quality and Productivity [J]. The Cornell Hotel and Restaurant Administration Quarterly, 1987, 28 (1): 40-47.

[130] Poon, Patrick S., Hui, Michael K., Au, Kevin. Attributions on Dissatisfying Service Encounters [J]. European Journal of Marketing, 2004, 38 (11/12): 1527-1540.

[131] Priluck, Randi. Managing Corrosive Customers [J]. Journal of Services Marketing, 2003, 17 (1): 37-52.

[132] Rakowski, James P., Bejou, David. Airline Passenger Complaint Behavior: Comparing Sweden and International Advances [J]. Economic Research, 1996, 2 (4): 497-498.

[133] Ranaweera, Chatura, Prabhu, Jaideep. On The Relative Importance of Customer Satisfaction and Trust as Determinants of Customer Retention and Positive Word of Mouth [J]. Journal of Targeting, Measurement & Analysis for Marketing, 2003, 12 (1): 82-90.

[134] Ranaweera, Chatura, Prabhu, Jaideep. Justice Strategy Options for Increased Customer Satisfaction in A Services Recovery Setting [J]. Journal of Targeting, Measurement & Analysis for Marketing, 2003, 12 (1): 82-90.

[135] Reichheld, F. E., Jr. W. E. Sasser. Zero Defections: Quality Comes to Service [J]. Harvard Business Review, 1990, 68 (9-10): 105-111.

[136] Reichheld, F. E.. Loyalty-Based Management [J]. Harvard Business Review, 1993, 71 (3-4): 64-73.

[137] Richman, Tom. Why Customers Leave [J]. Harvard Business Review, 1996, 74 (1): 9-10.

[138] Schlesinger, L. A., J. L. Heskett. The Service-Driven Service Company [J]. Harvard Business Review, 1991, 69 (9-10): 71-81.

[139] Storbacka, K.. Customer Relationship Profitability in Retail Banking [R]. Swedish School of Economics and Business Administration Research Report, 1993.

[140] Schoefer, Klaus, Ennew, Christine. Consumer Reactions to Unethical Service Recovery [J]. Journal of Travel & Tourism Marketing, 2004, 17 (1): 83-92.

[141] Scott R. Swanson, Scott W. Kelley. Rethinking Service Recovery Strategies [J]. European Journal of Marketing, 2001, 35 (1/2): 194-211.

[142] Simons Jr., Jacob V., Kraus, Mark E.. An Analytical Approach for Allocating Service Recovery Efforts to Reduce Internal Failures [J]. Journal of Service Research, 2005, 7 (3): 277-289.

[143] Slywotzky, A. J., B. P. Shapiro. Leveraging to Beat the Odds: The New Marketing Mind-Set [J]. Harvard Business Review, 1993, 71 (9-10): 97-107.

[144] Smith, Amy K., Bolton, Ruth N.. A Model of Customer Satisfaction with Service Encounters Involving Failure and Recovery [J]. Journal of Marketing Research, 1999, 36 (3): 356-372.

[145] Smith, Amy K., Bolton, Ruth N.. Service Quality: Bringing TQM Together with Customer Service [J]. Journal of the Academy of Marketing Science, 2002, 30 (1): 5-23.

[146] Smith, R., M. Huston. Script-Based Evaluations of Satisfaction with Services [M]. Chicago: American Marketing Association, 1983.

[147] Sparks, Beverley A., McColl-Kennedy, Janet R.. The Application of Procedural Justice Principles to Service Recovery Attempts [J]. Outcomes for Advances in Consumer Research, 1998, 25 (1): 156-161.

[148] Sparks, Beverly A., Bradley, Graham L., Callan, Victor J.. Service Recovery's Influence on Consumer Satisfaction, Positive Word-of-Mouth, and Purchase Intentions [J]. Psychology & Marketing, 1997, 14 (5): 475-493.

[149] Sparks, Beverly A., Bradley, Graham L., Callan, Victor J.. The Impact of Staff Empowerment and Communication Style on Customer Evaluations: The Special Case of Service Failure [J]. Psychology & Marketing, 1997, 14 (5): 475-493.

[150] Sparks, Beverly A., McColl-Kennedy, Janet R.. FedEx Excellence in Service Research Awards [J]. Journal of Business Research, 2001, 54 (3): 209-219.

[151] Stephen W. Brown, Deborah L. Cowles, Tracy L. Tuten. Service Recovery: Its Value and Limitations as A Retail Strategy [J]. International Journal of Service Industry Management, 1996, 7 (5): 4.

[152] Stiefbold, Rod. Dissatisfied Customers Require Recovery Plans [J]. Marketing News, 2003, 37 (22): 44-46.

[153] Sundaram, D.S., Jurowski, Claudia, Webster, Cynthia. What I Learned On My Business Trip [J]. Hospitality Research Journal, 1997, 20 (3): 137-149.

[154] Susskind, Alex M.. Exploring The Role of Relationship Variables in Predicting Customer Voice to a Service Worker [J]. Cornell Hotel & Restaurant Administration Quarterly, 2002, 43 (2): 75-85.

[155] Susskind, Alex M.. The Role of Culture in The Perception of Service Recovery [J]. Journal of Hospitality & Tourism Research, 2004, 28 (1): 21-43.

[156] Suzuki, Yoshinori. The Impact of Airline Service Failures on Travelers' Carrier

Choice: A Case Study of Central Iowa [J]. Transportation Journal, 2004, 43 (2): 26–36.

[157] Swanson, Scott R., Davis, J. Charlene. The Client As Problem Solver: A New Look At Service Recovery [J]. Journal of Services Marketing, 2003, 17 (2): 202–219.

[158] Swanson, Scott R., Kelley, Scott W.. Attributions and Outcomes of The Service Recovery Process [J]. Journal of Marketing Theory & Practice, 2001, 9 (4): 50–65.

[159] Tan, Y. S., Vellanki, V., Xing, J., Topol, G., Dudley, G.. Service Domains [J]. IBM Systems Journal, 2004, 43 (4): 734–755.

[160] Tax, Stephen S., Brown, Stephen W.. Recovering and Learning from Service Failure [J]. Sloan Management Review, 1998, 40 (1): 75–88.

[161] Tax, Stephen S., Brown, Stephen W., Chandrashekaran, Murali. Customer Evaluations of Service complaint experiences [J]. Journal of Marketing, 1998, 62 (2): 60–76.

[162] Tyrrell, Brian, Woods, Robert. Customer Choice: A Preemptive Strategy to Buffer The Effects of Service Failure And Improve Customer Loyalty [J]. Journal of Travel & Tourism Marketing, 2004, 17 (2/3): 183–190.

[163] Verma, Harsh V.. Customer Outrage and Delight [J]. Journal of Services Research, 2003, 3 (1): 119–143.

[164] Warden, Clyde A., Tsung–Chi Liu, Chi–Tsun Huang, Chi–Hsun Lee. Recovsat: An Instrument to Measure Satisfaction With Transaction–Specific Service Recovery [J]. International Journal of Service Industry Management, 2003, 14 (4): 436–456.

[165] Webster, Cynthia, Sundaram, D. S.. Modeling Customer Perceptions of Complaint Handling Over Time: The Effects of Perceived Justice on Satisfaction and Intent [J]. Journal of Business Research, 1998, 41 (2): 153–159.

[166] Weun, Seungoog, Beatty, Sharon E., Jones, Michael A.. Service Recovery, Module Note [J]. Journal of Services Marketing, 2004, 18 (2): 133–146.